KB194194

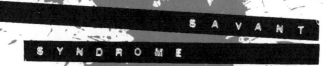

SAVANT SYNDROME

EXTRAORDINARY PEOPLE
DAROLD A. TREFFERT, M.D.

EXTRAORDINARY PEOPLE
: Understanding Savant Syndrome
by Darold A. Treffert, M.D.

서번트 신드롬

위대한 백치천재들 이야기

차례

머리말

일란성쌍둥이 형제인 조지와 찰스는 당신의 생일이 목요일인 연도를 모두 말할 수 있다. 그들은 4만 년 주기의 앞뒤로 당신이 선택한 날짜의 모든 요일을 말할 수 있다. 하지만 이들 형제는 수학의 공식은 고사하고 간단한 셈조차 못하는 정신지체아이다.

레슬리 역시 정규 음악 수업이라곤 받아본 적이 없는 정신지체아지만 열 살 때 난생 처음으로 차이코프스키의 피아노협주곡 제 1악장을 듣고 나서는 그 자리에서 거리낌 없이 연주해냈다. 그는 아무리 복잡한 곡이라도 100% 똑같이 연주할 수 있지만 혼자서는 음식도 먹지 못한다. 시각장애와 심각한 뇌성마비에 시달리는 레슬리는 오늘날 미국에서 손꼽히는 피아노 연주자로 알려져 있다.

엘렌은 IQ가 50이 채 안 되며 시각장애까지 갖고 있지만 역시 음악의 천재로, 라디오와 TV를 통해 듣는 모든 음악을 단번에 따라할 수 있다. 브로드웨이 뮤지컬 '에비타'의 앨범을 단 한 번만 듣고도 모든 사운드트랙을 완벽하게 따라 부를 수 있으며, 자기만의 정확한 화음으로 관현악과 합창곡을 피아노로 연주할 수도 있다. 더욱 놀라운 사실은 여기엔 관중들의 소음 등 극심한 불협화음까지 전부 포함된다는 것이다.

케네스는 정신연령이 고작해야 열 살에 불과한 정신지체자로 일상생활에서 사용할 수 있는 전체 어휘 수는 58단어가 고작이지만 인구 5,000명 이상 거주하는 미국 모든 시의 인구를 훤히 꿰뚫고 있다. 그것만이 아니다. 미국 내 2,000개 호텔의 위치와 객실 수, 한 주에서 가장 큰 도시, 모든 도시와 도시 사이의 거리, 3,000개의 산과 강에 관한 통계수치, 그리고 2,000개 이상의 뛰어난 발명품과 핵심사항, 그것이 탄생된 날짜까지 정확히 알아맞힐 수 있다.

알론조는 IQ가 50이고 어휘력도 50단어 안팎 수준인데 그의 동물조각 작품은 미국은 물론이고 전 세계에서 극찬을 받고 있다. 그는 말과 망아지가 어울려 노는 조각 작품을 해부학적인 섬세함까지 곁들여서 너무도 완벽하게 조각해낼 수 있다.

더 놀라운 사실은 그가 사진을 흘낏 한 번 바라보는 것만으로 조각해야 할 대상을 3차원적 입체감을 포함한 세부사항까지 재생해낸다는 것이고, 그것을 완성하는 데 걸리는 시간은 고작해야 1시간 남짓이라는 점이다.

이 책에 등장하는 사례들은 이른바 '이디엇 서번트(Idiot savant)'들의 전형적인 모습을 보여준다. 이디엇 서번트란 말은 지금으로부터 100여 년 전에 영국의 의학자인 랭든 다운 박사가 처음 사용하기 시작했는데, 당시에는 '이디엇' 이란 단어가 지금과는 달리 부정적이거나 해학적인 의미를 갖고 있지는 않았다. 그 당시 '이디엇' 이란 말은 IQ25이하 정도의 지능 수준을 가리키는, 의학적이고 심리학적 용어로 흔히 사용되고 있었다.

한편 '서번트' 란 단어는 프랑스어의 '알기 위해', 또는 '배우는 사람' 이란 말에서 유래된 것에서 알 수 있듯이 한 분야에서 뛰어난 능력을 보이는 석학이나 천재를 일컫는다.

랭든 다운 박사는 심각한 정신지체를 가졌지만 학습능력이 뛰어나고 암기력이 탁월한 사람들에 대해 두 단어를 조합하여 '이디엇 서번트' 라고 표현하기 시작했고, 그 후 이 말은 '백치천재'를 뜻하는 용어로 일반화되었다.

당연히 일각에서는 이 말의 사용을 반대한다. 왜냐하면 '이디엇' 이란 단어가 정상적인 사람들에 비해 상대적으로 부정적이고 불공평한 의미를 갖고 있기 때문이다. 이 책에서는 '서번트' 와 '서번트 신드롬' 이란 용어가 이 놀라운 사람들과, 그들이 보여주는 놀라운 현상을 지칭하는 용어로 사용될 것이다.

서번트 신드롬은 간단히 말해서 심각한 정신지체를 가진 사람들이 장애와는 극도로 대비되는 놀라운 능력을 보이는 현상을 말한다. 서번트 신드롬의 신비로움은 그것을 과학적으로, 또는 심리학적으로 도저히 설명할 수 없다는 데 있다. 서번트 신드롬은 그만큼 우리가 우리 자신에 대해 무지하고, 특히 인간의 뇌기능에 대해 무지하다는 사실을 일깨워 준다.

이 때문에 많은 의문이 제기될 수 있다. 어떻게 그런 일이 일어날 수 있는가? 심각한 장애를 가진 사람들이 어떻게 천재적 재능을 발휘할 수 있는가? 그들이 갖고 있는 공통점은 무엇인가? 인간의 모든 능력 중에서 왜 서번트들은 한정된 범위 안에서만 그런 능력을 발휘하는 것일까?

서번트에게 우리와는 전혀 다른 차원의 암기 능력이 존재하는 이유는 무엇일까? 어쩌면 장애의 결과로 인해, 다시 말하면 장애에 대한 보상 차원에서 그런 천재성이 나타나는 것은 아닐까? 일반인들의 의식과 기억력에 관한 비밀의 실마리를 제공한다는 측면에서 볼 때, 우리는 서번트 신드롬으로부터 무엇을 알 수 있을까? 혹시 서번트들이 우리 안에 존재하는 천재성을 대변하는 것은 아닐까?

서번트 신드롬은 우리에게 이런 의문들을 제기하고, 서번트들이 이 책을 통해 직접 나서서 그에 대한 답을 할 것이다. 서번트들의 아주 특별한 뇌기능(또는 그들의 극히 비정상적인 뇌기능)은 보통사람들의 정상적인 뇌기능을 이해할 수 있게 해준다. 그들의 뇌가 어떻게 작용하는지를 알게 되면, 우리의 뇌가 어떻게 작용하는지를 알게 되기 때문이다.

오늘의 과학기술은 단지 뇌의 구조만이 아니라 뇌기능도 연구할 수 있게 한다. 서번트들의 능력에 대한 연구에서 얻을 수 있는 정보들은 평범한 우리들로 하여금 기억력을 발휘하거나 통제하는 방법에 대한 연구를 자극할 것이다. 그 연구는 인간의 기억 영역에 관한 탐구, 예를 들면 우리 각자가 지닌 엄청난 정보에도 불구하고 다시 생각해내는 능력이 형편없는 것 따위로 확대될 수 있을 것이다.

하지만 내가 이 책에서 보여주려는 내용은 단순히 서번트들의 놀라운 능력이나 뇌기능, 또는 뇌의 구조에만 국한된 것이 아니다. 사랑, 온화함,

희망, 믿음, 그리고 놀라운 인내와 지칠 줄 모르는 결의에 관한 인간적인 이야기도 포함한다. 따라서 이 책에서는 서번트들의 상태뿐만 아니라 그들의 발전과 실현을 위해 헌신적으로 일하고 있는 가족, 교사, 후원자들에 대해서도 폭넓게 알아볼 것이다.

이제 우리는 서번트들을 '괴물'로 바라보는 편견에서 벗어나 그들을 통해 무엇을 배울 수 있는지를 알아볼 때가 되었다. 단순히 그들의 경이로운 기억력과 뇌기능뿐만 아니라 인간의 잠재적인 가능성에 대해서도 알아볼 때가 되었다. 이는 과학적 의의를 넘어 장애자들과 가족들에게 희망의 불씨를 안겨주는 계기가 될 것이다.

미국의 비평가 해롤드 로젠버그는 도스토예프스키의 『백치(The Idiot)』를 비평하면서 '이디엇'의 원래 의미가 '타인과 관계하지 않는 비밀스런 아웃사이더'라고 썼다.

나는 그동안의 경험을 통해 서번트들이 조금은 이상한 아웃사이더인 게 분명하지만 그들에게 좀 더 가까이 다가서면 사실은 우리와 아주 밀접한 관계를 갖고 있는 보통사람들이라는 것을 알게 되었다. 그렇다. 내가 만난 모든 서번트들은 결코 기괴한 사람들이 아니었다. 그들은 분명 천재들이었고, 천재이면서 장애를 가진 사람들이었다. 만약 우리가 그들에 대해 좀 더 자세히 알게 된다면, 그들이 우리 안에 내재된 천재성의 실마리를 제공해 줄 것이라고 확신한다.

이 책을 놀라운 천재들과 그들의 가족에게 바치고 싶다. 이는 그들을 진심을 다해 바라보는 것이며, 이를 통해 우리 자신까지 바라보는 일이다. 그들은 오늘도 불운 속에서 학습을 계속하고 있지만, 우리의 이러한 관심이 그들에게 불운을 극복하게 하는 원동력을 제공할 것이다.

서번트 신드롬을 통해서, 우리는 자신의 부족함을 아쉬워하기보다는 이미 가지고 있는 것에 감사하는 마음을 갖게 될 것이다. 그리고 각종 증언을 통해 서번트 신드롬의 신비를 알게 되면, 비록 장애인이라 해도 그들에 대한 무조건적인 믿음을 갖게 될 것이다. 이 책의 진정한 목적은 그것이며, 그것을 통해 우리가 얻는 바는 끝이 없을 것이다.

프롤로그

서번트 신드롬, 그 미지의 세계를 향하여

1962년 7월 1일은 내가 난생 처음으로 서번트를 만난 날이다. 당시 나는 스물아홉 살로, 그날은 위스콘신 주에 있는 메디슨 병원에서 신경정신과 레지던트 생활을 막 끝내고 새로운 직장에 부임한 날이었다.

당시 내게 맡겨진 첫 번째 임무는 위스콘신 주에 있는 위너베이고 주립병원의 소아병동을 지휘하고 개선하는 일이었다. 위너베이고 주립병원은 위스콘신 주에 있는 두 개의 정신병원 중 하나였는데, 이곳은 주의 북동부 지역 절반에 해당하는 32개 마을의 환자들을 받고 있었다. 당시 위너베이고 병원에는 밀려드는 어린이 환자들 때문에 소아병동을 따로 분리하여 운영할 필요성이 있었고, 이는 당시 의료계의 추세이기도 했다.

위너베이고 병원을 찾는 환자들은 심각한 정신질환이나 정신지체를 앓고 있는 사람들이 대부분이었다. 당시 병원에는 대략 1,000여 명의 환자들이 입원해 있었는데, 그 중에서 소아 환자 수는 30명 정도였다.

근무 첫 날, 병동을 따라 걷다가 데이비드를 처음 보게 되었다. 그는 돌돌 말린 종이를 들고 서 있었는데 언뜻 보니 100여 개 정도의 큼지막한 단어들이 빼곡히 적힌 종이였다. 데이비드가 종이를 들어 올리자 단어들이 하나씩 보였는데, 그것은 마치 버스 앞유리창에 있는 목적지 표시등이 순간순간 변하는 것 같았다.

그 종이에는 위스콘신 주 밀워키 시의 거리 이름들(캐피탈 드라이브, 스테이트 스트리트, 링컨 애비뉴 따위)이 죽 나열되어 있었다. 나중에 알고 보니, 데이비드는 밀워키의 버스 노선과 운행 스케줄을 소상히 암기하고 있었다. 만약 누군가가 데이비드에게 버스 노선번호와 시간을 알려주면 어느 지점에 버스가 정차하는지 알려 줄 수 있을 만큼, 그는 밀워키의 버스 운송 시스템을 꿰뚫고 있었다.

하지만 데이비드는 정신지체로 인해 전반적인 인지 능력이 거의 손상된 아이였다. 더구나 난폭한 행동과 심각한 정신이상 증상으로 격리수용이 불가피한 상태였다.

묘하게도 그 병동에는 다른 서번트들도 있었다. 빌리는 농구의 자유투를 자유자재로 할 수 있는 아이였는데, 마치 야구의 피칭머신 같았다. 언제나 정확하게 똑같은 자유투 라인에 서서 똑같은 자세를 취하고 공을 던지는데 그때마다 완벽하게 그물을 갈랐다.

그러나 빌리는 백발백중의 묘기를 보이고도 별로 기뻐하는 감정을 드러내지 않았다. 무언증(無言症) 탓에 타인과의 대화가 불가능했던 것이다. 그는 단지 농구 로봇일 뿐이었다.

토니라는 소년도 있었다. 심각한 발달장애를 보이던 토니는 자기 자신 뿐만 아니라 타인에게도 매우 공격적인 행동을 취하곤 했다. 그런 토니가 풍부한 역사 지식을 갖고 있다는 사실은 놀라웠다. 그는 매일같이 방문객이나 병원 관계자들에게 접근하여 특정한 날의 역사적인 사건에 대해 질문을 던지는 것을 좋아했다.

예를 들어 '1390년 4월 14일에 영국에서 일어난 전쟁에 대해 아시나요?' 따위의 질문을 던지는 것이다. 사람들이 대답을 못하거나 어설프게 대답하면 그는 역사 속의 그날 일어났던 사건들을 소상히 말해주었다.

나는 심각한 장애를 갖고 있는 서번트들에게서 나타나는 천재성에 깊은 충격을 받았다. 천재와 바보가 공존하는 특이한 현상이 특히 소아자폐증 환자들에게서 자주 나타난다는 사실도 놀라웠다. 그 아이들이 완전히 고립된 채로 어떤 관심사에 지나치게 몰두하고, 같은 일을 반복적으로 행한다는 사실도 그때 처음 알았다.

아이들은 다른 사람과 의사소통을 하는 데 어려움을 겪었다. 다른 사람이 말을 걸어도 대답하지 않고 사람을 마냥 꿰뚫어보기만 한다. 만약 당신이 어딘가에서 이런 아이들을 처음 만나게 되면 필경 청각장애인이라고 여길 것이다.

1944년에 레오 캐너 박사는 이런 증상을 '소아자폐증'이라고 명명했고, 그때부터 매스컴은 '자폐증 어린이'라는 용어를 일반화해서 사용하기 시작했다.

TV에서 이 아이들은 별다른 희망 없이 혼자 남겨진 벙어리로, 혹은 세상과 담을 쌓은 채 침대 밑에 웅크려 있는 폐인으로 곧잘 묘사된다. 심지어 어떤 장면에서는 젊은 의사가 침대 밑으로 기어 들어가 마법 같은 말로 상처를 입을까 공포에 질린 아이를 끌어내는 광경도 보여준다.

그러나 현실에서 이런 방법은 전혀 통하지 않는다. 이런 증상은 심리적 요인에서 비롯되는 게 아니라 생물학적 이유로 발생하기 때문이다. 이는 명백한 발달장애로, 이런 아이를 둔 부모들은 원인을 규명할 수 없는 상황에서 오랫동안 자책하며 괴로워해 왔다.

소아자폐증을 가진 아이들 중에서 서번트적 특징을 가진 아이들은 보통 10% 내외로 알려져 있다. 위너베이고 병원에도 분명 이런 아이들이 있었다. 그가 갖고 있는 심각한 장애에 비해 굉장히 놀라운 능력을 가진 아이들 말이다.

한 아이는 기계적으로 질서정연하게 지그재그 퍼즐을 맞추는 데 비상한 능력을 갖고 있었다. 전체적인 그림을 잠깐 보고 나서 퍼즐 조각들을 하나씩 맞춰나가는 것이다. 자유투를 하거나 버스 스케줄을 모조리 기억하는 재능들은 사실 정상적인 아이에게서 일어난다 해도 매우 특별한 재능이라고 할 수 있다. 그런데 이런 재능들이 바보로 취급되는 아이들에게서 나타나는 것이다.

소아병동에서 자폐증 환자들이 차지하는 비율은 30% 정도였다. 또 다른 30%는 자폐증 환자들과는 달리 태어날 때는 정상으로 태어나 유아기 또는 아동기까지는 정상적으로 자라다가 심각한 신체적 외상 등을 겪고는 빠른 속도로 자폐증상을 나타내는 아이들이었다. 이런 경우, 의사들은 소아 정신분열증으로 진단한다. 이 환자들도 서번트적 재능이 나타나기는 하지만 자폐증 환자에게 나타나는 것처럼 빈번하거나 탁월하지는 않다.

마지막 그룹은 탄생 전후에 특별한 계기로 생기는 뇌기능 장애 환자들이다. 이 그룹은 흔히 발달장애나 정신박약이라고 일컬어지는데 이런 아이들도 워너베이고 정신병동에 있었다. 이유는, 이 아이들도 정신지체처럼 심각한 행동장애를 보이기 때문이다.

(나는 이 책에서 발달장애와 정신지체라는 용어를 번갈아가며 사용할 것이다. 어떤 사람들은 정신지체라는 말에 이의를 제기하지만, 나는 이 용어를 고집스레 사용할 것이다. 왜냐하면 이 용어가 더 쉽게 받아들여지고 사용하기도 쉽기 때문이다. 정신지체라는 말은 흔히 생각하는 것처럼 경멸적인 의미가 아니라 단어 자체가 가진 의미 그대로 '정신이 지체되어 천천히 발달한다'는 뜻으로 사용될 때 매우 정확한 용어가 되기 때문이다.)

위에서 설명한 세 그룹(소아자폐증, 정신분열, 정신지체)은 서번트 신드롬을 이해하는 데 매우 중요한 단서를 제공하는데, 나는 이 아이들과 지내는 동안에 서번트 신드롬의 유래에 관한 힌트를 제공하는 병인학적인 요소들을 찾으면서 연구를 시작했다.

초기의 연구는 5년 동안 위스콘신 주에 있는 280명의 소아 정신분열증, 소아자폐증 환자 중 69명을 집중적으로 관찰하면서 진행되었다. 이 연구를 통해 나는 다음과 같은 사실을 알 수 있었다.

첫째, 서번트 신드롬은 1만 명당 평균 7명 정도로 나타나는 매우 희귀한 현상이라는 것이다. 그런데 이 아이들의 부모는 다른 정신질환을 가진 어린이들의 부모들보다 교육 수준이 매우 높았다.

둘째, 서번트 신드롬이 나타나는 남녀의 성비가 6 : 1정도라는 점이다. 장남으로 태어난 아이는 거의 없으며, 아이가 태어날 당시 산모가 다른 질병을 가진 아이들의 부모보다 고령이었다.

소아병동에서 근무한 지 2년 만인 1964년에 나는 위너베이고 주립병원의 관리자가 되었다. 당연히 그 동안 가지고 있던 소아자폐증에 대한 관심들을 깊이 생각해볼 수 없을 정도로 할 일이 많아졌기 때문에 일단 그들에 관한 연구를 접어두어야 했다.

그로부터 15년 뒤인 1979년에, 나는 퐁듀랙의 브룩사이드 메디컬센터 정신병동과 퐁듀랙카운티 건강센터(150개의 침상을 보유한 지역 정신병원)에서 일하기 위해 위너베이고 병원을 떠났다.

퐁듀랙에서는 자폐증 어린이들을 많이 보지는 못했다. 그 대신 나는 잠재되어 있는 기억이나 정신적 충격을 떠오르게 도와주는 '나트륨 아미탈(Sodium amytal ; 마취제의 일종)'을 통한 인터뷰 기법을 연구하기 시작했고, 이를 위해 많은 성인 환자들을 만나볼 수 있었다.

나트륨 아미탈 인터뷰 기법이란 평상시에는 잠재된 채로 억눌려 있지만 나트륨 아미탈을 정맥 주사한 후에 기억의 영역에 접근하는 방법으로, 인터뷰를 하다 보면 환자들은 까맣게 잊고 있던 방대하고 세세한 경험까지 낱낱이 기억해낼 수 있다. 예를 들면 어느 날 밤에 어떤 거리를 걷다가 바뀐 신호등, 표지판, 지나친 자동차들까지 세세히 떠올릴 수 있다.

환자들은 깨어 있는 동안에는 결코 기억해내지 못했던 이런 방대한 양의 기억들을 인터뷰 과정에서 자신도 모르게 떠올리고는 깜짝 놀라는 경우가 많았다. 마치 모든 경험이 두뇌 속에 기록되고 녹화되어 있는 것처럼 너무도 생생히 떠올랐기 때문이다.

따라서 우리가 살아가면서 겪는 모든 경험과 그에 대한 기억들은 분명히 뇌 속에 존재한다는 결론에 도달할 수밖에 없다. 단지 그 기억에 접근하는 방법이나 경로를 모를 뿐이다!

그 시대에 뇌 구조의 신경외과적 연구에 관한 과학논문들이 속속 발표되고 있었다. 전기 탐침을 이용하여 환자의 피질 속에 있는 간질 발작증세의 진원지를 측정하는 방법이 개발된 것도 그 무렵이다.

뇌는 그 안에 자체적인 통증 신경을 갖고 있지는 않다. 통증 신경은 뇌 주변을 둘러싼 피질 안에 있는 뇌경막 안에 존재한다. 따라서 일단 국소마취약을 써서 뇌경막을 무감각하게 만들면, 환자가 깨어 있는 동안에도 의사는 전기 탐침을 써서 발작을 유발시키는 지점을 찾을 수 있다. 이렇게 찾아낸 부분을 수술로 제거할 수 있는데, 몇몇 발작 증세는 이 수술을 통해 상당히 호전되기도 한다.

발작의 진원지를 찾는 연구에서 탐침은 뇌 피질의 여러 부분을 두드리게 되는데, 이때 환자의 의식 속으로 기억이 흘러 들어온다. 이 기억들은 오랫동안 잊고 있었거나, 겉으로 보기에는 완전히 잊어버린 것 같은 내용들이다. 예를 들면 다섯 살 때의 생일파티와 놀러온 손님들, 20년 전의 학교 수업, 향기와 음악이 흐르던 특별한 날의 특별한 거리 등 이따금 꿈에서나 경험하고 아침이 되면 잊어버릴 듯한 무작위의 기억들이다.

당신도 만약 이런 기억들이 떠오른다면 '대체 이 기억들은 어디 있다가 이제 나타나는 것일까?' 하고 의문을 품을 것이다. 일상적인 날의 일상적인 기억들은 그냥 산산이 흩어지고 마는 것일까? 아니면 뇌 속 어딘가에 차곡차곡 쌓이는 것일까? 우리가 평상시에는 이용할 수 없던 기억회로를 탐침으로 활성화시킬 수 있다면 어떤 일이 벌어질까?

1980년 6월, 레슬리 렘크라는 소년이 풍듀랙에 옴으로써 이런 의문에 답을 찾는 나의 긴 여정은 시작되었다. 바로 그 때가 내가 서번트 신드롬 연구에 본격적으로 나선 진정한 출발점이다.

레슬리는 풍듀랙 병원이 지역의 수양부모들을 위해 개최한 콘서트에 참석하기 위해 초청된 피아니스트였다. 나는 그곳에 참석하지 못했지만, 딸 조니가 다녀와서는 도저히 있을 수 없는 일이 일어났다며 호들갑을 떨었다.

"제대로 말도 못하는 맹인에다가 뇌성마비인 소년이 피아노를 연주하면서 노래까지 불렀어요! 연주하기 전에는 그저 한 사람의 장애인에 불과했는데, 피아노를 치는 동안에 최고의 예술가가 된 거예요. 마치 말을 더듬는 사람이 청중을 향해 웅변을 하는 것과 똑같은 방식으로 말이에요!"

나는 딸에게 그게 바로 서번트 신드롬이라고 말해 주었다. 딸 조니만이 레슬리를 보고 놀란 유일한 사람이 아니었다. 지역 TV방송국의 모든 직원들 역시 자기들이 목격한 것을 믿지 못했다. 심지어 그들은 내게 콘서트 장면을 촬영한 비디오테이프를 들고 와서 어떻게 이런 일이 가능할 수 있는지 설명해 달라고 요청했다.

테이프는 내가 봐도 놀라웠다. 레슬리는 내가 예전에 위너베이고 주립병원 소아병동에서 보았던 환자들처럼 놀라운 천재성을 보여줬는데, 지금까지 내가 목격했던 천재들 중에서도 단연 최고였다.

지역 신문의 기자가 레슬리가 일으킨 기적과 그의 헌신적인 양어머니 메이 렘크 여사에 관한 기사를 기고하면서 레슬리는 단연 지역의 유명인사가 되었다. 그리고 그 놀라운 콘서트가 지역 텔레비전 방송국을 통해 전

파를 타자 시청자들은 경악했다.

그로부터 6개월 뒤인 1980년 12월 19일, 월터 크롱카이트가 진행하는 CBS 저녁뉴스에서 '소년, 장애, 양어머니, 그리고 피아노의 기적'이라는 이름의 레슬리 렘크를 소개하는 기사를 내보냈다. 그때부터 레슬리는 전국적인 유명인사가 되었다.

1981년 1월, 이 이야기가 다시 CBS에 의해 다큐멘터리로 방영되었다. 이 프로그램은 레슬리 렘키의 일상을 집중 취재한 것으로, 방송국 관계자들은 이 프로를 제작하기에 앞서 서번트 신드롬에 관한 이야기를 듣기 위해 나에게 달려왔다.

나는 레슬리 렘크가 보여주는 서번트 신드롬의 비밀과 아들에게 헌신적으로 봉사해 온 메이 렘키 여사의 지난했던 삶에 대해 설명해 주었다. 이 프로그램이 시청자들에게, 특히 장애아를 자식으로 두고 있는 수많은 부모들에게 깊은 자극을 주었음은 두 말할 나위도 없다. 이 프로그램에서, 메이 여사는 레슬리에 대해 이렇게 말했다.

"우리 아이는 장애를 갖고 있다. 우리 아이는 아주 사소한 물음에도 대답을 하지 못하기 때문에 어느 누구와도 대화를 나눌 수 없다. 그러나 우리 아이와 한 번 대면하는 사람들은 생각하는 것보다 훨씬 더 많은 것들을 얻게 될 것이다."

그 해 10월, 또 다른 TV 프로그램 「60분」이 서번트 신드롬에 관해 집중 취재한 내용을 방송했다. 이 프로그램에는 레슬리뿐만 아니라 날짜 계산의 천재인 조지, 조각가 알론조 클레먼스도 소개되었다. 나는 이 프로그램에서 자문역을 맡았고, 서번트 신드롬의 불가사의한 현상에 대해 설명하기 위해 직접 출연하기도 했다.

이 방송을 계기로 나는 서번트 신드롬을 탐구하는 전 세계 연구자들과 연결되었고, 백치천재로 불리는 사람들의 특별한 삶을 일반인들에게 더 자세히 소개하겠다는 각오를 다지게 되었다.

내 생각에, 서번트 신드롬은 우리들에게 '뇌를 향한 창문'을 제공하는 것 같다. 나는 이 창문이 우리 모두에게 인간이라면 누구나 가지고 있는 아주 특별한 기억회로를 설명해 줄 잠재력을 갖고 있다고 확신한다.

만약 우리가 이 기억의 회로를 이해하고 조정할 수 있다면 어떻게 될까? 만약 그렇게 된다면 우리는 서번트들이 그렇게 하듯이 거대한 양의 기억을 뇌 속에 저장할 수 있을 것이다. 따라서 서번트들의 능력을 규명하는 일은 보통사람들의 잠재력이 어디까지인지 규명하는 일에 다름 아니라는 결론과 이어진다.

우리는 간에 대해서는 잘 알지만 뇌에 대해서는 잘 모르고, 당뇨에 대해서는 잘 알지만 정신분열증에 대해서는 잘 모른다. 자폐증에 대해서는 더더욱 모른다. 하지만 자폐증처럼 서번트 신드롬도 엄연히 존재하고, 존재하기 때문에 설명이 뒤따라야 한다.

그렇다고 굳이 두려움과 놀라움으로 서번트 신드롬을 대할 필요는 없다. 마치 설명이 필요하지 않은 것처럼 접근해 보자. 서번트 신드롬을 설명한다는 게 어려울 수는 있어도 설명이 아주 불가능하지는 않다. 우리는 이런 과정에서 우리 자신의 능력에 대해 더욱 많이 알게 될 것이다. 나는 이 책이 그런 출발점이 되기를 바란다.

서번트 신드롬의 증상들

학문은 올바른 용어를 사용하는 것에서부터 시작된다. 서번트 신드롬을 정확하게 이해하려면 특정한 정의와 전문용어를 먼저 이해해야 한다. 다음은 이 책에서 인용될 수많은 논문과 문서들의 일관성 있는 이해를 위해 일별해 놓은 전문용어들이다.

· **서번트 신드롬**

서번트 신드롬은 중증의 정신장애를 가진 사람에게서 나타나는 아주 희귀한 현상이다. 여기서 말하는 중증 장애란 정신지체, 소아자폐증, 정신분열증 등인데 서번트 신드롬은 이들 장애와는 대조적으로 특정 분야에서 아주 특별한 천재성을 나타내는 현상을 말한다.

몇몇 서번트에게 그런 능력은 그가 가진 장애와는 달리 매우 두드러지게 나타나는데, 그 중에는 일반인이 갖고 있더라도 굉장히 특별한 능력도 있다. 흥미로운 점은 거의 6대 1의 비율로 여성보다는 남성에게 더 많이 나타난다는 점이고, 보통사람에게도 갑자기 나타났다가 갑자기 사라질 수 있다는 것이다.

이런 능력은 매우 한정된 영역에서만 나타나는 경향이 있는데 날짜 계산(달력 계산), 음악(거의 유일할 정도로 피아노 부문), 번개 같이 빠른 수학적 계산 능력, 그림, 조각, 기계적인 능력(손재주), 경이로운 기억력, 또는 비상한 촉각과 후각 능력, 초감각적 지각 능력 등이 포함된다.

1887년에 최초로 이런 증상이 보고되었을 때, 연구자는 '이디엇 서번트'라고 지칭했다. 'idiot'는 IQ 25이하의 바보를 말하고 'savant'는 학식이 높은 사람을 의미한다. 따라서 '이디엇 서번트'는 백치이면서 동시에 천재인 사람을 뜻한다.

그러나 그들은 절대 바보가 아니다. 심지어 초기에 정의된 거의 모든 사례에서 보더라도 서번트의 IQ는 대부분 25이상으로 보통 40에서 70사이였다.

서번트 신드롬은 미국 장애인협회에 등록된 사람 중 2천 명당 1명꼴로 나타난다고 알려질 만큼 드물게 일어난다. 소아자폐증 환자에게서 서번트 신드롬이 나타날 확률은 훨씬 높은데 약 9.8% 정도이다. 하지만 소아자폐증 환자는 10만 명당 7명꼴로 나타나는 매우 희귀한 현상이다.

지난 100년 동안 서번트 신드롬을 다룬 논문은 100건이 채 안 되는데, 연구 대상 서번트들은 주로 시각장애와 정신지체를 동시에 가진 케이스였다. 시각장애와 정신지체는 따로 가지고 있어도 대단히 심각한 질병이다.

그럼에도 그러한 질환을 동시에 갖고 있으면서 서번트 능력을 발휘한다는 것은 이들 사이에 어떤 상관관계가 있음을 말해주는 것이다.

시각장애 원인은 대부분 후수정체 섬유증식증(後水晶體 纖維增殖症 : retrolental fibroplasia) 때문으로 밝혀졌는데, 이 병은 7개월 미만의 미숙아가 인큐베이터에 있는 동안에 과도하게 산소가 공급됨으로써 발생한다. 이 같은 사실은 의학계에서 분명히 밝혀진 일이기 때문에 오늘날에는 신생아들에게 다량의 산소를 사용하는 걸 금지하고 있지만 그러한 개연성이 알려지기 전까지는 흔히 일어나는 일이었다.

서번트들의 공통점은 '직관적인 기억(eidetic memory)'을 갖고 있다는 것이다. 직관적인 기억이라는 용어는 뚜렷한 색채가 있는 실제 이미지를 최대 40초 동안 보여주고 그것을 나중에 매우 생생하게 떠올리는 능력을 말한다.

때때로 이 용어는 시각적 이미지에 의한 기억, 또는 사진 같은 기억이라는 프로세스에도 적용된다. 마치 디지털 카메라로 사진을 찍어둔 것처럼 생생하게 기억한다는 것은 청각적 유형에도 적용될 수 있다. 마치 녹음기를 틀어놓은 것처럼 모든 소리를 생생하게 기억할 수 있기 때문이다.

· 자폐증의 두 가지 현상

병으로서의 자폐증과 증상으로서의 자폐증은 분명히 구분할 필요가 있다. 병으로서의 자폐증은 소아자폐증의 특정한 증상을 가리키는데 이런 증상은 태어날 때부터 나타나는 것으로 고립성, 편집증적인 강박관념, 애정 결핍 등을 드러내고 특정 분야의 특정한 기능에 관한 지식을 지나치게 보존하려는 경향도 나타낸다.

병으로서의 자폐증은 환자가 거의 말을 하지 않으며, 말을 하더라도 의사소통을 위한 목적이 아니기 때문에 상대가 전혀 알아들을 수 없는 경우가 많다. 따라서 자폐증 환자들은 특유의 무뚝뚝함 때문에 흔히 청각장애자로 오해를 받기도 한다.

증상으로서의 자폐증은 위와 같은 행동 양식 중에서 몇 가지를 포함하고 있지만 정신의학에서는 훨씬 더 광범위한 의미로 쓰인다. 이런 환자들은 반드시 정신지체나 정신분열증, 또는 다른 종류의 정신병을 갖고 있다는 특징이 있다. 과학 논문에서 자폐란 용어를 소아자폐증과 구분해서 사용하지는 않지만, 이 책에서는 가능한 한 자폐증과 소아자폐증을 구분하거나 자폐적 증상을 보다 넓게 정의하려고 한다.

· 발달장애와 정신지체

발달장애와 정신지체는 동의어로 사용된다. 둘 다 생물학적으로 볼 때 선천적 요인에 의해 발생하는 것으로 보이며, 간혹 출생 전후에 나타나는 지적 능력의 부족을 통칭하기도 한다.

발달장애는 주로 태어날 때, 또는 출생 후(출생할 때 다치는 경우)에 나타나지만 성장하면서 질병을 앓고 난 후에도 생길 수 있다. 소아자폐증도 발달장애로 간주된다.

한편 정신지체는 IQ가 70이하일 때의 증상으로 정의한다. 지적 능력은 주로 IQ로 평가되는데, 이는 프랑스의 심리학자인 알프레드 비네가 아동들 중에서 정신박약아를 골라내기 위하여 1905년에 처음 고안함으로써 시작되었다. 지능 측정법은 정신연령을 생활연령으로 나눈 것으로 결정한다(IQ=정신연령(MA)÷생활연령(CA)×100).

그 밖에도 IQ를 측정하는 테스트는 다양하다. 알프레드 비네는 두 살부터 성인 연령까지 각각의 연령에 맞게 다양한 시험 방법을 창안했는데, 연령에 따른 이런 측정 개념은 특히 소아들의 지적 능력을 측정하고 정신지체를 평가하는 데 있어 매우 유용하게 쓰인다.

어떤 실험자들은 6세에서 16세의 '어린이를 위한 웨슬러 지능평가법'과 4세에서 6세의 '유치원생과 초등생을 위한 웨슬러 지능평가법'을 선호하기도 한다. 이 두 가지 방법은 음성언어, 언어 운용 능력, IQ 산출을 위한 여러 시험을 종합해서 결론을 내린다.

성인들을 대상으로 할 때 가장 광범위하게 사용되는 IQ 측정법은 '웨슬러 성인 지능평가법'이다. 이 방법은 11개의 시험으로 이루어져 있다. 여섯 개의 음성언어(정보, 이해, 계산, 유사어, 숫자 암기, 어휘)와 다섯 개의 언어 운용 능력(숫자와 기호, 그림 완성, 블록 맞추기, 그림 배열, 물건 조립)이 여기에 포함된다.

이 검사의 결과는 매우 신뢰할 만하다. 지적 수준은 매우 뛰어남(130+), 뛰어남(120-129), 평균 이상으로 영리함(110-119), 평균(90-109), 평균 이하로 우둔함(80-89), 경계례(70-79), 그리고 정신적 결함(69이하) 등으로 나뉘어 평가된다. 이런 분포를 적용해 보면 2.2%의 사람들이 양 극단(매우 뛰어남과 정신적 결함)에 해당되고 50%는 평균 범위 안에 해당된다는 사실을 알 수 있다.

정신지체는 IQ를 기본으로 하지만 경계례(68-85), 온화함(52-67), 적당함(36-51), 중대함(20-35), 그리고 심각함(20이하) 등으로 좀 더 세밀하게 나눌 수 있다. 이는 세계보건기구와 미국 정신의학협회에서 제시하고 있는 분류와 동일한데, 미국 정신지체협회의 분류표는 이것과는 조금 다르다.

· 반향언어증

반향언어증이라는 용어도 서번트를 묘사할 때 자주 사용된다. 이는 어떤 독립적인 대화를 시도하기보다는 똑같은 말을 반복적으로 사용하는 등 비정상적인 말을 하는 상태를 일컫는다. 예를 들어 '안녕, 잘 있었니?' 라고 말을 건네면 '응, 잘 지냈어!' 라는 대답 대신에, 앵무새처럼 '안녕, 잘 있었니?' 라고 말하는 식이다. 대부분의 서번트들이 이런 반향언어증을 갖고 있다는 사실을 이 책에 등장하는 각종 사례를 통해 목격하게 될 것이다.

· 뇌기능 장애

뇌기능 장애 역시 서번트를 묘사할 때 자주 쓰인다. 특히 뇌수종(腦水腫)은 선천적, 또는 후천적으로 뇌의 척수액이 막혀서 생기는 증상으로 뇌 안에 있는 액체의 부피가 증가하여 머리가 평균 이상으로 커지는 현상이다. 반면에 이상소두증은 선천적으로 생기며 머리와 뇌가 평균 이하로 작은 현상을 말한다. 두 가지 증상 모두 다양한 형태의 정신지체를 유발한다.

제 1 부

우리들 중의 천재

1장

얼스우드 병동의 백치천재들

영국의 랭든 다운 박사도 나처럼 정신과의사에 정신병원 관리자였다. 1887년에 런던의학협회에 초청되어 강의를 하게 된 그가, 얼스우드 병동의 관리자로 30년 동안 일하면서 특별한 관심을 두고 관찰해 왔던 특정 환자들에 대해 이야기함으로써 이디엇 서번트들은 사상 최초로 논의의 장 밖으로 나올 수 있었다.

그는 얼스우드 병동이 이디엇 서번트라 불리는 사람들에게 다가갈 수 있는 매우 흥미로운 장소였다고 전제하면서, 그들이 비록 정신적으로 장애를 가진 사람들이었지만 보통사람도 갖기 힘든 특별한 재능을 갖고 있었다고 말했다. 그러면서 랭든 박사는 그들을 부르는 호칭에 대해 먼저 이의를 제기했다.

"나는 바보, 또는 백치라는 용어를 좋아하지 않는다. 이는 경멸의 대상을 일컬을 때 흔히 사용하는 말이기 때문이다. 우리가 그들을 경멸할 이유가 없으며 그들 중 누구도 그런 용어로 불리는 걸 원하지 않는다."

그는 바보, 또는 백치라는 말을 '정신박약'이라는 용어로 대체하자고 제안함으로써 정신박약자를 통칭하는 '다운증후군'이라는 용어가 탄생했다. 그는 이 강연에서 이디엇 서번트에 대해 상당히 자세하게 설명했는데, 100년 후 지금의 나처럼 그도 서번트들에게서 나타나는 비상한 재능에 충격을 받았음이 분명해 보인다. 그는 이렇게 말했다.

"나의 환자 중 한 사람은 매우 정교하고도 아름다운 배를 만들 수 있지만 가장 기초적인 계산조차 하지 못하며 배를 만드는 과정에 대한 어떠한 과학적인 설명도 하지 못한다."

랭든 다운 박사는 이 환자처럼 '고차원적인 재능 안에 도사린 상대적 공백'에 의문을 품을 수밖에 없었다. 그의 환자 중에는 한 권의 책을 읽고 완벽하게 암기하는 소년도 있었다. 그 소년은 『로마제국의 흥망성쇠』라는 방대한 분량의 책을 읽고 나서 내용 전부를 술술 암송할 수 있었다. 소년은 암송하는 도중에 세 번째 페이지의 한 줄을 빼먹은 실수를 깨닫고는 다시 그 부분으로 가서 한 단어 한 단어씩 암송하기도 했다.

랭든 다운 박사는 더 많은 암기 능력을 보여준 사례도 소개했다. 한 소년은 성경책 전부를 암기했다. 어떤 아이는 역사책에 등장하는 사건과 날짜를 전부 기억할 수 있었다. 한 아이는 런던의 모든 사탕가게를 열거하면서 자기가 방문했던 모든 날짜와 그날의 날씨를 기억했다. 또 다른 아이는 모든 환자들이 병원에 처음 도착한 날짜와 시간을 기억했고, 어떤 아이는 병원의 모든 입원자의 주소를 꿰고 있었다.

놀랍도록 발달한 수학적 천재성을 드러내는 아이도 있었다. 어떤 아이는 3자릿수에 3자릿수를 곱하는 문제의 답을 매우 빠르게 계산해냈다. 이런 기술을 '라이트닝 계산법(lightning calculating)'이라 부르는데, 문자 그대로 번개 같이 빠르게 계산해낸다는 뜻에서 붙은 명칭이다. 랭든 다운 박사는 이런 모든 사례들을 접하고 나서 '어느 누구도, 어떻게, 어떤 정신적 작용으로 인해 그런 계산을 할 수 있는지 설명할 수 없다'고 말했다.

천재적 음악성이 서번트 신드롬을 거론하는 데 있어 필수적인 재능이라는 것도 특이한 일이었다. 그들은 아주 쉽고 빠르게 소리를 익히고, 그 소리를 거의 잊지 않았다. 피아노라곤 접해본 적도 없는 아이가 갑자기 차이코프스키의 곡을 연주하는가 하면, 한 소년은 오페라를 관람한 후에 모든 아리아를 완벽하게 재현했다.

과거의 시간을 완벽하게 계산해내는 케이스도 소개되었다. 1325년부터 현재까지의 시간은 총 몇 시간이며, 이것을 분으로 또는 초로 계산하면 얼마다 하는 식으로 말이다. 그런가 하면 한 소년은 시계를 볼 줄도 모르고 간단한 방법으로 시간을 알리는 방식조차 이해하지 못하면서도 수많은 순간에 정확한 현재 시간을 알아맞혔다.

랭든 다운 박사는 한 서번트 환자가 사망한 후에 뇌를 해부했는데 '보통의 대뇌와 다를 바 없지만 우뇌와 좌뇌 사이에 2개의 두드러진 신경교련 흔적이 발견되었다'고 밝혔다. 그가 추가적인 설명을 하지는 않았지만, 이것은 뇌회(腦回 : 대뇌 표면의 주름)가 보통사람의 뇌처럼 자연스럽게 연결되어 있지 않고 상처의 흔적처럼 연결되어 있었다는 걸 의미한다.

랭든 다운 박사는 이 강연을 통해서 서번트 신드롬에 관심을 가진 후세의 연구자들에게 반복적으로 확인될 중요한 정보를 제공했다. 하나는 이런 능력들이 환자의 부모나 형제자매에게서 비롯된 단서는 전무하다는 것이고, 다른 하나는 여성이면서 서번트인 사람은 거의 없다는 점이다.

랭든 다운 박사만이 장애를 가진 환자에게서 나타나는 놀라운 특기에 의문을 품었던 유일한 사람이 아니었다. 1866년에 에드워드 세퀸 박사가 『백치 : 생리학적 방법에 의한 치료』란 제목의 책을 발간했는데, 비록 서번트라는 명칭을 사용하지 않았지만 그 역시 발달장애를 가진 환자들에게서 보이는 서번트 능력을 소개하고 있다.

서번트 신드롬에 관한 에드워드 세퀸 박사의 통찰은 매우 놀라운 수준을 보여주었다. 그는 유전적인 요인만이 발달장애의 원인으로 논의되던 시대에, 서번트에 대한 보다 과학적인 해석이 필요하다고 주장함으로써 후세 연구자들을 자극했다.

윌리엄 아일랜드 박사 역시 이 분야의 또 다른 선구자였다. 1891년에 출간한 저서 『어린이들의 정신질환 : 백치, 정신박약, 정신이상』에서 그는 자신이 근무하는 스코틀랜드 병원에서 몇몇 환자가 갖고 있던 놀라운 기억력을 소개하고 있다.

그는 한 사람의 나이를 들려주면 그가 살아온 시간과 분을 정확히 계산해낼 수 있는 능력을 가진 서번트, 나무를 재료로 하여 어떤 조각 작품도 만들어낼 수 있는 서번트 등을 소개하면서 정신지체가 있는 사람들의 겉으로 보이는 능력과 잠재되어 있는 또 다른 능력의 불일치를 이론적으로 규명하려고 노력했다.

가장 세심한 관찰자의 가장 통찰력 있는 분석

영국의 알프레드 트레드골드 박사가 1914년에 쓴 『정신박약』이란 책에도 이디엇 서번트에 관한 내용이 등장한다. 트레드골드 박사는 당시 정신박약아를 위한 국제협회 고문 의사와 런던의대 교수로 일하던 신경병리학계의 최고 권위자였다.

오늘날까지 서번트 신드롬에 관한 수많은 이론들이 출몰했지만, 트레드골드 박사만큼 알기 쉽고 생생하게 설명한 사람은 찾아보기 힘들다. 랭든 다운 박사처럼 트레드골드 박사도 정신지체 장애아 연구에 일생을 바쳤는데 그의 저서는 후세 연구자들에게 발달장애에 관한 교과서처럼 여겨진다.

트레드골드 박사는 이 책에서 이디엇 서번트들은 결코 바보가 아니라고 여러 차례 강조하면서, 그들이 갖고 있는 몇 가지 특징을 설명하고 있다.

'첫째, 그들의 IQ가 아주 낮지는 않다. 둘째, 서번트들이 대부분 남성이다. 셋째, 그들의 능력은 대개 모방하는 것에 불과할 뿐 새로운 것을 창조하는 능력은 거의 없거나 현저히 떨어진다. 넷째, 그런 능력들은 대부분 성인이 되기 전에 사라진다.'

트레드골드 박사는 이 책에서 후각이 매우 섬세하거나 시각이 크게 발달한 사례, 놀랄만한 청각 능력을 가진 환자, 촉각이 매우 발달한 환자, 그리고 손재주 같은 운동기능에서 타의 추종을 불허하는 사례들을 다수 등장시킨다. 그 중에서 미술에 탁월한 재능이 있던 고트프리드 마인드는 트레드골드 박사가 가장 주목한 환자였다.

마인드는 크레틴병(갑상선 기능저하증으로 신체 발육이 늦어져 성인이 된 후에도 소년의 체격 정도밖에 되지 않는 발달장애)을 앓고 있는 환자로, 1768년에 태어나 46세에 사망했다. 그는 글을 읽지도 쓰지도 못했고 돈의 가치도 몰랐다. 또 손이 신체에 비해 상대적으로 매우 크고 거칠었다. 따라서 이 환자는 겉모습만으로도 발달장애자라는 사실이 분명해서 거리를 걸으면 놀리는 아이들이 많았다고 한다.

이런 장애에도 불구하고, 그는 어린 시절부터 그림에 탁월한 능력을 보여주었다. 그의 소묘와 수채화는 고양이뿐만 아니라 사슴, 토끼, 곰과 여러 아이들이 주제가 되었는데 그림들이 마치 살아 있는 것처럼 생생했다. 영국의 국왕 조지 4세는 그의 그림 중에서 새끼를 거느리고 있는 고양이 그림을 구입하기도 했다.

트레드골드 박사는 소리를 모방하고 생성해내는 능력이 뛰어난 또 한 사람의 서번트도 소개했다. 읽지도 쓰지도 못하는 22세의 간질환자인 마틴이 그 사람으로, 이 환자는 짧게 끊어진 단어나 간단한 문장만을 말할 수 있을 뿐 자연스러운 언어구사 능력이 전혀 없었다.

하지만 마틴은 귀를 통해 접하는 모든 소리를 똑같은 억양으로 모방하는 능력을 갖고 있었다. 심지어 그는 모국어뿐 아니라 그리스어, 일본어, 덴마크어, 스페인어 같은 외국어도 막힘없이 모방할 수 있었다. 자기 의지를 단순한 말로 표현하는 일조차 할 수 없는 사람이 무슨 뜻인지도 모르는 외국어를 100% 완벽하게 생성해낼 수 있는 능력은 불가사의 그 자체라고, 트레드골드 박사는 말했다.

트레드골드 박사는 비상한 방향 감각을 갖고 있는 다운증후군 환자도 소개했다. 이 환자는 도시 어느 지점에서 다른 지점으로 가는 길을 도로별, 소요시간별로 구분해서 안내할 수 있었다. 더구나 이 사람은 날짜 계산의 달인이었고 거의 반사적인 속도로 곱셈을 하는 능력을 가진 뛰어난 계산자이기도 했다. 트레드골드 박사는 이 사람에 대해 다음과 같이 묘사하고 있다.

'지난 35년 동안 이 지역에 살았던 사람들의 이름과 나이를 정확하게 기억할 뿐만 아니라 어떤 사람이 땅에 묻히던 날, 장례식에 왔던 모든 참석자들의 이름과 나이까지도 기억해낼 수 있다. 그러나 그는 완전한 백치이다. 장례식에 관한 것 이외에는 질문에 대해 어떤 지적인 대답도 하지 못했고, 심지어 혼자서는 식사조차 못했다.'

트레드골드 박사는 또 다른 다운증후군 환자의 사례도 소개했는데, 이 환자는 책을 다 읽고는 한 단어 한 단어를 모조리 암기하는 소년이었다. 그러나 이것만이 그가 가진 능력의 전부가 아니었다. 그는 놀랍게도 자신이 읽은 것을 거꾸로 암송할 수도 있었다.

트레드골드 박사는 마지막으로 음악적 재능을 가진 서번트를 소개하는데 이번 사례는 놀랍게도 여성이었다. 쥬니라는 이름의 그 여성에 대해 트레드골드 박사는 이렇게 묘사했다.

'그녀는 구루병의 영향을 받아 정신박약과 시각장애를 동시에 갖고 태어났지만, 아주 탁월한 음악적 재능을 가진 환자였다. 음악을 들으면 그것이 어느 장르의 음악이든지 완벽하게 재현해냈다. 사람들은 그녀가 노래를 하다 실수하면 고쳐주고 틀린 단락을 반복해 보라며 용기를 주었는데, 그러면 그녀는 더욱 훌륭하게 해냈다.'

트레드골드 박사는 이 모든 현상을 이렇게 설명하고 있다.

'이런 재능은 대뇌의 특정한 뉴런의 발달과 관계가 있는 것으로 추정되지만, 어떻게 이런 일이 일어나는지는 아직 추측만 할 수 있을 뿐이다. 나는 이 현상이 신체구조상의 어떤 예외적인 발달의 결과이거나 유년기에 일어난 우발적인 상황 때문에 일어나는 것으로 본다. 그러나 그것만 갖고는 그런 능력을 보일 수 없다. 그런 능력은 분명히 끊임없는 훈련을 필요로 하기 때문이다. 그러나 그들이 훈련이나 교육을 감당할 만한 지적 수준을 갖고 있지 않다는 데서 연구자들은 딜레마에 빠질 수밖에 없다.'

이 같은 결론은, 가장 세심한 관찰자의 가장 통찰력 있는 분석이라고 할 수 있을 것이다. 트레드골드 박사는 오늘날까지도 가장 흥미로운 서번트 사례로 여겨지는 제임스 풀렌의 이야기로 자신의 저서를 마무리했다.

제임스 풀렌은 15세 때 처음으로 얼스우드 병동에 들어와 1916년에 이곳에서 사망할 때까지 무려 51년을 머물렀다. 이 기간 동안 세 명의 관찰자들이(세퀸, 트레드골드, 사노 박사) 풀렌에 관해 상세하게 기록해 두었는데, 어떤 연구자가 풀렌을 최초로 '얼스우드 병동의 천재'라고 명명했는지는 알 수 없지만 그들이 공히 풀렌을 천재로 인식했다는 점에는 이견이 없었다.

이 뛰어난 장인(匠人)은 시각장애, 청각장애, 여기에 정신지체까지 지닌 전형적인 정신박약아였다. 그럼에도 그는 전국적인 명성을 가진 예술가로, 심지어 에드워드 왕조차 그에게 관심을 보였고 그의 작업을 돕기 위해 상아를 하사품으로 보내주기도 했다.

하지만 그는 타인과 관계하지 않는 비밀스런 삶으로 일관하다가 죽었다. 풀렌의 가족 중에 정신지체 병력을 가진 사람은 없었지만 그의 부모가 친사촌 간으로, 따라서 그는 근친상간의 산물인 셈이었다. 그의 형 역시 청각장애자에 말을 못했는데 동생처럼 특별한 소묘 능력을 갖고 있었다고 한다. 이 사람도 얼스우드 병동에서 35세의 나이에 암으로 사망했다.

풀렌은 유년기 시절 또래 친구가 얕은 웅덩이에서 갖고 놀던 작은 배에 매료된 적이 있다고 한다. 그 후 풀렌은 그런 종류의 장난감을 만드는 일에 집착했다. 차츰 나무 조각으로 배를 만드는 일에 능숙해졌고 연필로 소묘를 한 다음 그대로 만들어내는 데도 능숙해졌다.

그러나 듣지 못하고 말하지 못하는 장애 때문에, 그는 항상 격리된 상황에서 외로움과 싸워야 했다. 일곱 살이 될 때까지 그가 구사할 수 있는 단어는 오직 단음절의 단어 몇 마디뿐이었다.

열다섯 살 때 얼스우드 병동에 들어왔다. 이때의 상황에 대해 사노 박사는 풀렌이 손짓을 동반한 채 단어를 사용하지 않으면 지적인 대답을 하지 못했다고 적고 있다.

그렇지만 얼스우드 병동에 들어온 지 불과 몇 년 만에 풀렌은 목수이자 고급가구 제작자로 성장했다. 그는 아침부터 밤까지 일했고, 저녁에 방에 돌아오면 어둠 속에서 그림을 그리고 분필로 색칠을 했다. 세퀸 박사는 이렇게 증언하고 있다.

'그의 작품은 정말로 뛰어나다. 그 많은 작품 대부분을 혼자서 작업했다는 게 믿어지지 않는다. 어떤 작품은 그에게 선물을 하사한 국왕에게 답례품으로 보내졌는데 국왕은 풀렌 같은 장애인이 이런 작품을 만든다는 사실에 놀라워했다.'

뛰어난 솜씨 때문에 풀렌은 얼스우드의 유명인사가 되었다. 그에게는 두 개의 작업장이 주어졌고, 자신의 능력을 맘껏 펼칠 수 있는 자유가 주어졌다. 평생 동안 이곳을 떠나지 않았던 그가 죽은 후, 작업실은 그의 그림과 조각품을 담은 박물관이 되었다.

그 중에는 삶의 40가지 장면들을 통찰력 있게 묘사한 작품들도 포함되어 있는데, 지금도 박물관에 가면 이 작품을 볼 수 있다. 풀렌이 스물여섯 살 때 만든 이 작품에 대해 사노 박사는 다음과 같이 설명했다.

'그 작품은 바닥이 평평한 짐배이다. 가운데에 가구가 갖춰진 방이 하나 있고 하얀 상아로 만든 천사가 뱃머리 밖에, 사탄(바다의 신)은 선미(船尾)에 서 있다. 가운데 세워둔 막대는 12개의 노와 빛을 비추는 보루의 중심 역할을 한다. 이는 선박 축조의 전통적인 방식에 영향을 받음과 동시에 부분적으로는 천재적인 창조 개념이 결합되어 있음을 보여준다. 그의 작품은 인간이 지식을 하나로 종합하고 축적해 나가는 방법에 대한 뛰어난 삽화와도 같다. 풀렌에게 있어 세상이란 하나의 배와도 같다는 사실을 함축하고 있는 뛰어난 조각 작품인 것이다.'

풀렌이 대표작인 「더 그레이트 이스턴(The Great Eastern)」을 완성한 것은 그의 나이 서른다섯이 되었을 때였다. 이 작품은 풀렌이 직접 설계하고 모든 나사, 도르래, 닻, 노까지 일일이 깎아 만든 배였다. 두꺼운 판자는 수천 개의 나무못으로 연결되었다. 전장이 3미터인 이 배에는 총 5,585개의 대못이 들어갔는데, 이 모든 것은 풀렌이 직접 제작했다. 13개의 구명보트가 닻을 올리는 기둥에 매달려 있고 중앙의 선실에는 의자, 침대, 탁자와 장식품들로 가득했는데 이 역시 풀렌의 손을 거쳤다.

그가 이 배를 완성하는 데는 꼬박 7년이 소요되었다. 1883년에 영국에서 열린 국제어업박람회에 이 작품이 출품되었을 때, 세계적인 반향을 불러일으킨 것은 두 말할 필요도 없다.

세퀸 박사는 열아홉 살 때의 풀렌이 무척 거칠고 무뚝뚝했다고 회고한다. 그는 읽거나 쓰기도 할 줄 몰랐다. 심지어 개의 머리와 꼬리가 다르다는 사실을 배우는 데 6개월이 걸릴 만큼 이해력이 떨어졌다.

성장한 풀렌은 예전과 다름없이 항시 묵묵했지만, 특히 홀로 남겨져서 자신의 재능을 발휘할 때는 더욱 그랬다. 하지만 그는 고집불통에 폭력적인 성향까지 갖고 있었다고 한다. 남들의 충고를 받아들이지 않았고, 이방인에 대해서는 극도로 경계심을 나타냈다. 한번은 화가 나서 작업실을 전부 파괴하기도 했고, 싫어하는 병원 관계자가 자기를 그냥 놔두기를 원할 때면 작업실 문 앞에 단두대 같은 기구를 세워두기도 했다.

그는 또한 매우 자기중심적이었다고 한다. 그가 사용하는 몇 개의 단어는 '매우 솜씨가 좋은', '훌륭한' 같이 자만심을 드러내는 말들뿐이었는데 (이는 대부분의 서번트들이 갖고 있는 일반적인 특징이다), 얼스우드 병동에 남아 있는 환자기록부에는 그에 대해 '자만심 덩어리'라고 묘사되어 있다. 그를 가장 오랫동안 지켜본 트레드골드 박사는 다음과 같이 적었다.

'관찰력과 비교 능력, 집중력 및 암기력, 불굴의 의지 등이 매우 뛰어나지만 그는 어린아이와도 같다. 때로는 너무나 감성적이고 불안정해서 세상 밖에서 살아가기 힘들 것으로 보인다. 그만큼 정신연령이 낮은 것이다. 자신을 도와주는 사람 없이는 제아무리 특별한 재능을 갖고 있어도 삶에 필요한 부분을 채워주지 못할 것이며, 만약 충족되더라도 상식의 부족 때문에 곧 무너질 것이다. 변화를 위한 그의 노력에도 불구하고 한 음절의 단어 외에는 쓰는 법도, 읽는 법도 배우지 못했다. 그는 입을 보거나 손짓을 통해서만 다른 사람의 말을 이해할 수 있다. 그리고 그가 말하는 몇 단어 이상의 말은 거의 알아듣기가 힘들다.'

트레드골드 박사는 내면으로부터 비롯된 풀렌의 고립된 증세가 그림을 모방하거나 나무나 상아를 깎는 등 매우 높은 물리적 손재주로 전이되었다고 결론을 내린다. 이에 대해 세퀸 박사는 이렇게 정리했다.

'그는 결함과 천재성 사이의 불균형상태에 놓여 있었기 때문에, 겉으로 보기에도 사람답지 못한 사람이었다.'

그러나 사노 박사는 다른 견해를 갖고 있었다.

'만약 풀렌이 헬렌 켈러와 같이 단순하게 감각의 결함(청각장애)에만 영향을 받은 사람이었다면, 상황은 달라졌을 것이다. 하지만 풀렌은 그런 부류의 사람이 아니었다. 풀렌은 완벽한 감각의 열 손가락을 갖고 있어도 상냥함을 표시하는 가장 평범한 말조차도 받아들이거나 구체화하지 못하는 사람이었다. '나는 당신에게 매우 고맙게 생각한다' 같은 말조차도 풀렌에게 있어서는 문법적으로나 사회적 의미로나 매우 이상한 말이었다.'

1918년에, 사노 박사는 풀렌이 죽은 후에 그 특별한 삶을 규명하기 위한 부검을 실시했다. 풀렌의 뇌를 세세하게 해부함으로써 그가 갖고 있던 능력의 근원이 무엇인지 파헤치려 했던 것이다. 당시는 극소수의 서번트들에 대해서만 해부가 가능했기 때문에 풀렌의 경우처럼 자세하게 기록된 경우가 거의 없었다.

풀렌의 뇌는 그 나이에 흔히 나타나는 전형적인 동맥경화증을 보여주었다. 뇌량(腦梁 : 대뇌반구에 연결된 섬유질)은 정상인보다 약간 더 컸지만, 후두엽(後頭葉 : 시각을 담당하는 부문으로 눈으로 들어온 정보가 시각 피질에 도착하면 사물의 위치와 모양, 운동 상태를 분석한다)에는 문제가 없었다.

한 가지 명백한 것은, 풀렌의 경우 대뇌의 발달이 다른 사람들에 비해 현저히 부족했다는 사실이다. 이는 풀렌의 문제가 단지 감각의 결함(시각장애나 청각장애 등)에서 비롯된 게 아니라 기능 발달을 유지하는 능력이 근본적으로 부족한데서 기인했다는 사실을 확인해주는 것이었다.

사노 박사는 풀렌의 특징을 대뇌의 표면에서는 찾을 수 없다고 결론지으면서, 그의 장애는 대뇌피질(大腦皮質 : 대뇌 표면의 회백질로 이루어진 부분으로 약 140억 개의 신경세포가 있다)에서 초래되었다고 결론지었다. 요컨대 풀렌의 발달장애는 생물학적 원인 때문이라는 것이다. 사노 박사는 서번트가 가진 불가사의를 파악하기 위해 토마스 칼라일의 작품 『영웅과 영웅 숭배』를 인용하여, 풀렌에 대한 경외심과 당황스러움을 다음과 같이 요약했다.

'과학은 우리에게 많은 것을 할 수 있게 해주지만 더 깊고 신성하고 무한한 세계를 보여주지 않는다는 면에서 여전히 하찮은 것이다. 그런 점에서 모든 과학은 단순하고 표면적인 필름처럼 돌아가고 있을 뿐이다. 과학에 근거한 모든 연구들이 이루어진 후에도 여전히 이 세상은 경이로울 것이다. 어느 누가 생각해봐도 그것은 아름답고, 불가사의하고, 경이로울 것이다.'

풀렌 역시 그렇다. 다른 서번트들처럼 풀렌은 능력과 무능력이 공존하는 모순덩어리였다. 살아 있는 동안 그는 왕과 의사, 그리고 대중들의 관심을 사로잡았다. 자신에 대한 자만심도 갖고 있었고, 그것을 뒷받침하는 경이로운 능력도 갖고 있었다. 그만큼 풀렌은 신비로움 그 자체였다.

　그러나 그의 실체를 더 깊고 더 자세하게 파악해내지 못하는 오늘의 과학은, 우리의 몸이 갖고 있는 비밀의 문조차 열어젖히지 못한다는 면에서 볼 때 가장 초보적인 상태에 머물러 있을 뿐이다.

2장

음악의 백치천재들

남북전쟁이 끝났을 때, 16세의 시각장애 소년 톰 케논은 열한 살 때부터 시작한 피아노 연주 투어를 다시 시작했다. 100개가 채 안 되는 어휘력을 구사하는 톰은, 그러나 5,000곡이 넘는 연주 레퍼토리를 가진 음악의 천재였다.

이 인상적인 음악 천재 이야기는 1850년 조지아 주의 노예 경매시장으로부터 시작된다. 어머니가 조지아 주의 토마스 베툰 대령에게 팔렸을 때, 그녀의 열네 번째 아이인 톰은 덤으로 넘겨졌는데 이유는 그 아이가 완전한 시각장애아여서 아무 짝에도 쓸모가 없기 때문이었다.

베툰 대령의 농장에서, 톰은 시각장애아이기 때문에 그림의 떡과 같은 조치이기는 했지만 대저택을 마음대로 돌아다닐 수 있도록 허락되었다. 톰은 이곳에서 지붕에 떨어지는 빗소리, 옥수수를 가는 방아소리 등 자연이 들려주는 오묘한 음악에 귀를 기울이게 되었고 차츰 모든 종류의 소리에 매혹되기 시작했다.

그 중에서도 톰은 대령의 딸이 연습하는 피아노 소나타와 미뉴에트 소리를 가장 세심하게 들었다. 그를 맨 처음 소개한 세퀸 박사는 이렇게 적고 있다.

'톰은 음악에 대한 끝없는 열정을 제외하고는 걷지도 못했으며 어떤 지적인 표현도 하지 못했다. 하지만 용기를 북돋아주면서 피아노 앞에 앉히면, 네 살 이전에 들었던 모든 선율의 화음을 건반 위에서 작은 손가락으로 아름답게 재현해낼 수 있었다.'

톰의 재능을 전혀 몰랐던 베툰 대령이 어느 늦은 밤에, 어두운 방에서 흘러나오는 음악소리를 듣게 된다. 그는 늦은 시간에 딸이 피아노를 연주하는 걸 이상하게 여기면서 아래층으로 내려갔다. 하지만 피아노를 연주하는 사람은 네 살짜리 맹인소년 톰이었다. 아이는 대령의 딸이 몇 주 동안에 걸쳐 연습해서 익힌 모차르트의 소나타를 단지 그냥 듣고 익힌 것뿐이었다. 대령은 경악했다.

보통의 어린 노예들처럼 톰도 역시 교육이라곤 접할 기회가 없었다. 더구나 톰은 감정의 기복이 너무나 심해 끊임없이 관리 감독이 필요했다. 하지만 피아노에 대한 열망만큼은 너무도 극심해서 어느 누구의 지도 없이도 짧은 시간에 어떤 곡을 한 번만 들으면 한 치의 오차도 없이 세세히 연주할 수 있었다.

여섯 살이 되자, 톰은 음악을 반복적으로 연주하는 동시에 즉흥적으로 변주곡을 만들어 연주하기 시작했다. 베툰 대령은 이 아이를 위해 전문 음악가를 고용했고, 연주회의 품격을 높여 줄 즉석 레퍼토리도 구성했다.

'시각장애 음악천재' 라는 말이 세상에 알려지면서, 톰은 일곱 살 때 처음 연주회를 열게 되었다. 연주회는 매진되었고, 신문들은 앞 다퉈 톰에 관한 기사를 내보냈다. 덕분에 대령과 톰은 미국 대륙 전역을 돌아다니며 거의 매일 연주를 했다. 베툰 대령은 연주회를 시작했던 첫 해에 당시 돈으로는 거금인 10만 달러를 벌어들였다고 한다.

톰은 귀를 통해 흘러 들어오는 모든 선율과 음악을 마음속에 지워지지 않도록 저장하고는, 조금의 망설임도 없이 완벽하게 연주할 수 있었다. 베토벤, 멘델스존, 바흐, 쇼팽, 베르디, 로시니 등 그의 레퍼토리는 끝이 없었다. 초기 연주회를 보도한 기사 중에는 이런 글이 보인다.

'그의 기억력은 너무나 정확해서 단 한 음절도 빼먹지 않고 똑똑하게 재현할 수 있다. 그는 또한 15분 정도의 대화를 암송 또는 복창할 수 있다. 비록 한 단어도 이해하지 못하지만, 그는 완벽하게 복제할 수 있다. 그는 프랑스와 독일에서도 노래를 한번 듣고 나서 그대로 불렀을 뿐 아니라 선율, 스타일, 표현까지도 똑같이 재현해냈다.'

열한 살 때, 톰은 백악관에서 제임스 뷰캐넌 대통령 앞에서 연주를 했다. 그런데 대통령과 대중을 속이고 있는 것으로 생각한 많은 음악가들이 다음날 호텔로 톰을 불러 시험을 해보기로 했다.

이들은 톰 앞에서 완벽하게 새로 작곡한 두 곡을 연주했다. 그러자 톰은 악보가 13페이지나 되는 첫 번째 곡과 20페이지 분량의 두 번째 곡을 모두 완벽하게 소화해냈다.

1862년에, 그는 한층 더 놀라운 묘기를 보여 주었다. 악보를 전혀 읽을 줄 모르는데도 최초로 작곡된 14페이지 분량의 곡을 작곡가가 고음부를 연주하면 톰이 저음부를 연주하는 기술을 펼쳐 보인 것이다. 이 광경을 처음부터 끝까지 지켜본 음악 전문기자들은 이렇게 보도했다.

'듣지도 보지도 못한 음악의 저음부를 연주한다는 것은 분명 심포니의 전체 의도를 이해하고 있다는 걸 의미한다. 즉, 그에게 위대한 창조 능력이 있음을 말해주는 것이다.'

그 뒤, 톰과 베툰 대령은 유럽으로 연주 투어를 떠났다. 톰은 이곳에서 절대음감 실험을 받았다. 두 개의 피아노가 무작위로 시끄럽게 두들겨대는 사이에 세 번째 피아노로 동시에 20곡을 연주했는데, 톰은 그 20곡을 완벽하게 재현해냈다.

이렇게 실험자들에 의해 톰이 절대음감의 능력을 가졌다는 사실이 증명되자, 이 소년은 유럽사회에 일대 센세이션을 일으키는 존재가 되었다. 당시 신문은 톰의 연주회를 이렇게 묘사했다.

'시각장애 소년인 톰은 마치 원숭이가 먹이를 집을 때처럼 손을 쭉 뻗은 채 피아노 앞에 앉는다. 발이 페달에 닿지 않으면 끊임없이 몸을 꼰다. 그리고 주인의 말에 '네! 네!' 하며 소리를 지른다. '톰, 네가 제일 좋아하는 베르디의 곡을 연주하거라!' 하고 대령이 명령하면, 톰의 고개가 뒤로 젖혀지고 손가락이 움직이기 시작한다. 그 다음 순간 베르디는 물론이고 베버, 베토벤, 모차르트 등 세상에서 가장 열정적이고 가장 순수한 음악가의 곡이 울려 퍼지기 시작한다.'

그 뒤 베툰 대령이 세상을 떠나고, 톰은 53세에 마지막 연주회를 가졌다. 톰은 너무나 대령에게 의존적이었기 때문에 그가 사망한 후에는 연주의욕을 잃어버렸고 음울하고 호전적인 상태에 빠져 버렸다. 그러다 1908년에 세상을 떠났다.

음악, 시각장애, 그리고 정신지체

시각장애인 톰은 '거의 모든 정신박약아는 음악을 좋아한다' 는 트레드골드 박사의 이론을 뒷받침한다. 트레드골드 박사는 서번트들의 음악적 재능에 대해 이렇게 설명한 바 있다.

'탁월한 연주 능력은 때로는 정신착란에서 비롯되기도 하는데, 그런 음악적 재능은 뇌의 양쪽 측면 어딘가의 지휘를 받고 있는 듯하다. 그런 재능이 심각한 뇌 손상을 입은 후에도 여전히 남아 있다는 것은 그러한 기능이 독립적으로 존재한다는 사실을 뒷받침한다.'

음악적 재능과 정신지체의 관계는 서번트와 관련된 논문에 자주 등장한다. 특이하게도 시각장애와 정신지체, 그리고 음악적 천재성이 동시에 나타나는 경우가 많은데 음악에 천재적인 모든 서번트가 시각장애인은 아니지만 이 세 가지 공통점은 1세기 동안 놀라울 정도로 빈번하게 나타나고 있다.

시각장애인 톰의 이야기가 그렇고, 우리가 나중에 만나게 될 레슬리 렘키와 엘렌 보드로의 사례 또한 그렇다. 시각장애인 톰과 레슬리 렘키는 100년의 시차를 두고 살았지만 그들의 삶은 놀라울 정도로 유사하다.

트레드골드 박사에 의해 소개되었던 쥬디란 이름의 여성도 시각장애자이자 정신지체자였고, 동시에 음악의 천재였다. 다만 하나 다른 점이 있다면 신체적 장애의 종류였다. 쥬디는 구루병을 앓고 있었다.

오하이오 주립대학 동물학과 교수인 데이비드 리페와 로렌스 스나이더는 헨리 고더드를 뛰어난 음악적 재능을 가진 정신박약아 소녀라고 부르며 다음과 같이 소개한 바 있다.

'그녀는 아무리 어려운 곡도 단 한 번만 들으면 연주할 수 있다. 어떤 음악가가 병원을 방문하여 소녀에 관한 이야기를 듣고는, 그녀가 정말로 그렇게 할 수 있는지 확인하려고 했다. 음악가는 이제까지 한 번도 공개되지 않은 곡을 연주해 보이고는 소녀에게 그 곡을 연주할 수 있느냐고 물었다. 소녀는 한 번 더 들려달라고 부탁한 다음 느긋한 동작으로 완벽하게 연주해 보였다.'

리페 교수와 스나이더 교수는 매사추세츠 주의 19세 시각장애인 청년도 함께 소개했다. 그는 자신이 들은 곡은 무엇이든 연주할 수 있는 절대음감의 소유자였다. 흥미롭게도 그에게는 똑같은 장애를 가진 형이 있었는데, 그에게는 음악적 재능이 전혀 없었다. 그리고 정상적인 지능을 가진 여동생은 피아노를 연주하고 음악을 작곡할 수 있었다.

심각한 장애를 갖고 있는 사람들 중에서 나타나는 음악적 천재성은 선천적으로 타고난다기보다는 외상이나 질병을 앓고 난 후에 갑자기 나타나는 경우가 많다.

서번트 신드롬에 관한 연구에서 정상인이 질병을 앓고 난 후에 특별한 재능을 얻게 된 최초 사례는 1923년에 블랑쉬 미노그 박사에 의해 소개되었다. 사례의 주인공은 7세의 정신연령을 가진 23세 남성으로 전문 피아니스트 이상으로 뛰어난 재능을 갖고 있었다.

유년시절에, 그는 유별나게 총명하고 음악적 소질도 뛰어난 아이였다고 한다. 세 살 때, 그는 영국, 독일, 프랑스, 헝가리의 민요를 배우고 노래할 만큼 뛰어난 음악 능력을 보였다. 그런데 네 살 때, 수막염(髓膜炎)을 동반한 심각한 폐렴을 앓게 되었다.

흥미로운 사실은 의식이 혼탁한 상태에서도 그가 계속해서 노래를 불렀다는 것이다. 그러다가 현저한 감각 둔화와 발달지체 현상이 나타났고, 이를 계기로 특수학교에 들어가게 되었다. 이때 그의 IQ는 46정도였고, 매우 과격한 행동을 하는 독불장군으로 전형적인 자폐증상을 보였다.

특수학교에서, 그는 클래식과 재즈를 듣고 연주를 배우는 등 음악의 재능을 키워나갔다. 그렇게 점점 실력이 향상되자, 저명한 음악가 앞에서 '베르디의 3막 2장 대장간의 합창', '로엔그린', '탄호이저의 행진곡', '카르멘의 타란텔라', '멘델스존의 장송행진곡' 등 수많은 클래식 음악을 연주하기도 했다.

그는 아무 어려움 없이 마치 축음기처럼 그것들을 해냈다. 담당 의사였던 블랑쉬 미노그 박사는 이 소년의 재능 중에서 가장 중요한 요소는 놀라운 기억력과 더 놀라운 모방 능력이라고 말했다.

가족의 이력을 보면 그의 음악성과 재능이 어디서 왔는지 알 수 있었다. 할머니와 사촌은 피아니스트였고, 여동생 중에는 뛰어난 바이올리니스트가 있었다.

그는 분명 정상적으로 태어났지만 정신지체가 나타나기 전에는 비범한 능력이 전혀 드러나지 않았다. 병을 앓고 난 후에 얻어진 능력이 음악적 재능으로 표출된 상황을 블랑쉬 박사는 '음악적 재능을 가진 파생적 정신지체' 라는 말로 표현했다.

그는 뛰어난 음악적 능력을 제외하면 지능(예외적인 암기 능력을 제외하면)도 떨어졌고, 작곡하거나 창작하는 능력은 없었다. 이 때문에 블랑쉬 박사는 음악적 재능이 보통의 지능과는 별개라는 결론을 내리면서 다음과 같이 말했다.

"그의 리듬감, 음의 고저를 식별하는 능력은 환상적이지만 이 중 어느하나라도 파괴되면 모든 재능은 사라질 것이다."

해리엇의 경우

미국의 정신의학자 데이비드 비스코트 박사는 1969년에 해리엇이라는 이름의 소녀 환자에 대한 4년 동안의 정신과 치료 후에, 서번트의 특징과 음악적 재능 사이에 흔치 않은 상호작용이 있다는 내용을 담은 논문을 발표했다.

해리엇은 7형제 중의 여섯 째 아이로 태어났다. 아기였을 때, 이 아이의 침대는 이탈리아 예술학교를 졸업하고 피아니스트로 활동하다 지금은 은퇴하고 마을 아이들에게 피아노와 노래를 가르치고 있던 엄마의 그랜드피아노 바로 맞은편에 놓여 있었다.

엄마가 레슨을 하다가 잠깐 쉬는 시간을 제외하면 해리엇은 항상 혼자 지내야 했다. 이렇듯 다른 아이들과 떨어져 지내야 했기 때문에, 음악을 듣는 것을 제외하면 모든 감각의 발달에 제동이 걸릴 수밖에 없었다. 의사들은 해리엇이 발달장애와 정신지체를 앓고 있다고 말했다.

비스코트 박사에 의하면, 해리엇의 음악적 재능은 생후 7개월이 되던 어느 날 저녁에 아버지에 의해 처음 발견되었다고 한다. 해리엇이 침대에 누운 채로 절대음감과 정확한 박자로 베르디의 리골레토 '그리운 그 이름'을 콧노래로 부르고 있었던 것이다.

그것만이 아니었다. 해리엇은 엄마의 제자들이 연습했던 곡의 장단조를 바꿔가면서 알맞은 악센트를 주며 노래를 하고 있었다. 해리엇은 그때까지 웃지도 울지도 않고 심지어 목소리조차도 내지 않는 아이였기 때문에 아빠의 놀라움은 컸다.

두 살이 될 때까지 하루 종일 누워만 있던 해리엇이 세 살이 되자 막대기를 박자에 맞춰 흔들며 집안을 돌아다니기 시작했다. 그러다가 마음에 안 들면 그것을 마구 휘둘러 공격하기도 했다.

문제는 그 아이가 결코 말을 하지 않는다는 사실이었다. 그럼에도 불구하고 네 살이 되던 해에 해리엇은 피아노뿐만 아니라 바이올린과 트럼펫, 클라리넷 등 가족들의 악기를 닥치는 대로 연주하기 시작했다.

아홉 살이 될 때까지, 여전히 거의 말을 하지 않았고 혼자서는 화장실조차 갈 수 없었지만 음악에 대한 집착과 발전은 놀라울 정도였다. 비스코트 박사는 다음과 같이 말했다.

"해리엇이 네 살이 되던 해 어느 날, 엄마의 제자 중 하나가 들리브의 오페라 라크메 중에서 '종소리'의 고음을 내는데 무척 애를 먹고 있었다. 제자가 몹시 고통스러워하며 세 번 정도 시도할 때, 갑자기 해리엇이 달려오더니 그 학생을 머리로 받아 집에서 내쫓으려고 했다. 이 때문에 학생은 등을 크게 다쳤다."

해리엇은 똑같은 부분에서 똑같은 실수를 반복하는 제자가 마음에 들지 않았고, 심지어 짜증이 날 정도였던 것이다. 그럴 만도 했다. 해리엇은 음악을 정식으로 배운 적이 없음에도 악보를 읽을 수 있었고, 어떤 음악이든지 한 번만 들으면 완벽하게 재현해낼 수 있었다.

그뿐만이 아니었다. 나이를 먹어가면서 해리엇에게는 비상한 암기력이라는 또 다른 재능이 표출되기 시작했다. 그녀는 라디오에서 들려오는 매일 매일의 날씨를 날짜별로 모두 기억했으며, 보스턴 시의 전화번호부 모든 페이지에 들어 있는 내용과 한 번 들은 모든 전화번호를 기억할 수 있었다.

그렇지만 그 모든 기억에는 감정이 철저하게 배제되어 있었다. 열여섯 살 때까지 학교에 다녔지만 성적은 매우 형편없었고, 공부하겠다는 의지도 없었다. 열여덟 살 때부터 주립병원의 주방에서 일을 하기 시작하여 그곳에서 마흔 살까지 일했는데, 삶이 지나칠 정도로 고리타분해졌을 때 그녀는 일상에서 도망치기 위해 자해를 거듭함으로써 더 이상 일을 계속할 수 없게 되었다.

그녀는 분명 정신병을 앓고 있었으며, 시시때때로 환각에 고통을 받았다. 그녀의 IQ는 73이었지만 단기 기억력(짧고 연속적인 숫자를 듣고 반복하는 것)도 정상이었고, 새로운 사물을 받아들여 기억하는 일에는 발군의 능력을 보였다. 하지만 어떤 사실에 대해 추론하는 능력은 뛰어난 기억력에 비하면 형편없었다. 간단한 단어의 뜻도 이해하지 못했고, 산수 능력 또한 매우 떨어졌다.

그러나 음악만큼은 정말 놀라운 능력이었다. 중요한 교향곡을 모조리 구별할 수 있었고 전체적인 연주 목록, 음조의 높이, 작품 번호, 그 음악이 처음으로 연주된 날짜와 장소까지 모두 기억해낼 수 있었다.

가장 놀라운 일은 그녀가 작품뿐만 아니라 작곡가에 대해서도 잘 알고 있다는 것이며 심지어 연주자까지도 꿰뚫고 있었다는 점이다. 예를 들어, 그녀는 지난 20년 동안 매주 토요일마다 보스턴의 교향악 연주회에 참석했는데 오케스트라의 모든 구성원들의 경력과 결혼 유무, 가족사항, 이름, 나이, 주소까지 모두 기억했다. 지휘자에 대해서는 더욱 열광적이었는데, 지난 100년 동안 보스턴에서 연주활동을 해온 지휘자들에 대한 세부사항을 모두 기억하고 있었다.

해리엇은 특히 피아노에서는 대위선율(독립적인 2개의 선율을 동시에 결합시키는 작곡 기법)에 따라 즉석에서 연주하면서 간단한 변주곡까지도 가능했다. 심지어 그녀는 한 작곡가의 스타일을 오른손으로 즉흥 연주하면서, 왼손으로는 다른 작곡가의 스타일을 연주할 수도 있었다. 비스코트 박사는 해리엇의 삶에 있어서 음악이 갖는 의미를 이렇게 결론짓는다.

"그녀에게 있어서 음악은 특별한 언어였고, 그것은 영원한 유년기의 언어로 남아 평생 동안 그녀의 몸에서 살아 숨쉬었다."

S와 L의 사례

S는 정신과적 가족력이 전혀 없는 보통 집안에서 비장애인으로 태어났다. 그의 부모는 대학 졸업자로 음악에 대한 특별한 재능은 갖고 있지 않았다. 그런 S가 태어나서 처음 병원에 있는 동안 영구적인 뇌 손상을 일으

키는 유행성뇌염에 걸리는 바람에 다섯 살 때까지 말을 전혀 하지 못했다.

그렇지만 S는 어려서부터 라디오나 축음기에서 들려오는 노래를 따라 곧잘 흥얼거렸다고 한다. S가 38세가 되었을 때, 레이몬드 리비가 그의 주치의가 되었다. 이 의사에 의해 1960년도의 논문에 S가 소개된 것이다. 리비는 S를 강박관념에 사로잡혀 있고 무기력하며, 몹시 게으르다고 묘사했다.

S는 일정이 바뀌는 것에 극도의 혐오감을 드러내는 등 시간에 매우 민감했다. 한번은 리비가 약속시간에 15분 정도 일찍 도착했는데, S는 약속된 시간까지 방에 들어오지 못하도록 했다. 또한 그는 어린아이와 같은 버릇을 많이 갖고 있었는데 얼굴 찌푸리기, 거울보고 혼자 이야기하기, 머리에 물건 올려놓고 균형 잡기, 방 안에 있는 물건에 뽀뽀하기, 이리저리 왔다 갔다 하기 등이 그것이었다.

S는 심지어 철없는 아이처럼 매우 나쁜 버릇도 갖고 있었다. 즉 자기 앞에 있는 사람을 함부로 밀치거나 식사 후에 다른 사람의 접시를 핥거나, 큰 소리로 트림을 하기도 했다. 단조로운 어투로 남의 말을 따라하는 것도 좋아했다.

그런 S가 음악과 기억력에서 남다른 재능을 보인 것이다. 한 번 보거나 듣는 것만으로도 2페이지 이상의 인쇄물을 완벽하게 암기할 수 있고, 아무 어려움 없이 가족 행사나 시간과 장소를 정확히 기억해냈다.

이 과정에서 특이한 점이 발견되었다. 사건이 발생한 뒤 일정한 시간이 지나면(예를 들어 1, 2주 이내) 제대로 기억하지 못하지만, 여러 달이 지난 후에는 돌연 매우 세세한 부분까지 기억해내는 것이었다.

그런가 하면 각 분야의 영웅들이 관련된 역사적 사건이나 날짜를 완벽하게 기억했다. 유럽의 고전음악 작곡가들이 태어나고 죽은 날, 그들이 작곡한 음악의 제목과 발표한 날짜, 음악을 처음 연주한 날짜와 장소까지 모조리 꿰고 있었다.

S의 주특기는 피아노 연주였다. 그는 나중에 유명한 실내 관현악단이나 합창단과 협연을 하기도 했지만, 자기가 갖고 있는 음악적 지식에 대해서는 전혀 설명하지 못했다.

S는 전문가가 연주하는 고전음악만을 좋아했고, 현대음악에는 도통 관심이 없었다. 절대음감 때문인지 현대음악에서 흔히 나오는 불협화음을 참지 못했다. 또 연주에서만큼은 완벽주의자였기에 단순히 즐기기 위해 연주하지도 않았다.

그는 연주를 매우 중시해서 하루에 9시간 이상 연습에 몰두했다. 그런 때 옆에서 그를 지켜보는 사람들은 그가 강력한 주의력과 집중력, 힘과 감정을 드러낸다고 말했다. 그러나 음악을 제외한 다른 일에는 무관심하고 산만하며 냉담했다.

S의 IQ는 약 67이었으며, 정신연령은 열 살 정도였다. 그는 기계적인 암기력 시험과 구체적인 언어구사 능력 시험에는 강한 모습을 보였지만 언어의 상징적인 개념은 전혀 이해하지 못했다. 타인이 하는 말을 그대로 따라할 수는 있지만 그게 무엇을 뜻하는지 알지 못했고, 글을 읽을 수는 있지만 내용을 설명하지 못하는 등 뇌 손상을 입은 환자들과 매우 유사한 행동을 했다.

서번트에 관한 연구 중 하나로 1941년에 커트 골드스타인 박사에 의해 소개된 L이라는 소년이 있다. L은 정상적으로 태어난 외아들로 가족 중에 정신지체나 발달장애를 가진 사람은 없었고, 뇌기능 검사 결과 별다른 이상이 발견되지도 않았다.

열다섯 살 때 측정한 IQ 검사 결과는 50정도였다. 의사들은 이 소년의 과도한 활동성과 고립성, 충동적인 성향, 그리고 자기 자신에게 지나치게 몰두하는 경향 등을 지적하며 전형적인 정신지체라고 진단했다.

L은 세 살 때부터 음악과 리듬, 숫자 계산에 특별한 관심을 나타냈다. 아이의 음악적 재능은 점점 빛을 발하기 시작하여, 다섯 살 때부터는 어떤 멜로디의 일부분이 연주되면 단번에 작품 이름을 댈 수 있을 정도가 되었다. L 역시 절대음감을 갖고 있었다. 예를 들어 엄마가 피아노의 건반 하나를 짧게 두드리면, 그것이 25번째 건반인지 26번째 건반인지 단번에 알아맞힐 수 있었다.

고전음악에 대한 해박한 지식과 탁월한 피아노 연주 실력에도 불구하고 이전에 정규적인 음악 공부를 한 적이 없다는 사실은, 그가 전형적인 서번트임을 알 수 있게 한다.

더 놀라운 일은, L이 번개 같이 빠른 계산 능력자라는 것이다. 예컨대 7자릿수 이상의 수를 제곱 계산하는데 몇 초 안에 답을 내놓을 수 있었다. 아무리 긴 단어라도 즉시 거꾸로 말할 수도 있었다. 여기다 베르디의 오페라와 베토벤, 슈베르트, 차이코프스키를 특히 좋아했고 특이하게도 오페라 '오셀로'를 특히 좋아해서 처음부터 끝까지 이탈리아어로 부를 수 있었다.

창작하는 서번트

한 번 들은 음악을 그대로 재현하는 것과 완전히 새로운 곡을 연주하는 것은 전혀 다른 능력이다. 이미 존재하는 음악을 즉흥적으로 연주하는 것과 완전히 새로운 곡을 창작하는 것도 완전히 다르다.

시각장애인 톰과 해리엇이 즉흥 연주로 사람들을 놀라게 하는 광경을 살펴보았는데, 그들을 보면 한 가지 떠오르는 의문이 있다. 그들이 작곡도 할 수 있을까? 그들의 능력은 기존의 곡을 연주하는 일에만 국한된 것일까?

비아테 헤르메린 박사를 비롯한 런던 대학 교육학부 연구팀은 1986년에 이 문제에 접근해 보기로 했다. 이들은 다섯 명의 음악 서번트들을 대상으로 연구를 시작했는데, 대상자들은 18세에서 58세 사이의 남성이었다.

이들의 평균 IQ는 50에서 69의 범위 안에 분포했는데 3명은 시각장애, 2명은 자폐증을 갖고 있었다. 3명의 시각장애자 중 2명은 선천적 시각장애였고, 1명은 조산으로 인한 후수정체 섬유증식증 탓에 시각장애를 갖게 되었다.

이들 중 한 환자의 음악적 재능은 여덟 살 때 피아노 앞에서 교사의 자리를 차지하고 자신이 이제까지 들은 모든 곡을 연주하면서 발견되었다. 또 다른 환자는 덜시머(사다리꼴의 타현악기의 일종으로 피아노의 원형)나 리코더(플루트의 일종)로 즉흥 연주를 할 수 있었다. 이들 대부분은 예리한 기억력의 소유자로 한 번 들은 음악은 완벽하게 재현해내는 능력을 갖고 있었다.

이들의 능력을 판별하기 위해 아홉 살에서 열일곱 살 사이의 6명의 정상아들이 비교 집단으로 편성되었다. 이 아이들도 모두 피아노 연주에 능했고, 어떤 아이들은 다른 악기도 다룰 줄 알았다.

8개로 이루어진 실험 과정이 있었는데, 그 중 5개는 음악의 독창성에 관한 것이고 3개는 연주에 관한 것이었다. 음악적 독창성은 다음과 같은 테스트 과정을 거쳤다.

1)전혀 모르는 곡을 듣고, 이를 그대로 연주할 수 있는가?

2)12소절 이상의 새로운 곡을 만들어 즉흥 연주할 수 있는가?

3)실험자가 연주하는 새로운 곡을 반주할 수 있는가?

4)새로운 멜로디와 새로운 반주를 동시에 연주할 수 있는가?

서번트들은 8개의 테스트 전 과정에서 비교 집단 아이들에 비해 월등한 실력을 보여주었다. 연구자들은 서번트들이 자신들만의 패턴에 따라 음악을 재현하는 것처럼 창작도 가능하다는 결론을 내렸다.

이런 능력은 보통의 지적 능력이나 인지 능력에만 의존해서는 되지 않으며 음악적 규칙에 대한 완벽한 이해가 선행될 때만이 가능하다. 그렇다면 음악 서번트들은 음악 이론이나 방법에 대해 충분히 이해하고 연주를 하고 있다는 뜻일까?

연구자들은 서번트들의 이런 능력은 일반적인 지능보다는 음악에 대한 무의식적인 감각과 관련이 있다고 판단했다. 자신이 어떻게 계산하고 있는지 모르면서도 번개 같이 빠른 계산 능력을 보이는 날짜 계산 서번트들처럼 음악의 서번트들 역시 이유를 모른 채 연주를 한다는 것이다.

어떤 사람들은 음악을 '무의식적인 계산' 이라고 설명한다. 왜냐하면 음악과 수학에는 일정한 규칙이 존재하기 때문이다. 따라서 수학이나 음악에 특별한 재능을 보이는 서번트들은 규칙이 지배하는 구조에 무의식적으로 접근해서 특별한 계산 능력이나 연주 실력을 보인다는 것이다.

연구자들은 이런 능력이 서번트들에게는 우연이라고 하기엔 너무도 규칙적으로 나타나고 있는 점에 주목했다. 서번트들이 다른 사람의 눈에는 보이지 않는 시스템을 무의식적으로 작동시킴으로써 부지불식간에 능력을 발휘한다는 것이다. 그렇다면 그들이 갖고 있는 보이지 않는 시스템이란 무엇일까? 이 물음이 바로 현대의학의 숙제이며, 우리가 접근하려는 최종 목표이기도 하다.

또 다른 사례들

버나드 림랜드 박사는 전 세계에 등록된 수많은 자폐아들을 연구하여 서번트 신드롬의 비밀을 풀어보려고 했던 의학자로 유명하다. 림랜드 박사는 1978년에 5,400명의 자폐아들을 대상으로 서번트 능력 발생률을 조사했다.

설문조사에 응한 부모들은 아이들이 갖고 있는 특별한 능력을 열거했는데, 531명의 아이들(약 9.8%)이 서번트 능력을 갖고 있는 것으로 나타났고, 성비는 3.54 대 1로 남자가 많았다.

이 조사 결과, 서번트 능력이 소아자폐증을 앓는 환자들에게서 흔히 나타난다는 사실이 밝혀졌다. 버나드 림랜드 박사는 특별한 재능을 가진 119명의 자폐환자(몇몇의 소아자폐증을 포함)들을 관찰했는데, 이들 중에서 63명(52.9%)이 음악적 재능을 소유했거나 놀라운 암기력과 관련이 있었다. 특히 음악적 재능은 서번트로 추정되는 아이들에게서 가장 빈번히 나타나는 현상이었다.

'A는 건반악기로 연주된 어떤 곡이든 한 번만 들으면 연주할 수 있는 절대음감을 가졌다. 자신이 들은 노래는 어떤 곡이든 따라 부를 수 있고, 연주되는 어느 음조도 알아맞힐 수 있다. B는 악보로 만들어진 모든 곡을 이해할 수 있다. 누가 그 곡을 썼고 어떤 영화에 나왔는지, 누가 처음으로 녹음했는지, 곡이 유행했던 연도는 언제인지 등을 모두 기억하고 있다. 또한 방대한 양의 클래식 음악 목록도 전부 기억하고 있다. 여기에 피아노와 기타를 연주할 수도 있다.'

림랜드 박사는 특히 B를 주목했다. 설문조사 당시 열세 살짜리 소녀였던 B의 음악적 재능은 두 살 무렵부터 나타났다. 그 무렵부터 B는 녹음기와 같은 정확성으로 가사가 들어 있는 모든 노래(아무리 긴 곡이라도)를 부르곤 했다.

세 살 때, B는 '아칸소의 여행객' 처럼 아주 길고 복잡한 곡도 뛰어난 음감과 완벽한 리듬으로 노래했는데 이런 곡을 20여 곡 이상 소화할 수 있었다. 네 살이 되어서는 이 모든 곡을 한 손가락만으로 피아노 연주를 할 수도 있었다.

학교는 B에게 탁아소이자 음악교습소로 이용되었다. 학교를 방문하는 모든 사람들은 B에게 샌프란시스코 교향악단의 티켓을 선물하기도 했는데 그런 날이면 B는 열에 들떠 교향악에 몰입했고 집에 돌아오면 어김없이 피아노 건반을 두드렸다. 그러나 이때까지도 B의 IQ는 50정도로 파악되었으며, 음악을 제외한 다른 모든 분야에서는 전형적인 소아자폐 증세를 보였다.

소아자폐증과 서번트 능력의 연관성에 대해서는 나중에 다시 심도 있게 다룰 것이다. 여기서는 서번트 능력이 소아자폐 환자들에게 매우 흔하게 나타나며, 그 중에서도 음악적 재능이 가장 흔하게 나타난다는 사실을 설명하고자 한다.

정신적 장애와 음악의 관계를 연구하는 데 있어 소아자폐 환자에 대한 관찰은 매우 중요하다. 1942년에 H. J. 로스타인 박사가 소개한 두 가지 사례가 있다.

첫 번째는 42세의 남성 서번트로, 세 살 때 척추수막염을 앓기 전까지는 정신적 장애가 전혀 없는 정상아였다. 하지만 병을 앓고 난 다음에 소아자폐증과 발달장애를 앓게 되었고 거의 동시에 특별한 음악적 재능이 나타나기 시작했다.

일곱 살 무렵부터는 뛰어난 리듬감과 음감 식별력을 바탕으로 피아노를 연주하기 시작했는데 그 역시 다른 많은 서번트들처럼 감정 표현이 거의 없는 기계적인 연주를 했다. 음악은 이 소년을 존재케 하는 유일한 이유였지만 특이하게도 청중으로부터 요청받는 곡은 연주하지 못했다. 그는 단지 마음에 내키는 곡만 무작위로 연주할 수 있을 뿐이었다.

로스타인 박사가 연구한 두 번째 사례는 네 살 정도의 정신연령을 가진 30대 시각장애 남성으로 하모니카와 드럼을 프로 수준으로 연주할 수 있었다. 그는 아무리 강렬한 드럼 연주라도 한 번만 듣고도 완벽하게 재현할 수 있었고, 하모니카도 마찬가지였다.

서번트와 음악적 백치천재의 상관관계에 대해 우리가 내릴 수 있는 결론은 무엇일까?

　가장 먼저 떠오르는 의문은 왜 모든 능력 중에서도 하필이면 음악적 재능이 가장 빈번하게 관찰되는가 하는 점이다. 두 번째 의문은 시각장애와 정신지체, 그리고 음악적 천재성이 예상을 훨씬 초월한 형태로 조합을 이루며 나타나고 있는데 그 이유가 무엇이냐 하는 점이다.

　음악적 재능이 서번트들 사이에 매우 유사한 형태로 나타나는 현상은 정말로 이채롭다. 그들은 공통적으로 절대음감을 갖고 있으며, 길고 복잡한 곡을 실수하지 않고 정확하게 반복할 수 있다. 그것은 그들이 음악에 관한 한 발군의 기억력을 갖고 있다는 것을 말한다.

　의문은 또 있다. 뛰어난 음악적 재능만큼 그들은 기계적이고 천편일률적이며 감정의 표현이 거의 나타나지 않는다는 점이다. 음악적 재능이 주로 피아노와 함께 나타난다는 사실도 의문점이다. 피아노는 대표적인 타악기로 반드시 손가락의 현란한 움직임을 동반해야 한다. 이런 메커니즘이 서번트 신드롬과 어떤 연관이 있는 것일까?

　비록 몇몇은 새로운 곡을 창작했다는 사례가 보고되고는 있지만 그들의 음악적 재능이 즉흥 연주 수준에 머무는 경우가 많은 까닭은 또 무엇일까?

　시각장애를 일으키는 뇌 손상 같은 병리학적 요인들이 독특한 음악적 재능을 촉발시킨 것일까? 서번트들이 음악의 복잡한 규칙에 대해서는 잘 알면서도 왜 다른 분야에서는 형편없는 실력을 보이는 것일까? 결국 음악이란 지능이나 이해력과는 전혀 관련이 없는 무의식의 산물이란 뜻일까? 그런 특별한 재능의 출현은 천성이나 유전인자, 또는 기본적인 뇌 구조와 어떤 관련성이 있는 것일까?

　이런 수많은 의문들은 다른 서번트들의 또 다른 능력에 의해서도 제기되기 때문에, 이 물음에 답하기 전에 먼저 다른 특별한 재능들도 살펴보기로 하겠다.

3장

날짜 계산의 천재들

당신의 열 번째 생일은 무슨 요일이었는가? 당신의 생일이 목요일이었던 해는 언제인가? 2000년도에, 당신의 생일과 부활절 사이에는 며칠이 있었는가? 당신이 스물한 살이 되던 날의 날씨는 어땠는가? 서기 13600년 6월 6일은 무슨 요일인가? 만약 당신이 그 해에 살고 있다면 나이는 얼마인가?

모르겠다고? 하지만 정신지체자인 조지는 다 알 수 있다. 조지와 그의 일란성쌍둥이 형인 찰스는 탁월한 날짜 계산 능력을 가진 서번트로 이들에게 특정한 날짜를 지정해 주면 8만 년의 범위 안에서 4만 년을 앞뒤로 특정한 날이 무슨 요일인지를 정확하게 대답할 수 있다. 앞으로 200년 후를 전후하여 부활절이 3월 23일인 연도를 물어보면, 이들은 컴퓨터보다 더 빠르고 정확하게 대답할 수 있다.

이들은 어떤 특정한 날의 날씨가 어땠는지도 모조리 기억할 수 있지만, 그러나 방을 나서는 순간 당신의 이름조차 까맣게 잊을 것이다. 이들은 심지어 덧셈조차 하지 못한다. 그들은 10달러를 주고 6달러짜리 물건을 사면 4달러의 거스름돈을 받아야 한다는 사실은 모르지만 어떤 숫자든 전부 인수분해할 수 있다.

지금까지 널리 알려진 뛰어난 날짜 계산자들은 있었지만 조지와 찰스에 버금가는 서번트는 없었다. 1964년 5월, 미국의 저명한 정신의학자인 윌리엄 호위츠 박사 연구팀은 LA에서 열린 미국 정신의학협회 연례모임에서 일란성쌍둥이 형제인 조지와 찰스에 관한 놀라운 사례를 발표했다.

조지와 찰스는 예정보다 3개월 일찍 태어난 조산아들이다. 이들은 제왕절개로 태어났고 남아 둘 여아 하나인 세쌍둥이 중의 둘이었다. 여아는 생후 12시간이 채 되기 전에 사망했다. 이들은 인큐베이터에서 두 달 동안 지냈다. 두 명 다 인큐베이터에서 나올 때 작은 경기를 일으켰지만 살아가면서는 한 번도 다시 경기를 일으키지 않았다.

그들의 발육은 더뎠다. 조지는 6개월 만에 고개를 들었고 9개월에 앉았지만, 두 살이 되도록 걷거나 말을 하지 못했다. 찰스는 조지보다 발달이 더 느렸는데 둘 다 머리를 쾅쾅 부딪치거나 손을 깨무는 등 파괴적인 성향을 보였다. 세 살이 되었을 때, 의사는 발달장애를 이유로 입원을 권유했지만 부모는 집에 그대로 머물도록 했다.

조지는 여섯 살 때부터 날짜 계산 능력을 보였다. 그는 만세력을 들여다보면서 시간을 보냈고, 나중에는 아버지가 사준 은으로 만든 만세력을 갖고 놀았다. 법률 비서관이었던 고모가 조지와 함께 서류를 정리하며 날짜를 확인하곤 했는데, 이때마다 조지는 몇 백 페이지에 달하는 문서의 내용을 놀랍게 알아맞혔다.

그 동안 찰스는 날짜에 관심을 보이지 않았고 만세력을 읽지도 않았다. 심지어 쌍둥이들은 아홉 살까지는 특별히 친하게 지내지도 않았다. 하지만 차츰 떨어질 수 없는 사이가 되었고, 찰스도 점차 날짜 계산에 관심을 보였다.

다행인 것은 인큐베이터에서 두 달을 지냈음에도 둘 다 후수정체 섬유증식증 같은 질병을 앓지 않았다는 점이다. 아이가 인큐베이터에 있을 때 산소가 과다하게 공급되면 시각장애를 일으키는 치명적인 병을 앓게 되는데, 이것이 바로 후수정체 섬유증식증이다.

두 소년은 후각에 대단히 민감해서 사람들에게 다가가 자주 킁킁거렸다. 그들은 눈을 감은 채 냄새만으로 자기들의 슬리퍼와 옷을 골라낼 수도 있었다. 쌍둥이의 아버지는 성공한 사업가였고, 어머니는 주부였다. 그들의 첫 번째 아이는 13개월 만에 죽었고, 그 다음으로 난 두 딸은 간호사로 성장했다. 세쌍둥이가 태어났을 때 어머니의 나이는 마흔 살이었다.

이들 쌍둥이들은 하나의 수정란에서 발달한 일란성쌍둥이였다. 호위츠 박사가 연구를 시작했을 때 스물네 살이 된 쌍둥이의 IQ는 60에서 70사이였다. 1964년에 발표된 윌리엄 호위츠 박사의 보고서는 다음과 같이 그들의 날짜 계산과 수학적 능력에 대해 설명하고 있다.

'4월 21일이 일요일인 해가 몇 연도인지 물으면 쌍둥이들은 정확하게 1946년, 1957년, 1963년, 1968년이라고 대답한다. 조금 기분이 좋으면 조지는 시대를 거슬러 올라가 1700년대까지도 계속할 수 있다. 2002년에 1

일이 금요일인 달을 물어보면 조지는 2월, 3월, 11월이라고 정확히 정답을 낸다. 또한 이들은 1993년의 스물두 번째 화요일이 며칠인지, 또는 그 해 5월의 세 번째 월요일이 며칠인지도 정확히 대답할 수 있다.

이들이 널리 알려진 날짜 계산자들보다 더 인상적인 이유는 극히 간단한 1자릿수의 더하기와 빼기, 곱하기와 나누기조차 못하기 때문이다. 예를 들어, '3×6'의 답을 '8'로 대답하는 식이다.

그들이 비록 기초적인 셈을 못하지만, 당신의 생일을 말하면 다음 번 생일까지 몇 주가 남았는지를 즉시 알려 줄 것이다. 조지는 역사상 유명인사 (예를 들어 조지 워싱턴)가 지금까지 살아 있다면 몇 살인지도 정확하게 말할 수 있다.'

호위츠 박사는 쌍둥이들의 염색체 연구 결과 정상으로 나온 것으로 보아, 그들이 IQ가 낮은 이유는 멘델의 열성 유전자가 전달되어 발생한 유전성 정신지체 때문이고 현재 진전된 소아자폐증도 그와 관련이 있다고 말했다.

그는 이들 쌍둥이의 추상적으로 사고하지 못하는 능력(사과로 뺄셈하는 능력은 있지만 돈으로는 계산하지 못하는 능력)을 지적했다. 그는 쌍둥이의 뛰어난 암기력이 일반적인 지적 능력과는 분리되어 발전한 것으로 보인다며, 따라서 IQ와 특정한 지적 능력은 서로 연관이 없다고 주장했다.

그로부터 4년 뒤, 호위츠 박사는 이들에 대한 연구를 더욱 진척시키기 위해 쌍둥이들에게 무작위로 선택한 300개의 날짜를 불러주고 연도별 요일을 말해보라고 했다. 조지의 계산 범위는 제한이 없는 것처럼 보였는데 예를 들어 32011년 1월 13일의 요일까지 알려 줄 정도였다. 이 실험에서

두 사람 모두 빠르게 대답했지만, 조지의 실수율이 조금 더 낮았다(292차
례의 실행 중에서 10번 정도의 실수).

한편, 도라 햄블린 박사도 이들 쌍둥이가 스물여섯 살 때 뉴욕 주에 있는
정신병원에 머물 때 그들에 대해 자세히 관찰한 사람이다. 햄블린 박사가
물었다. '당신들은 어떻게 그렇게 날짜 계산을 빨리 할 수 있는가?' 조지
와 찰스 두 사람 다 제시되는 날짜를 머릿속으로 '본다'고 대답하면서도
달력의 전체 페이지를 보는 것은 아니라고 했다.

"그것은 내 머릿속에 있고, 그래서 대답할 수 있는 거야!"

햄블린 박사는 이것이 바로 쌍둥이들이 가진 통찰력의 근원이라고 말했
다. 그들의 대화는 이런 식이었다.

"조지 워싱턴이 언제 태어났지?"

"1732년 2월 22일!"

"만약 그가 2000년에도 살아 있다면 몇 살이 될까?"

"268살!"

성인이 되면서 쌍둥이들은 날씨를 기억하는데 더욱 익숙해졌고, 일상의
사소한 일을 기억하는 데에도 익숙해졌다. '특정한 날의 기억, 즉 간호사
가 기침을 한 것까지 세세하게 기억하고 환자들의 이름도 기억한다'고 햄
블린 박사는 술회했다.

날씨에 관한 이들의 기억은 더욱 놀랍다. 조지는 1963년 11월 22일의 날
씨를 아침에는 흐리고 오후에는 맑았다고 기억했다. 태양이 오후 약 1시쯤
비추기 시작했다고 기억하기도 했다.

"1962년 5월 24일의 날씨는 어땠지?"

"'아침에는 흐렸고, 오후에는 해가 나왔어요!"

"1961년 12월 3일의 날씨는 어땠지?"

"아침에는 흐리고 추웠어요. 그 날은 비도 조금 내렸어요!"

이들은 글씨가 크고 간략하면 읽을 수 있지만 날짜 계산이나 사건, 자신들이 겪은 날씨 이외의 것들은 전혀 기억하지 못했다. 예를 들면 그들은 미국 대통령의 명단은 기억하지 못했다. 이들에 대한 또 다른 연구자인 뉴욕 대학 신경학과 교수 올리버 색스는 다음과 같이 설명했다.

"그들을 처음 만났을 때, 사실 나는 별로 호감을 느끼지 못했다. 마치 분간할 수 없는 거울 같은 이미지의 똑같은 얼굴에 똑같은 움직임, 똑같은 성격, 뇌에 이상이 있어 보이고 기괴해 보이기까지 했다. 그들의 머리와 손의 움직임은 불안할 정도로 부자연스러웠고 단조롭고 날카로운 목소리, 크고 작은 경련과 매우 심한 퇴행성 근시, 도수가 매우 높은 안경이 필요할 정도로 뒤틀린 눈 등 온통 부정적인 이미지뿐이었다. 이런 인상은 그들이 마치 팬터마임을 하는 꼭두각시처럼 문제에 대응하면서 더욱 강렬해졌다."

올리버 색스는 쌍둥이들의 또 다른 능력을 다음과 같이 자세히 설명하고 있다. 성냥갑이 테이블에서 떨어져 성냥이 바닥에 흩어졌을 때 쌍둥이들이 동시에 '111'이라고 외쳤는데, 색스가 성냥을 세어보니 정확히 그 수가 111이었다.

쌍둥이들은 그 성냥이 떨어질 때 단지 본 것이 아니라 '37, 37, 37'이라고 소리를 내어 세고 난 다음 '111'이라고 외쳤던 것이다. 쌍둥이들은 성냥을 그냥 본 것이 아니라 '111'이라는 숫자를 인수분해(인수분해라는 개념도 모르고 곱셈이나 나눗셈, 또는 수학 공식도 모른 채)한 것이었다.

이들 쌍둥이의 날짜 계산 능력은 주어진 날짜, 또는 주어진 날짜의 요일 그 이상으로 확대된다. 예를 들어 만약 어느 달의 수요일이 그 달의 세 번째 날인지 아닌지를 물으면 2000년부터 즉시 대답할 수 있었다. 예를 들면 '2002년도에 금요일로 시작되는 달은 무슨 달이지? 또는 20세기의 어느 해에 4월 21일이 일요일이었지?' 같은 질문이다.

쌍둥이들은 윤년까지 포함하여 정확하게 계산해냈다. 그들은 윤년이 매 4년마다 돌아온다는 사실을 알고 수정하는 법도 안다. 그럼에도 불구하고 숫자 4를 가지고 어떤 문제를 수학적으로 계산하도록 하면 덧셈도 뺄셈도 하지 못했다.

조지는 자신의 능력에 대해 자랑하기를 좋아해서 방문객들에게 자기들의 생일이 언제이고, 생일이 목요일인 연도는 언제인지를 말해주는 걸 즐겼다. 방문객들이 빠르게 대답하지 못하면, 그는 생색을 내며 자랑스럽게 말하곤 했다. 왜 나는 계산할 수 있는데 당신은 대답하지 못하지?

올리버 색스는 그런 능력이 '기억을 돕는 거대한 양의 융단(이 융단에 숫자나 음악을 그려두었다가 그림을 보는 것처럼 기억해냄)' 같은 것이라고 결론지었다. 요컨대 쌍둥이들은 이 융단 안에서 살면서 마주친 숫자의 전체를 바라보고, 숫자들을 이리저리 뒤적거리면서 읽거나 선택하여 답을 내놓는 놀이를 한다는 것이다.

오랫동안 그들을 지켜본 햄블린 박사는 쌍둥이들의 능력은 쉽게 설명하기 어렵다고 말했다. 단지 조지의 대답으로 설명이 충분할지 모른다.

"그것은 내 머릿속에 있고, 나는 볼 수 있다. 그리고 나는 매우 놀라운 일을 할 수 있다!"

그것은 부인할 수 없는 사실이었다. 올리버 색스는 쌍둥이들에 대한 자신의 논문에 주석을 달기도 하고 개정하기도 했는데, 이는 서번트로 살아가는 두 형제에 대한 즐겁고도 고통스러운 관찰이었으며 서번트에게 무슨 일이 일어나고 있는지에 대해 우리 스스로가 정의를 찾도록 중계하는 길잡이이기도 했다.

이들이 이상하고 독특한 상태로 그냥 그렇게 살아가도록, 그리고 이들의 능력을 올바른 방향으로 활용하지 못하고 한정된 범위 안에만 발휘되도록 방치해 두어야 할까? 우리들과 마찬가지로, 그들이 자기 능력을 맘껏 펼칠 수 있도록 교육시켜야 할까? 올리버 색스의 주석은 이런 딜레마들을 잘 표현하고 있다.

'이런 현상은 쌍둥이가 서로 헤어져야 할 시간이 오면 산산이 깨질 것이다. 그들 자신의 행복을 위해, 그들의 건전하지 못한 언어 습관을 타파하기 위해, 그리고 그들이 외부로 나가 세상과 마주하도록 하기 위해, 적절하고 사회적으로 용인된 방법으로……'

이들은 1977년 이후로 서로 떨어져서 각자 만족스럽거나 끔찍하거나 둘 중 하나의 상태에서 살고 있다. 두 사람은 각자 누군가의 관리 감독 하에 생활비를 벌기 위해 허드렛일을 하고 있다. 비록 이들에게서는 여전히 정신지체자의 특징이 한눈에 드러나고 있지만, 적절한 사회적응 훈련을 받고 난 후에는 스스로의 힘으로 버스를 탈 수 있게 되었고 청결을 유지할 수도 있게 되었다.

이것은 긍정적인 측면이지만, 부정적인 측면도 있다. 이들이 지금도 여전히 숫자에 대해 지나치게 많은 시간을 투자하기 때문에 다른 일에는 집중하지 못하고 번잡하게 처리함으로써 삶의 즐거움을 점차 잃어가는 것처럼 보이기 때문이다. 하지만 이것은 의심할 여지없이 그들이 사회적으로 용인되는 독립적인 인간이 되기 위해 지불해야 할 대가일 것이다.

또 다른 날짜 계산자들

랭든 다운 박사도 날짜 계산의 천재를 소개한 바 있다. 이 환자는 다음과 같은 질문에 정확하게 대답했다.

"1907년 10월 3일이 무슨 요일인가요?"

"목요일입니다."

"1808년 6월 14일은 무슨 요일인가요?"

"1808년은 윤년이고, 6월 14일은 화요일이었습니다."

이 환자의 읽기와 쓰기 능력은 형편없는 수준이었고, 산수 역시 가장 기본적인 계산조차 못할 정도로 매우 뒤쳐져 있었다. 랭든 다운 박사는 이 환자가 자신의 계산 범위인 1,000년 이내의 모든 부활절 날짜도 기억했는데, 어쩌면 환자 자신만의 간단한 신호 체계가 즉각적으로 답을 말할 수 있도록 해주는 것 같다고 말했다.

맥도날드 크리츨리 박사는 심각한 장애를 가진 사람들에게서 흔히 나타나는 특별한 능력을 '뇌 운동선수' 라는 재미있는 용어로 묘사한 바 있다. 크리츨리 박사가 상대한 환자는 주기적으로 간질 증세를 일으키고 방언 같은 언어를 썼으며, 자주 공허한 듯이 웃곤 하는 정신지체자였다.

그러나 그는 병원 관계자가 언제 병원에 들어왔고 언제 교체되었으며 동료환자가 숨을 거둔 날짜는 언제인지를 정확히 기억했다. 그는 또한 어떤 날이든 그날의 요일을 정확히 말할 수도 있었다. 15년 단위의 날짜도 매우 빠르고 정확하게 계산했는데 좀 오래된 과거나 먼 미래의 날짜는 시간이 걸렸고 간혹 틀리기도 했다.

크리츨리 박사는 '그에게 있어서 계산은 자동반응 시스템에 의해 튀어나오는 것 같다'고 말했다. 요컨대 문제가 주어지면 자동적으로 움직이는 기계처럼 대답을 내놓는다는 것이다.

크리츨리 박사가 소개하는 또 다른 서번트는 다섯 살 정도의 정신연령을 가진 열두 살 소년으로 이렇게 소개되고 있다.

'유진 호스킨스라는 이름의 이 소년은 미시시피 주의 옥스퍼드에서 살았다. 이 소년은 온갖 기행으로 마을에서 유명했지만 특히 날짜에 대한 불가사의한 지식 때문에 더 유명했다. 한 시민이 그에게 말했다. '나는 1901년 6월 8일에 결혼했다.' 그러자 유진은 한 치의 망설임도 없이 '그날은 토요일이었어요'라고 대답했다.

연도와 달과 날짜를 말해주면, 그는 지체 없이 요일을 말할 수 있었다. 한 번도 망설인 적도 실패한 적도 없었다. 누군가 연도와 달을 말하면서 그 달의 어떤 날이 두 번째 화요일인지를 물으면, 그는 정확하게 대답해주었다. 문제는, 한계 능력 밖에서 질문을 던지면 대답을 할 수 없다는 점이었다. 그는 1901년 이전으로 갈 수 없고 1924년 이후로도 갈 수 없었다. 24년의 범위 안에서만 성공률이 100%였기 때문이다. 어떻게 그런 능력을 발휘할 수 있느냐고 물으면, 소년은 머리를 갸웃거리며 자신도 잘 모르겠다고 대답했다……'

1965년 11월에 미국에서 발간된 「정신지체 저널」에 셀리아 모나간 박사와 에드먼드 루빈 박사에 의해 처음 소개된 R의 경우는 특별히 흥미로운 점이 있다. R이 여성 서번트이자 완전한 시각장애자였기 때문이다.

R은 8개월 만에 태어난 조산아 쌍둥이 중 한 명이었다. 쌍둥이는 태어날 때 각각 1.3kg이었는데, R은 몸 왼쪽에 약간의 마비 증세를 보이는데다 완전한 시각장애를 갖고 태어났고 언니는 약간의 시력을 가진 상태였다.

이 환자들은 장애아 쌍둥이로 태어났다는 이유로 출생 후 3년 동안 유아용 침대에서만 지낼 만큼 무척 열악한 환경에서 자랐다. 네 살이 되던 해부터 비로소 가정부가 쌍둥이들을 챙기기 시작했는데, 부모의 기쁨과 사랑을 독차지하게 된 언니의 놀라운 발전에 비해 R은 더욱 외톨이가 되어갔다. 그나마 약간의 시력을 갖고 있었기 때문에 언니가 더 관심을 끌었던 것이다.

그들은 다섯 살 때 각기 다른 보육원으로 보내졌는데, 그 무렵 R은 여러 차례 경련을 수반하는 발작을 일으켰다. 성장하면서, R은 특수학교로 보내져서 열다섯 살 무렵에는 초등학교 1학년 수준의 기초적인 점자법을 익힐 수 있게 되었다. 당시 R의 IQ는 51로 측정되었다.

R에게 탁월한 날짜 계산 능력이 있다는 사실이 밝혀진 것은 열 살 무렵이었다. 그녀의 능력을 발견하고 관심을 가져준 교사의 격려에 힘입어 R이 자신의 재능을 본격적으로 발휘하기 시작했던 것이다. 그렇다고는 해도 그녀의 날짜 계산 범위는 8년 정도에 불과했다. R에게 8년 기간 안에 있는 40개의 날짜를 시험하자 83%의 정확도를 보였는데, 이 수치는 윤년을 누락시킨 오류를 고치자 93%까지 올라갔다.

루빈 박사와 모나간 박사는 비록 R의 날짜 계산 능력에서 연도의 범위가 다른 계산 능력자들에 비해 현저히 떨어지지만 태어날 때부터 완전한 시각장애인이었다는 사실을 주목해야 한다고 말했다.

연구자들은 R의 응답 능력을 알아보기 위해, 나이가 비슷하고 정신지체를 앓고는 있지만 시각장애인이 아닌 5명의 소녀들과 일반소녀 5명과 비교해 보았다. 그 결과 R의 능력이 다른 어떤 소녀들보다 뛰어나다는 사실이 밝혀졌다. 더구나 그녀의 응답 시간은 보통 5초 이상을 넘지 않을 정도로 매우 빨랐다.

R은 시간이 날 때마다 날짜 계산 연습을 하는 게 비결이라고 말했다. 사실 그녀를 위한 점자 달력 같은 도구가 없기 때문에 완전히 기억에만 의존해야 했다.

날짜에 대한 그녀의 기억력은 다른 사소한 일들을 기억하는 능력에 비해 거의 2배에 달했다. 여기서 사소한 일들이란 어떤 선생님을 처음 만났을 때 무엇을 먹었고 어느 날 누가 치통을 앓았는지, 또는 어떤 방문객이 어느 날 방문했는지 등에 관한 것들이었다. 이 사례에 관한 몇 가지 일들은 특히 흥미롭다.

첫째, 조산과 시각장애가 서번트 능력과 매우 밀접하게 관련되어 있다는 점을 시사한다는 것이다. 서번트들에 대한 시험에서 추상 능력은 언제나 매우 낮게 나타나는데, 연구자들은 뇌 손상이 가장 중요한 요소가 된다고 본다.

R의 경우는 여기에 또 다른 요소가 추가되는데, 그것은 그녀가 완전한 시각장애인이라는 점이다. 이런 사실은 그녀가 기억의 장치로 시각적 이

미지를 사용하지는 않는다는 것을 의미한다. 즉 그녀가 시각이나 촉각과는 상관없는 전혀 다른 방법에 의존하고 있다는 것이다.

바로 이런 이유로 R이 특별히 흥미를 자아내고, 서번트들의 날짜 계산 방법에 대한 새로운 의문이 제기되는 것이다. 루빈 박사와 모나간 박사는 R의 사례는 서번트 능력이란 두뇌 안에서 많은 요인들이 상호작용함으로써 생기는 현상임을 증명한다고 결론지었다. 나 역시 그들의 견해에 전적으로 동의한다.

수학이냐, 암기냐

가장 최근에 발표된 날짜 계산 서번트에 관한 연구 보고는 런던교육연구소의 네일 오코노 박사에 의해 이루어졌다. 이들은 과거와 미래의 날짜를 계산해내는 8명의 서번트들의 속도와 실수율을 분석했는데, 그 결과 기본적으로 실수율은 더 먼 시점의 날짜일 때 높게 나왔지만 미래의 날짜에서는 더 많은 오류를 나타냈다.

오코노 박사는 이 연구를 토대로 단순한 기억력만으로는 이들의 능력을 설명할 수 없다고 결론지었다. 연구자들은 서번트들이 산수 능력뿐만 아니라 그레고리안력(Gregorian calendar : 로마 교황 그레고리우스 13세가 제정한 태양력)의 법칙도 사용하는 것으로 추정했다. 실제로 8명 중 1명은 그레고리안력이 28년마다 반복된다는 사실을 알고 있었다.

이들 8명의 환자 중 6명은 남성이었고, 2명은 여성이었다. 나이의 범위는 10대에서 30대였으며 평균 IQ는 38에서 88의 범위였다. 이들은 정신분열증, 자폐증, 뇌 손상 등 다양하게 진단되었다.

방법은 다양하지만 이들이 나름의 고도한 이론에 의존한다는 게 오코노 박사의 판단이었다. 단순한 계산에는 단순한 방법을 사용하고, 좀 더 복잡한 계산에는 좀 더 복잡한 방법을 사용하는데 이 모든 게 어떤 절차에 의해 이루어진다는 것이다.

그렇다면 이것을 수학이라고 해야 할까, 아니면 암기라고 해야 할까? 네일 오코노 박사는 '수학과 암기 둘 다' 라는 결론을 내렸다. 수학 능력에 암기력까지 포함된 그 무엇이라는 것이다.

1978년, 버나드 림랜드 박사는 자폐증 서번트에 관한 논문을 통해 다음과 같은 흥미로운 주장을 한 바 있다.

오클라호마 대학 정신의학과가 비범한 능력을 가진 쌍둥이들에 관한 영상물을 만들기 위해 일란성쌍둥이 형제인 조지와 찰스가 머물고 있는 뉴욕병원으로 날아갔다. 그와 함께 연구팀은 수학을 전공하는 대학원생 벤지 랭든으로 하여금 조지와 찰스가 설명하는 방법으로 날짜 계산을 할 수 있는지 알아보았다. 버나드 림랜드 박사의 결론은 이러했다.

'랭든은 밤낮으로 연습을 했다. 수 페이지 분량의 도표를 암기하기도 했으며 복잡한 계산을 하는데 익숙해지려고 강도 높은 훈련도 했다. 그 결과 랭든의 계산하는 실력이 크게 발전했지만 그런 피나는 노력에도 불구하고 쌍둥이들의 속도를 결코 따라갈 수가 없었다. 그런데 어느 날 이상한 일이 일어났다. 랭든이 쌍둥이들의 속도를 따라잡게 된 것이다. 놀랍게도 랭든의 뇌가 복잡한 계산에 자동적으로 반응하게 된 것이다. 그는 지금 날짜 계산이 마치 제 2의 천성인 것처럼 쉽게 달력을 기억할 수 있게 되었다. 그는

더 이상 날짜를 계산하기 위해 의식적인 과정을 거치지 않아도 되었다.'

림랜드 박사는 랭든의 계산 능력이 좌뇌에서 우뇌로 이동하는 대약진에 의해 일어난 것이라고 결론지었다. 문제는 보통사람들이 피나는 연습의 결과로 얻게 되는 이런 자동적인 계산 능력이 서번트들에게서는 너무나 빈번하게, 그리고 너무나 쉽게 일어난다는 것이다.

벤지 랭든의 성과는 시사하는 바가 매우 크다고, 림랜드 박사는 말한다. 평범한 사람들의 암기력에 새로운 가능성을 열어준다는 사실을 암시하기 때문이다. 노력만 한다면 누구라도 벤지 랭든과 같은 경험을 할 수 있다는 가능성 말이다.

이 같은 현상은 어떤 행동의 인체 자동반응을 의미한다. 예를 들어 당신이 처음으로 자전거를 자유롭게 탈 수 있게 되었을 때, 그 시점에서 갑자기 모든 게 선명해진다. 그때부터 자전거를 탄다는 것은 너무도 자연스러운 행동이 된다. 자전거 타는 법을 배우는 동안에 가졌던 불안한 생각이나 핸들을 잡거나 페달을 밟는 방법을 익히려고 다시 연습하지 않아도 되는 것이다.

그런 때 누군가가 당신에게 '어떻게 자전거를 타지요?'라고 물으면 '그냥!' 이라고 말할 것이다. 서번트들이 항상 그렇게 대답하듯이 말이다. 벤지 랭든의 경험은 한 여성이 더 체계적으로 음악 공부를 하려고 했을 때 천부적으로 보이던 재능이 갑자기 사라져 버린 경우와 역설적인 면에서 매우 유사하다.

한 여성이 자신에게 일어난 불가사의한 음악적 재능의 이동에 관해 나에게 편지를 보내온 적이 있다. 그 현상은 그녀가 음악을 정식으로 공부하면서부터 나타났다고 한다.

그녀는 어려서부터 악보를 보지 않고도 음악을 한 번만 듣고 나면 즉시 연주할 수 있었다. 정규 음악 교육을 받은 적은 없지만 피아노 연주로는 최고라는 찬사를 한 몸에 받았다. 서른 살이 되었을 때, 그녀는 연주가로서 더 전문적인 지식을 체득하고자 예술학교에 입학해서 본격적인 공부에 들어갔다.

그러나 그 무렵, 그녀에게 천부적이던 음악적 재능이 갑자기 사라져 버렸다. 연주 실력이 초보자 수준으로 전락해 버린 것이다. 림랜드 박사의 용어를 빌자면, 그녀의 재능이 뇌 안의 어디론가 이동해 버린 것이었다. 마치 벤지 랭든의 계산 능력이 뇌의 이동 현상에서 비롯되었듯이 그녀 역시 타고난 재능이 이동된 것이다. 그녀의 연주 능력은 두 번 다시 돌아오지 않았다.

암기력을 넘어, 수학을 넘어

그렇다면 이 모든 현상이 의미하는 바는 무엇일까? 랭든 다운 박사에서 네일 오코노 박사까지 100년 동안 소개된 날짜 계산 서번트들의 비범한 능력에 대해, 우리는 과연 무엇을 말할 수 있을까?

어떤 날짜 계산자에게 있어서 그의 방법은 단순한 암기였다. 그래서 그들의 날짜 계산 범위는 기억력의 범위 안에 제한되어 있었다. 이에 반해 어떤 날짜 계산자는 수학의 복잡한 연산 방식을 이용하기도 했다. 지속적인 연습을 통해 능력을 배양시킴으로써 놀라울 정도로 매우 빠르게 계산해내는 사람도 있었다.

이러한 능력은 의식적인 학습을 바탕으로 얻어지는데, 학습 과정이 특정한 체계나 법칙 안에서 이루어지고 지속적인 반복을 통해 무의식 안에 자리 잡게 된다. 처음에는 의식적으로 노력하지만 반복적인 노력을 통해 무의식적이고 자동적으로 계산할 수 있는 능력이 생기는 것이다.

의식에서 무의식으로의 전환은 서번트가 아니었던 벤지 랭든의 훈련을 통해서 보았듯이 공식이나 법칙에 의존하지 않고도 그 메커니즘을 이해할 수 있다.

하지만 대부분의 날짜 계산 서번트들(특히 심각한 장애나 한계를 가진 사람들, IQ가 극히 낮거나 언어소통 능력이 없는 사람)의 기본적인 방법은 무의식적인 알고리즘(문제해결을 위한 절차나 일련의 규칙)을 형성하는 뇌의 능력에서 비롯된다. 여기서 알고리즘은 무엇인가를 계산하는 데 필요한 명쾌한 절차 또는 공식을 말한다.

무의식적인 학습은 어떤 주제의 표본을 연속적으로 조사하거나 연구함으로써 복잡한 공식을 구체화할 수 있게 해준다. 예컨대 조지와 찰스는 만세력을 단순하게 반복적으로 사용함으로써 달력의 알고리즘을 무의식중에 익힐 수 있었다.

따라서 이들 쌍둥이 형제는 의식적으로 생각하지 않고 특별히 공식에 대해 생각하지 않으며, 심지어 공식이 존재하는지도 몰랐지만 4만 년을 앞뒤로 날짜 계산을 할 수 있는 능력이 생겼던 것이다.

그들은 의식적으로 한다면 아무것도 계산할 수가 없고 심지어 가장 기초적인 덧셈 뺄셈조차 하지 못했다. 서번트들에게 존재하는 이런 무의식적 학습, 즉 '계산 없는 암기'는 보통사람들이 일상에서 생각하고 암기하는 데 필요한 평범한 통로(뇌의 기억회로)의 이상(異狀)에서 비롯된 것으로 추정된다.

계산 없는 암기와 뇌 회로의 이상은 서번트의 능력을 이해하는 데 있어 핵심사항이기 때문에 앞으로 집중적으로 다룰 것이다. 그것은 인간의 뇌 구조에 대한 탐색이 될 것이며, 우리가 가진 잠재력에 대한 광범위한 접근이 될 것이다.

4장

위대한 계산자들

스티븐 스미스는 『위대한 계산자들』이라는 책을 통해 전혀 새로운 방법으로 날짜 계산 능력자들에게 접근한 사례를 소개하고 있다. 이 책은 기존의 연구와는 달리 심리학적인 관점에서 서번트 신드롬을 연구한 것으로, 그가 특히 주목한 것은 지적 장애가 분명함에도 방대한 양의 자료를 암기하고 불가사의한 방법으로 복잡한 수학문제를 척척 계산해내는 그들의 능력이었다.

어떤 서번트는 수백 개에 달하는 미국 내 유명도시 이름을 한 번만 듣고도 그 도시의 인구와 어느 해에 그곳에서 어떤 역사적 사건이 일어났었는지를 말할 수 있었다. 어떤 소년은 다른 모든 과목에서는 제로에 가까운 능력을 보이면서도 백과사전적 지식을 자유자재로 나열할 수 있었다.

스미스는 지능이 현저히 떨어지는 사람들이 어떻게 그러한 능력을 발휘할 수 있는지 의문을 품고, 심리적 측면과 환경적 요인에서 그들의 삶 전체를 포괄하는 공통점을 찾아보려고 했다. 그의 책에 등장하는 인물들의 삶을 여기에 소개한다.

토마스 풀러

토마스 풀러는 1710년에 아프리카에서 태어나서 열네 살 때 미국으로 팔려온 노예였다. 그의 지적 수준을 명확하게 평가한 IQ 테스트 결과나 그에 버금하는 임상실험은 따로 없지만, 심각한 정신지체에 학교 교육이라곤 전혀 받지 못했다는 정보는 전해지고 있다.

그런 풀러가 어린 시절부터 계산에 유독 관심이 많았다. 100까지 세는 법을 배운 후에는 소꼬리에 붙은 털의 수를 세었고(2,872개) 그릇에 담긴 밀알과 아마 씨의 숫자를 세기도 했다. 이런 실력을 바탕으로, 풀러는 자신이 일하는 농장에서 곧잘 여러 종류의 계산을 해내어 사람들을 놀라게 했다. 예를 들어, 어느 날 풀러는 다음과 같은 질문을 받게 되었다.

"1년의 반은 모두 몇 초일까?"

이 물음에, 풀러는 2분 만에 정확한 답을 내놓았다.

"70년 17일 12시간 동안 살았던 사람은 몇 초 동안 살았을까?"

이 물음에, 풀러는 정확히 90초 후에 정확한 답을 내놓았다. 질문자가 풀러에게 답이 틀렸다고 하자, 풀러가 정색을 하며 이렇게 내뱉었다.

"내가 맞아요! 당신은 윤년을 계산에서 빼먹었군요!"

인터뷰 진행자는 자신의 실수를 인정하고 윤년의 초를 더하여 수정한 답을 도출할 수 있었다. 마지막 질문은 좀 더 복잡했다.

"한 농부가 6마리의 암퇘지를 갖고 있다고 가정하자. 각 암퇘지가 첫 해에 6마리의 암컷 돼지를 낳고, 6마리의 새끼 돼지들이 8년 후까지 매년 같은 비율로 암퇘지를 낳았다. 8년 후에, 모든 돼지가 생존해 있다면 농부가 보유한 돼지의 수는 얼마인가?"

풀러는 10분 후에 34,588,806마리라고 정확히 정답을 내놓았다. 풀러는 1790년에 80세의 나이로 세상을 떠났는데 이렇게 놀라운 계산 능력을 갖고 있음에도 평생 동안 읽고 쓰는 법을 알지 못했다.

여기서 우리가 알 수 있는 것은, 앞의 두 문제와 마지막 문제는 계산 방법이나 성격이 매우 다르다는 사실이다. 앞의 두 문제는 단순한 곱셈 문제지만 마지막 문제는 매우 복잡한 수학 공식에 의존하지 않고는 결코 답을 얻을 수 없다.

오늘날 이런 단계의 문제는 중학교 수학시간에서조차 다루어지지 않을 만큼 단위가 높은 수준이다. 그런데 토마스 풀러는 10분이라는 짧은 시간 내에 답을 제시한 것이다. 이것은 토마스 풀러가 단순히 영감이나 반복적인 연습에 의해 계산 능력을 발휘한 서번트가 아님을 말해준다. 스티븐 스미스는 풀러의 능력이 뇌기능의 이상, 즉 풀러 자신의 생물학적 요인에서 비롯된 것이라고 확신했다. 이 문제에 관해서는 이 책의 후반부에서 자세히 논할 것이다.

제데디아 벅스톤

제데디아 벅스톤 역시 1700년대에 살았던 인물이다. 토마스 풀러처럼 벅스톤도 매우 제한적인 지능을 가진 계산 능력자였다. 그는 교육을 받은 적이 없기 때문에 자신의 이름을 쓸 줄 몰랐고, 가장 기본적인 돈의 개념조차 알지 못했다. 1754년에 발간된 「젠틀맨 매거진」이라는 잡지에 제데디아 벅스톤을 소개한 글이 보인다.

'그는 온통 숫자에만 관심을 갖고 있는 저능아로 다른 종류의 지식은 전혀 습득하지 못했지만 세상을 움직이는 숫자에는 어떤 과학자 못지않다.'

벅스톤에 관한 일화로 다음과 같은 재미있는 이야기가 전해진다.

"설교를 듣고 돌아오던 길에, 그는 한 번도 제대로 설교 구절을 기억하고 온 적이 없었다. 그가 기억하는 것은 오로지 숫자뿐이었다. 설교 구절들을 가장 작은 부분으로 나누어, 예컨대 '목사님의 설교는 총 534개 문장이었으며, 단어는 총 3,659개였다'는 식으로 셈을 하느라 바빴던 것이다."

1754년에, 그는 런던을 방문하여 영국 왕실로부터 계산 능력을 시험받았다. 여기서 벅스톤은 리차드 3세 국왕을 알현할 수 있었지만, 그의 마음은 다른 데 있었다. 춤을 추는 동안에도 그는 무용수들의 스텝의 수에 온통 정신을 팔았던 것이다.

연회가 끝났을 때 누군가 얼마나 좋았냐고 질문하자, 그는 참석자들이 얼마나 많은 시간을 왔다갔다 했으며 누가 얼마나 많은 말을 했는지에 대해서만 대답했다. 이 연회에서도 벅스톤의 숫자에 대한 기억력과 엄청나게 빠르게 계산하는 능력이 여지없이 발휘되었다. 예를 들어, 그는 다음과 같은 질문을 받았다.

"요크에서 런던까지 204마일을 여행할 때 원주가 6야드인 마차의 바퀴는 몇 번이나 회전할까?"

이 질문에 벅스톤은 정확히 13분 만에 59,840번이라고 대답했다.

"만약 첫 번째 못 가격이 1파딩(영국의 청동화)이고 남은 139개의 못 가격이 각각 2제곱되어 올라가서 2의 139승 파딩이 되었다면, 140개의 못으로 한 마리 말의 말굽을 만드는 비용은 얼마나 들까?"

벅스톤는 725,958,238,096,074,907,868,531,656,993,638,851,106파운드 2실링 8펜스라는 답을 내놓았다. 처음 4자리와 마지막 8자리는 맞지만, 오늘날의 컴퓨터는 약간 다른 답을 제시한다. 벅스톤은 이 계산을 하는 데 꼬박 두 달 반이 걸렸지만, 다음과 같은 질문에는 15분 만에 답이 나왔다.

"소리는 1초에 1,142피트 이동한다. 그렇다면 레트포드에서 대포 하나가 발사된 뒤에 5마일 떨어진 하우톤 공원에서는 얼마 후에 이 소리를 들을 수 있을까?"

그는 '23초 746'이라는 답을 내놓았다. 그런데 스티븐 스미스는 토마스 풀러와 제데디아 벅스톤이 갖고 있는 공통점을 발견했다. 긴 계산을 절반쯤 끝내놓고 멈췄다가 몇 달이 지나더라도 다시 돌아와 끝낸 부분부터 다시 문제를 풀 수 있었다는 점이다.

이것은 빨리 계산하는 속도도 속도지만 암기력이 대단히 높다는 사실을 반증한다. 집중력 또한 그들의 서번트 능력을 지탱하는 중요한 요소일 것이다.

스티븐 스미스는 풀러와 벅스톤의 사례로부터 서번트 능력자들의 세 가지 공통적인 특징을 추출해낼 수 있었다. 빠른 계산 능력, 암기력, 집중력이 그것이다. 그러나 암기력과 집중력이 극히 제한된 분야, 요컨대 수학적 계산 능력에만 한정되는 이유는 무엇일까? 풀러와 벅스톤은 수학에 몰두할 때를 제외하고는 다른 모든 면에서 산만하고 느린 반응을 보였다.

랭든 다운 박사는 서번트들의 이런 능력에 대해 말하기를 '놀라울 정도로 막강한 암산 능력에서 나온다'고 말했다. 그는 3자릿수 곱하기 3자릿수를 종이에 쓰자마자 정확히 계산해낸 열두 살 소년을 소개했다. 다운 박사는 정신지체 소년인 이 서번트가 매일 만나 이야기한 지 2년 반이 흘렀을 때는 랭든 다운이라는 이름은 고사하고 얼굴조차 기억해내지 못했다고 말했다.

알프레드 트레드골드 박사도 계산 능력을 가진 서번트에 대해 언급한 바 있다. 그는 누군가 나이를 말하면 매우 빠른 시간 안에 자신이 살아온 시간을 분과 초로 환산해서 말할 수 있었다. 그는 또한 576,560,336을 16으로 나누는 문제를 단 5초 안에 36,035,021이라는 답을 제시했다. 문자 그대로 번개 같이 빠른 계산 능력이지만, 그는 덧셈이나 뺄셈은 고사하고 100까지 세는 일조차 서툴렀다.

아더 필립스 박사는 『재능 있는 바보』라는 서번트 신드롬에 관한 책에서 오버디아라는 소년을 예로 들었다. 숫자에 강박관념을 갖고 있던 오버디아는 중증 정신박약아임에도 눈에 보이는 사물을 끊임없이 계산하고 모든 것을 숫자로 번역해서 말을 했다.

'오버디아는 때때로 불안하게 손가락을 떨면서 때로는 얼굴에 근심어린 긴장감을 보이면서 곱셈과 나눗셈, 그리고 놀랍도록 긴 분수까지 계산할 수 있었다. 그의 지능은 오직 한 방향으로만 과도하게 성장한 것으로 보이는데, 더 놀라운 사실은 현재 나이가 고작 여섯 살이라는 것이다.'

아더 필립스 박사는 사빈느라는 이름의 22세 여성도 소개한다. 음악가 집안에서 태어난 그녀는 어릴 적부터 음악이 곧 생활인 가정 분위기 속에서 자랐다. 아버지는 작곡가였고, 오빠는 절대청각을 가진 바이올리니스트였다.

사빈느가 다른 서번트들과 차별이 되는 것은 초등학교에 입학할 때까지 똑똑하고 활달한 보통 소녀였다는 점이다. 그러나 일곱 살 무렵에, 경련을 동반한 장티푸스에 걸려 오랫동안 무의식상태로 지냈고 의식을 되찾았을 때 시각장애와 언어장애가 동시에 찾아왔다.

병을 앓기 전에는 그토록 상냥하고 유순하던 소녀가 불결하고 파괴적이며 정신적인 혼미를 거듭하는 바보가 되어버렸다. 후에 다시 시력을 찾고 어느 정도 말도 할 수 있었지만 정상적인 지능은 끝내 회복되지 않았다.

그런데 열세 살로 접어들면서 돌연 동전에 관심을 갖기 시작했고, 돈을 세면서 큰 단위 돈의 가치를 알게 되었다. 사빈느는 수많은 단추를 갖고 놀면서 그것들을 16개 그룹으로 나누는 놀이에 빠지곤 했다. 사빈느는 누가 단추를 얼마나 갖고 있느냐고 물으면 이렇게 대답했다.

'16개씩 6개, 그리고 8개 더!'

이 말을 듣고 단추의 수를 세어 보면 총 104개였다. 사빈느는 빠르고 정확하게 덧셈, 곱셈, 나눗셈도 할 줄 알았고, 11에서 99까지의 숫자를 빠르게 제곱할 수도 있었다. 이런 식으로 97제곱을 하는 데 10초가 걸렸다.

특이한 것은 '23×23'의 답을 요구하면 곧바로 529라는 답을 내놓는데 곧이어 529가 '33×16+1'이라고 말함으로써 사실을 재확인하는 것이었다. '14×14'의 답을 요구받으면 196이라고 대답하고는 역시 '12×16+4'라고 추가적인 답을 냈다.

사빈느는 '변덕이 심한 정신박약아'로 분류되었다. 그 당시에는 IQ 테스트가 없었지만 사빈느는 분명히 낮은 지능을 가졌을 것이다. 사빈느는 여성이기 때문에 특별히 더 관심을 받았고, 정상적으로 생활하다가 중병을 앓고 난 다음에 서번트 능력을 보인다는 면에서 특별했다.

1940년에 미국의 정신의학자인 에이브러험 브릴 박사에 의해 또 한 명의 계산 능력자가 소개되었다. 그는 정신적으로도 아무 문제가 없었고 서번트도 아니었지만, 여기 소개될 만큼 흥미로운 존재였다. 그의 경우가 서번트 신드롬이 정상인에게도 갑자기 나타났다 갑자기 사라질 수 있다는 사실을 설명하기 때문이다.

여섯 살 무렵 브릴 박사에 의해 발견되었을 때, 에스 융그리스는 이미 수학의 귀재로 널리 알려진 소년이었다. 1917년에 「뉴욕 이브닝저널」은 융그리스가 숫자라고는 단지 '3'이라는 것만 인식하는 수준인데도 볼록한 이마에 계산 기계를 달고 다니는 것처럼 저절로 튀어나오는 것 같이 계산을 한다고 소개하고 있다. 그래서 별명이 '계산할 줄 아는 앵무새'였다.

많은 서번트들이 그렇듯이 그의 특별한 재능 또한 우연히 발견되었다. 어느 날 융그리스가 형과 계산놀이를 하면서 큰 소리로 답을 외치며 놀고 있었는데 놀랍게도 형이 제시하는 문제에 단 한 번의 막힘도 없이 정확한 답을 제시하는 것이었다.

형이 제시하는 문제가 3자릿수 곱하기 3자릿수는 기본이고 심지어 5자릿수 이상의 곱셈이나 나눗셈도 있어서 너무 놀라웠다. 그의 아버지는 아들이 쓸 줄도 읽을 줄도 모른다는 사실을 떠올렸고 발육이 매우 더디고 자폐증상까지 보인다는 사실을 상기하며 또 한번 놀랐다.

그런데 브릴 박사가 스물일곱 살이 된 그를 다시 만났을 때, 그의 계산 능력은 이미 오래 전에 사라지고 없었다. 어머니에 의하면 아홉 살 때 그런 능력이 갑자기 사라져버렸는데, 직전에 아버지가 사망한 사건 말고는 아이의 신상에 별다른 변화가 없었다고 한다.

성인이 된 융그리스는 보통사람들보다 더 계산 능력이 떨어졌다. 브릴 박사는 아버지의 갑작스런 사망 후에 사라진 융그리스의 계산 능력을 주목했다. 융그리스는 분명 서번트가 아니었지만 그렇다고 심각한 정신지체나 발달장애를 겪는 아이도 아니었다. 그런 아이에게 갑자기 서번트 신드롬과 유사한 현상이 나타났다 사라진 이유가 무엇일까?

브릴 박사는 빠른 계산 능력자들에게서 나타나는 뛰어난 암기력을 한마디로 정의하자면 '의식 없는 암기'로, 그것은 마치 우리가 무의식상태에서 뭔가를 불현듯 기억해내는 것과 똑같은 개념이라고 설명했다.

브릴 박사는 추가적인 설명에서, 계산 능력자에게서 보이는 이런 능력은 빠르면 다섯 살을 전후한 유년시절에 나타나는데 이런 양상은 어쩌면 세대를 통해 얻는 무의식적인 능력, 즉 유전적 요인이 크게 작용한 현상일지 모른다고 추정했다.

'융그리스의 재능은 유전학적인 관점에서 본다면 전혀 이상하지 않은 일이다. 그러나 이런 천재들이 특별한 관리 없이 혼자서 삶을 영위하는 일은 쉽지 않을 것이다. 그들을 그냥 내버려둔다면 능력의 소멸과 함께 죽어

갈 것이기 때문이다.'

오하이오 주립대학 동물학과의 데이비드 리페 교수와 로렌스 스나이더 교수는 서번트 신드롬에 관한 논문에서, 이 현상을 이해하는 데는 무엇보다 유전학의 개념을 알아야 한다고 주장하면서 다음과 같은 이론을 내놓았다.

'일부 정신지체자가 갖고 있는 서번트 능력은 우연히 일치하는 두 개의 유전인자를 물려받았을 공산이 크다. 하나는 정신지체에 영향을 미치는 유전인자이고 다른 하나는 특별한 재능에 영향을 미치는 유전인자이다.'

리페 교수와 스나이더 교수는 특별한 기회와 특별한 연습이라는 환경적인 요인도 서번트 능력에 크게 영향을 미치지만, 이런 요소들은 유전인자의 영향에 비하면 부차적인 것이라고 덧붙였다. 그들은 이런 사실을 입증하기 위해 33명의 서번트를 관찰했는데 그 중에서도 특히 9명이 주목을 끌었다. 그들에게는 서번트 능력을 뒷받침하는 가족력(家族歷)이 있기 때문이었다.

그 중 한 사람이 빠른 계산 능력자로, 스물일곱 살의 남성인데도 정신연령은 기껏해야 세 살 안팎 수준이었다. 그의 계산 능력은 유아기 때부터 나타났다. 아이는 눈을 맞추라는 부모의 요구조차 응하지 못하는 발달장애를 보였지만 기회만 있으면 화장실 타일 같은 곳에 숫자를 휘갈겨 쓰곤 했다. 숫자 쓰는 법을 달리 가르친 적이 없는데 어디서 그런 숫자 개념을 깨친 것일까?

열여섯 살 때 정신박약으로 진단 받고 입원하게 되었을 때, 그는 타인과 대화를 나누거나 병원의 지시에 따르지 못했지만 만약 누군가 '2, 4, 8'이란 숫자를 쓰면 그 옆에 즉시 '16, 32, 64'와 같이 2의 제곱으로 연속되는 답을 제시할 수 있었다.

특이한 것은 3자릿수를 3자릿수로 곱하는 계산은 단 몇 초 안에 해낼 수 있지만 간단한 덧셈과 뺄셈은 번번이 오답을 낼 만큼 취약했다는 사실이다. 리페 교수는 소년의 능력이 모계로부터 물려받은 것이라고 믿었다. 어머니가 머리로 계산하는 것을 좋아했고 계산도 아주 잘했기 때문이다.

또 다른 서번트인 조지는 8남매 중 다섯째로, 부모형제는 모두 정상이었다. 이 아이는 선천적으로 심장이 약해서 자주 숨을 헐떡이는 허약 체질이었다. 아이가 사소한 일에도 깜짝 놀라 몸이 파랗게 변하거나 의식을 잃을 때면 부모는 아이가 곧 죽을지도 모른다는 생각을 했다.

조지가 걷기 시작한 것은 두 살 때였고 여섯 살까지는 말을 하지 못했다. 아이는 하루의 대부분을 그림책을 보며 지낼 만큼 주변 사물에 무관심한 소년이었다. 그러면서도 조지는 일률적인 것에 강한 집착을 보였다. 그가 즐겨하는 일은 지나가는 열차를 바라보는 일이었는데 그때마다 잠자코 앉아서 차량의 숫자를 세곤 했다.

열 살이 되었어도 혼자서는 옷을 입지 못했고, 열여섯 살이 될 때까지도 이 일은 서툴렀다. 더구나 그의 행동은 굉장히 파괴적이었고 계속해서 괴상한 소리를 내며 집안을 서성거리곤 했다. 그런데 참으로 이상한 일은 이런 성향을 갖고 있으면서도 어느 순간 사전이나 백과사전을 손에 쥐면 밤이 새는 줄을 몰랐고, 어느 때는 심지어 이틀 동안 꼼짝 않고 백과사전만 읽는 때도 있었다. 그를 지켜본 연구자들은 이렇게 적었다.

'그의 덧셈 능력은 경이로웠다. 예를 들어 32560+8247+3819+4158과 같은 덧셈은 극히 짧은 시간 내에 답을 써낼 수 있었다. 그의 기계적인 역사 지식도 놀라웠다. 그는 자신이 입원했던 병원들을 기억하면서 의사들의 생일과 전출입 날짜를 나열할 수 있었다. 또한 프로이드나 융 같은 유명한 정신의학자의 생일과 탄생지를 기억했다. 그는 마치 연관성이 없는 정보들을 끝없이 제공하는 로봇 같은 존재였지만 자신의 이런 능력이 어떻게 작용되는지 설명하지 못했다.'

그의 IQ는 48로, 의사들은 그를 '경계선 장애'로 진단했다. 이 같은 결과에 입각해서 의사들은 그가 정신지체라기보다는 자폐증이나 정신분열증을 갖고 있으며 서번트 능력은 그런 질병의 파생물이라고 결론지었다.

처음으로 돌아가서

미국의 정신의학자 W. 스크립쳐 박사는 1891년에 발표한 논문을 통해 계산의 천재들은 두 부류로 나눠진다고 말했다. 예를 들어 날짜 계산 같이 제한된 분야에서 천재성을 보이는 서번트와 날짜 계산은 물론이고 역사적 사실을 암기한다든지 지도를 암기하는 등 다방면에 천재성을 보이는 서번트가 그것이다.

우리는 지금까지 계산에는 뛰어나지만 다른 분야에는 형편없는 실력을 보이는 '한쪽의' 경우를 살펴보았다. 분명한 것은 이들이 공히 놀라운 암기력을 소유하고 있다는 사실이다. 만약 누군가 이들을 대상으로 지능지수 대신 암기력 지수를 매긴다면 분명히 우리들보다 훨씬 높은 점수를 받을 것이다.

스크립처 박사는 '한쪽의' 사람들을 '계산기'라고 불렀다. 나는 여기에다 그들이 공통적으로 갖고 있는 특징인 무의식적인 대응을 더해서 '암기기계'라고 부른다. 이는 우리가 어휘나 발음, 형용사며 부사의 용례를 알기도 전에 무의식적으로 언어를 사용하는 것과 같이 무의식적으로 암기하고 이를 발표하는 현상을 통칭한다.

서번트에게 이런 무의식적인 행동이 특이하게도 언어 습득에는 적용되지 않는다는 점을 주목할 필요가 있다. 서번트의 암기력에 시각, 청각, 촉각적인 이미지가 포함되면서도 언어구사 능력만은 배제되는 이유는 무엇일까?

조지와 찰스를 관찰했던 올리버 색스에 의하면 서번트들이 시각적인 이미지를 자기 것으로 만들어 재생시키는 능력은 놀라울 정도로 광범위하고 생생하며, 깊고 빠르다. 올리버 색스는 그 깊이와 속도에 대해 다음과 같이 묘사한 바 있다.

'계산의 천재들은 놀라운 감수성을 지니고 있다. 그들은 한 번 보거나 들은 숫자는 제아무리 복잡해도 곧바로 이해할 수 있고, 빠른 속도로 셈을 하기도 한다. 예를 들어 누군가 테이블 위에 한 줌의 완두콩을 던지면 그들은 한 번 슬쩍 보는 것만으로 정확이 셀 수 있다.'

올리버 색스는 서번트들에게 있어 숫자는 친구처럼 함께 어울릴 수 있는 장난감이라고 결론지었다. 요컨대 계산을 하는 데 있어 복잡한 연산 과정을 거치지 않고 정답에 근접할 수 있는 무의식적인 방식이 그들 안에 있다는 것이다.

그것은 어쩌면 시각적 이미지와 밀접한 관계가 있는지도 모른다. 숫자가 제시되면 서번트의 뇌리에 즉시 숫자를 나타내는 그림이 펼쳐지고, 그 그림이 보이는 대로 답을 하는 것이다. 일부 연구자들은 이런 서번트의 능력을 직관 이미지, 또는 사진과 같은 기억 이미지라고 부른다.

하지만 이러한 추상적인 접근만으로 서번트가 갖고 있는 능력의 전부가 설명되는 것은 아니다. 어쩌면 이들의 의견이 부분적으로는 옳을지도 모르지만 마치 코끼리 다리를 만지고 나서 전체를 평가하는 맹인처럼 연구자들은 서번트들이 갖고 있는 굉장히 복잡한 능력 중에서 극히 작은 일부만을 강조하는 것에 불과할지도 모른다. 서번트가 우리에게 보여주는 능력을 정확히 알기 위해서는 아직도 많은 정보가 필요하다.

5장

그들은 왜 암기에 집착하는가?

서번트 세계에서는 정신박약아들이 높은 수준의 기억력을 보여주는 경우가 많다. 서번트 신드롬 연구에 일생을 바친 알프레드 트레드골드 박사는 이것을 가능케 하는 요소는 그들이 뇌의 일부분에 은밀하게 가지고 있는 암기 능력 덕분이라고 말했다. 트레드골드 박사는 그들이 기차시간표나 예산통계서 같은 한 뭉텅이의 숫자들을 뇌 안의 특별한 기억장치에 저장했다가 재생산하는 바보들이라고 말하기도 했다.

위너베이고 병원에서 내가 발견한 최초의 서번트였던 데이비드는 밀워키 시의 버스 노선 전체를 통째로 암기할 수 있었다. 수천 개의 연주 레퍼토리를 갖고 있는 레슬리도, 자신이 살아온 나날들의 세부적인 날씨를 모조리 기억할 수 있는 조지도, 모두 그런 경이적인 암기 능력의 소유자들이었다.

맥도날드 크리츨리 박사는 서번트들의 이런 특징을 '기억력의 기고만 장' 이라는 재치 있는 표현과 함께 소개하고 있는데, 나 역시 그렇게 생각 한다.

그러나 단순히 단어나 어휘를 기억하는 능력과 그것을 이해하고 적절한 시간 적절한 장소에서 표현해내는 능력은 전혀 다르다. 그래서 랜든 다운 박사는 어마어마한 단어와 어휘를 기억하면서도 그것을 전혀 이해하지는 못하는 서번트들에 대해 '언어의 집착' 이라는 흥미로운 용어로 묘사했던 것이다.

더 재미있는 묘사도 있다. 사라 파커 교수는 또 다른 서번트인 고든을 소 개하면서 '벽돌을 굽는 가마를 가진 사람이라 해서 모두 벽돌공이 되는 것 은 아니다' 라고 말했다. 그렇다. 그건 분명히 아니다.

고든은 사라 파커 교수의 학생이면서 동시에 라이트너 위트머 박사의 특수교육 학생이기도 했다. 1917년에 파커 교수는 고든을 자세히 소개하 는 리포트를 작성하여 위트머 박사에게 보냈다. 천재이면서 백치인 고든 을 위한 특수교육을 부탁하기 위해서였다.

당시 고든은 참으로 의견이 분분한 연구 대상이었다. 파커 교수는 당대 의 장애인 대상 특수교육 최고 권위자인 위트머 박사에게 이렇게 고든을 소개했다.

'고든을 처음 만났을 때, 그가 예의 바른 인사와 함께 내게 손을 내밀었 다. 그러면서 그가 내게 예전에 사바나에 가본 적이 있느냐고 묻는 것이었 다. 그런 다음 고든은 '기마 투우사' 라는 노래와 카르멘의 솔로 부분을 노 래했는데 완전히 거꾸로 된 이상한 노래였……. 신사다운 매너와 탁월한 암기력을 가진 고든은, 그러나 사회적응력이 거의 제로에 가까운 백치이다. 그는 관심을 쏟는 몇 가지 사안에서는 즉각적이고 강렬한 반응을 보이지만 다른 분야에서는 매우 산만하거나 무반응을 보인다.'

고든은 한 번만 들으면 아주 하찮은 소리에서 대학 응원가, 긴 문장으로 구성된 시의 운율까지 줄줄 외울 수 있었다. 한두 번만 들어도 1,500개 이상의 어휘로 구성된 이야기를 한 글자 한 글자 그대로 반복할 수 있고, 그것을 12개월 동안 잊는 법이 없었다.

파커 교수는 고든이 운율이 있는 말이나 음악을 듣는 일은 품질 좋은 와인을 음미하거나 아름다운 그림을 보는 것처럼 즐거워했다고 말했다. '고든은 소리를 좋아하고, 언어에서 오는 즐거움을 느끼기 위해 반복해서 말을 한다'고 소개하는 파커 교수의 말마따나 그는 자신의 일기장, 편지, 대화의 녹음본 같은 것을 때로는 말이나 글로 재생산하는 데 탁월한 재능을 보였다.

우리는 여기까지의 얘기에서 한 가지 의문을 품게 된다. 대부분의 서번트들이 음악을 비롯한 예술에, 또는 날짜 계산 같은 수학에 재능을 보이는 반면에 언어구사에는 현저히 뒤떨어지는 능력을 보인다고 했는데 고든만은 유독 언어구사에서 탁월한 서번트 능력을 보이는 것이다.

한 가지 특이한 일은, 고든이 소리가 너무 크면 자지러질 만큼 괴로워했다는 사실이다. 그만큼 고든이 소리에 예민하게 반응했다는 뜻이다. 시끄러운 소리가 그를 위축시키고 온몸에 경련을 동반할 정도였다.

파커 교수는 고든에 대한 이해력 테스트를 통해 말의 재능이 언어의 재능은 아니라는 결론을 내렸다. 그와 함께 고든이 기억하는 무한대에 가까운 정보들 중에서 극히 일부분만을 이해하고 있다는 결론도 얻었다.

다운증후군을 앓고 있는 고든의 정신연령은 여덟 살 안팎에 불과할 만큼 매우 낮은 수준의 지능을 갖고 있었다. 음식물을 삼키는 능력이 떨어져 식탁에 앉으면 항상 주변을 더럽히면서 식사했고, 스스로의 힘으로는 옷을 입지도 못했다. 무엇인가를 찢고 찌그러뜨리려는 충동이 강해서 충동적으로 자기 안경과 시계를 파괴하곤 했다.

한편 파커 교수로부터 고든을 소개받은 위트머 박사는 고든에 대해 다음과 같은 치료 계획을 세웠다.

'고든에 대한 치료 프로그램은 간단하다. 우선 그의 약하고 쇠퇴한 신체조직을 강화시키고, 두 번째는 공포에 대한 걱정과 과다한 자기의식을 없애고, 셋째는 가능하다면 그로부터 나오는 유용한 제안이나 행동들을 신중히 받아들이는 것이다. 마지막으로 문학에 대한 그의 이해를 발달시킴으로써 그의 한정된 삶에 필요한 표현기술로 승화시키는 것이다.'

그러나 위트머 박사의 치료 프로그램은 성공하지 못했다. 고든의 능력은, 능력 그 이상의 현상에 의해 표출되는 것이기 때문에 교육의 힘으로는 통제가 되지 않았던 것이다. 교육의 진정한 목적 중 하나가 추론 능력의 배양에 있다면, 고든은 그러한 결과에 결코 접근할 수 없는 치명적인 약점을 가지고 있었던 것이다.

귀를 통해 들리는 모든 소리를 구분해내고 그것을 언어라는 도구를 통해 묘사할 수 있어도 그것이 무엇을 의미하는지, 그것을 통해 얻으려는 목적이 무엇인지 스스로 납득하지 못한다면 그것은 이미 언어가 아니다. 따라서 고든의 입에서 쏟아져 나오는 말은 결코 언어가 될 수 없는 것이라고 파커 교수는 결론지었다.

백치천재들의 함정

에드워드 세퀸 박사가 또 다른 서번트인 A에 대해 묘사하는 글이 있다.

'A는 의심할 여지없이 바보지만 천재적인 암기력과 말장난에는 뛰어난 능력을 보인다. 만약 고전의 어느 페이지를 펼쳐놓고 그에게 암송해 보라고 하면, 그는 100% 완벽하게 외울 것이다. 우리의 일반적인 상식에서 볼 때, 이런 현상은 얼마나 불가사의한가? 대단한 암기력을 지닌 그가 일상생활에서는 자신의 삶조차 이끌 능력이 없다는 사실은 얼마나 신비로운가?

만약 누군가 펠로폰네소스 전쟁(BC 431~BC 404년 아테네와 스파르타 사이에 일어난 전쟁)에 대해 그에게 물어보면 그는 전쟁의 기간, 원인과 날짜, 전투원들의 무기, 양측의 득실, 휴전, 스파르타의 성공 후 재개된 전쟁, 그리고 아테네에 의해 감행된 마지막 싸움 등 광범위한 사항을 낱낱이 설명할 수 있다. 랭든 다운 박사는 이런 능력을 가진 서번트에 대해 다음과 같이 설명한 바 있다.

'내가 알고 있는 한 소년은 방대한 분량의 책 한 권을 읽고 그것을 모조리 기억할 수 있다. 그러나 단지 그것뿐, 거기서 파생되는 문제에 대한 추론은 결코 할 수 없다. 암기 기계와도 같이 사실의 나열만을 할 수 있을 뿐이다. 내가 보기에 그들의 뛰어난 암기력과 추론 능력의 부족은 분명히 상관관계가 있는 것 같다.'

랭든 다운 박사의 또 다른 환자 하나는 모든 찬송가의 멜로디와 낱말을 외울 수 있을 뿐만 아니라 런던에서 자기가 방문했던 사탕가게의 주소와 방문 날짜까지 모조리 기억할 수 있었다. 그러나 모든 기억의 편린들을 고스란히 저장하고 있으면서도, 그는 과자를 만드는 원료가 무엇인지 설명하지 못했다.

미국 펜실베이니아 재활학교 원장 마틴 바르가 「반향언어증을 지닌 자폐아 연구」라는 제목의 논문을 발표한 것은 1897년이었다. 그는 이 논문에서 다섯 살 안팎의 지능을 가진 22세 간질환자를 소개했다.

이 환자가 특이한 이유는, 정상적으로 태어나고 어린 시절 내내 정상이었는데 열여섯 살 때 갑자기 폭발적인 간질 증세를 보였기 때문이다. 그 후부터 이 환자에게는 반향언어증이라는 독특한 습관이 생겼다.

반향언어증은 누군가 말을 시키면 대답을 하기 전에 똑같은 말을 반복하는 것을 말한다. 예를 들어 한 사람이 묻는다. '크리스티, 너 몇 살이니?' 그러면 그는 단어와 억양을 그대로 따라하며 반복한다. '크리스티, 너 몇 살이니?' 바르는 이 환자에게 발병과 함께 생긴 경이적인 기억력을 소개하면서, 그를 시험했던 하나의 예를 다음과 같이 소개했다.

'그와 함께 한 가장 흥미로운 실험 중 하나는 낮은 지능지수를 고려할 때 더욱 빛나 보인다. 그는 단어를 반복해서 말할 뿐만 아니라 말하는 사람의 목소리와 높낮이도 따라하고 심지어 상대가 취했던 몸짓마저 그대로 따라했다. 어느 날 내가 9개의 다른 언어(영어, 프랑스어, 독일어, 스페인어, 이탈리아어, 일본어, 라틴어, 그리스어, 노르웨이어)로 된 여러 개의 문장을 말해주었는데 난생 처음 듣는 언어임에도 내가 말한 것과 똑같은

속도와 톤으로 100% 완벽하게 재현했다.'

트레드골드 박사도 역사적 인물을 기억하는 능력을 가진 65세 남성에 대해 소개한 바 있는데, 그 역시 반향언어증이 있었다.

'과거에 중요한 역할을 했던 유명인사의 이름을 한 번 언급하면 그는 그 인물의 탄생과 삶에 관한 이야기를 막힘없이 줄줄 외웠다. 그는 또한 병원에 있을 때 겪은 모든 일들을 낱낱이 기억했다. 병원 관계자들이 들어오고 나간 날짜, 그들의 가족에 관한 세부사항까지 모조리 기억했다.'

그는 지난 35년 동안 지역 교구에 묻힌 모든 사람들의 사망일, 장례식 참석자, 장례 일정과 관련된 세부사항 등 모든 것을 기억했다. 하지만 그는 완전한 바보로, 자기가 암기하고 있는 것 외의 다른 일에서는 어떤 질문에도 지능적으로 대답할 수 없었다.

대부분의 서번트들에게 반향언어증이 나타나는 것으로 보아 이 증상은 서번트 신드롬을 이해하는 데 중요한 열쇠를 제공하는 단서인지도 모른다. 반향언어증이 언어구사에 미숙하다는 것을 반증하는 가장 대표적인 증상이기 때문에 더욱 그렇다.

그렇다면 서번트들이 소아자폐증, 시각장애, 정신박약 등을 갖고 있으면서 동시에 언어구사 능력이 현저히 뒤떨어지는 현상에 대해서는 어떻게 설명할 수 있을까? 언어가 서번트들의 발목을 쥐고 있는 함정이자 불가사의한 현상을 설명하는 결정적인 단서임은 분명해 보인다. 다음 장에서 이 문제를 자세히 설명할 것이다.

그들은 왜 암기에 집착하는가?

1926년, 콜롬비아 대학의 해롤드 존스 박사는 자신의 환자인 K의 뛰어난 능력을 소개하는 논문을 발표했다. 30대 후반이었던 K는 열 살 정도의 정신연령을 지닌 사람으로, 그가 아는 단어라고는 모두 58개에 불과했다.

이로 보아서, K는 가장 기본적인 단어만을 구사할 수 있는 전형적인 정신지체였던 것 같다. 하지만 K는 계산하는 일에 무한한 열정을 느끼는 사람이었다. 한 번은 존스 박사에게 이렇게 자랑했다.

"지난 한 달 동안 내가 식사를 하면서 음식을 씹은 횟수는 9,510번이다. 나는 집에서 4마일 떨어진 우체국까지의 발걸음 수도 알고 있다."

그는 1910년도에 인구 2,000명 이상 살았던 미국 내 모든 도시의 인구조사 내역을 알고 있었고, 그밖에도 다음과 같은 방대한 분야의 세부적인 지식을 섭렵하고 있었다.

1. 1920년 조사에 의한 5,000개 이상 모든 도시와 정확한 인구

2. 미국 내 유명한 호텔 2,000개의 이름과 객실 수

3. 미국 내 모든 주의 군청 소재지

4. 1,800개에 달하는 외국 도시의 이름과 인구

5. 미국의 모든 도시에서 뉴욕까지의 거리, 또는 각 주에서의 가장 큰 도시와 각각의 도시와의 거리

6. 3,000개의 산과 강의 높이나 길이

7. 2,000개의 주요한 발명과 발견의 날짜와 중요한 사실

그는 5,000명에서 200,000명의 인구가 있는 도시의 정확한 인구수를 알아맞히는 문제에서 95%에 달하는 정확성을 과시했다. 그는 도시 이름

을 말하면 거의 반사적으로 인구수를 알아맞힐 수 있었는데, 거꾸로 인구수가 주어지면 도시 이름까지 척척 알아맞힐 수도 있었다. 그런데 그가 자신이 그 많은 것을 외우는 방법에 대해 이렇게 말했다.

"만약 4,836,179,621을 읽는다면, 독립기념일이 7월 4일이기 때문에 4를 기억한다. 그 다음 숫자인 836은 아무 연관성은 없지만, 1910년에 텍사스 주에 살던 중국인들이 총 836명이기 때문에 이것을 연상하면 된다. 그 다음 숫자인 179는 기억하기 쉬운데, 왜냐하면 뉴욕에서 해리스버그까지의 거리가 179km이기 때문이다. 621은 콜로라도 주에 있는 덴버 시의 1910년도 총 주택수이다."

똑같은 방법으로 '30249385274'라는 숫자를 쪼갰는데, 그는 다음과 같은 방법으로 연관성을 재구성했다.

"30은 한 달의 숫자이다. 그 다음 숫자인 249는 만약 이것이 149였다면 시카고에서 일리노이 주 페오리아까지의 거리이다. 385는 내가 체인에서 위트랜드까지 갔을 때 지불한 기차 값인 $3.85를 연상했다. 274는 앞에 6이라는 숫자를 더해서 6274를 만들었고, 이는 히포드롬(비잔틴시대 전차경기가 열렸던 원형 경기장)의 좌석 숫자가 된다."

이런 설명 뒤에, 그는 다음과 같이 덧붙였다.

"나는 글로 된 것을 가장 잘 암기하고, 내가 직접 쓴 것은 더욱 잘 기억할 수 있다. 새로운 것이 나타나면 서너 번씩 써서 잊지 않도록 한다. 1년에 한번 정도 내가 아는 모든 것을 복습하고, 노트에 모든 것을 꼼꼼히 정리한다."

그러나 K에게도 추론 능력은 없었고, 그렇게 모은 것들을 응용할 수도 없었다. 그는 어떤 필요에 의해 그 많은 것들을 암기하고 있는지 설명하지도 못했다.

맥도날드 크리츨리 박사에게도 아주 특이한 분야에서 비상한 암기 능력을 선보였던 두 명의 환자가 있었다. 첫 번째 케이스는 열여섯 살 때 입원했다가 일흔 살에 죽은 환자로, 그는 자신이 입원해 있던 54년 동안 오고 갔던 병원 관계자들의 신상을 모조리 기억했다. 언제 병원에 왔으며 언제 떠났는지 같은 문제는 아주 초보적인 수준으로, 그가 담당했던 환자 이름에서 수술 후의 상태까지도 모조리 기억했다.

두 번째 환자에게는 전화번호를 외우는 능력이 있었는데, 한 걸음 더 나아가 자동차 판매원들의 이름과 주소뿐만 아니라 그의 주요 거래처 등 비즈니스 정보까지 암기할 수 있었다. 그는 대체 이런 정보를 어디서 얻은 것일까? 크리츨리 박사는 이렇게 말하고 있다.

"그의 재능은 뉴욕 증권거래소에서 제공하는 수백 권의 잡지를 계속해서 수집한 데서 나온 것 같다. 그는 상위 500개 기업의 유동자산, 거래총액, 배당금, 지분, 중요한 주가 변동 등 각 회사의 사정에 대해 자세히 말할 수 있었다."

여기까지 말하면 누구나 '그들은 왜 그런 사소한 문제들을 암기하려고 하는가?'라는 의문을 던지게 된다. 무엇이 그들로 하여금 암기에 집착하도록 충동질하고, 무엇이 그것을 가능하게 하는가? 이제 우리는 암기력이 서번트들의 증상을 상징하는 놀라운 힘이라는 사실을 알게 되었다. 이 책을 통해서, 당신은 암기력과 서번트 신드롬의 상관관계에 대한 답을 얻게 될 것이다.

6장

천재의 지문

서번트 중에서 음악적 재능을 보이는 경우는 흔하지만 뛰어난 미술 재능을 가진 사람은 드물다. 이것이 바로 나디아를 더 극적으로 만든다. 나디아는 1973년 1월에 노팅험 대학 아동발달연구소에 모습을 드러냄으로써 서번트 신드롬 연구에 획기적인 전기를 마련해 주었다.

당시 이 연구소 원장이던 엘리자베스 뉴슨 교수는, 지금도 여섯 살짜리 소녀 나디아가 엄마 손에 이끌려 연구소에 들어오던 광경을 세세히 기억하고 있다. 작고 볼품없는 주근깨 소녀는 외모만으로는 결코 사람들의 이목을 끌지 못했다.

그러나 엄마가 볼펜으로 그린 나디아의 미술 작품을 내놓았을 때, 뉴슨 교수는 자신도 모르게 눈을 크게 떴다. 처음 나디아의 작품을 봤을 때의 기분을 그녀는 이렇게 회고한다.

"나의 처음 반응은 '경이롭다' 였다. 하지만 그 다음 반응은 말하기 부끄럽지만 '의구심' 이었다."

나디아는 그 길로 같은 대학 심리학교수인 로나 셀프에게 맡겨졌다. 나디아가 그냥 평범한 미술 영재가 아니라 소아자폐증을 가진 장애아였기 때문이다. 더구나 나디아는 반향언어증으로 인한 제한된 언어구사 능력에다 다른 아이들과 어울리지 못하는 반사회적인 성향까지 보였다.

네 살 때까지, 나디아는 간단한 구절 이외에는 두 단어를 조합해서 사용하는 일조차 어려웠다고 한다. 거친 말로 외마디소리를 지르며 닥치는 대로 물건을 집어던지는 등 파괴적인 행동도 서슴지 않았다. 실내를 아무 의미 없이 빙빙 돌아다니거나 오랫동안 한곳을 뚫어져라 응시하기도 했다. 그런 나디아에게 의사는 이미 '자폐적 행동을 보이는 심각한 신경외과적 소란 증세' 라는 복잡한 이름의 진단을 내린 바 있었다.

그때까지도 나디아에게 특별한 재능의 징후는 보이지 않았지만, 한 가지 특이한 일은 종이를 아주 정밀하게 자르는 일에 강박적인 취미를 갖고 있다는 사실이었다. 나디아는 종이만 눈에 띄면 이것을 가위로 오렸다.

나디아의 미술 작품이 영국 전역에서 무작위로 선발된 24,000명의 아동 중에서 가장 뛰어나다는 평가를 받은 것은 다섯 살 때였다. 나디아가 그린 '우리 엄마' 라는 작품이었다.

왼손잡이인 나디아는 도화지에 얼굴을 바짝 대고는 믿을 수 없을 만큼 정확하고 빠르게 그림을 그렸다. 나디아가 좋아하는 주제는 동물인데, 그 중에서도 특히 말을 잘 그렸다. 나디아의 그림이 탁월하다고 평가받는 이유는 원근법과 비율, 움직임 등에서 완성도 높은 수준을 보이기 때문이었다. 나디아는 그 나이 또래의 다른 어떤 아이들보다도 2차원의 사물을 3차원으로 표현하는 창작성에서 앞섰다.

그러나 나디아는 언어구사 능력이 대단히 취약했다. 그저 단편적인 말 몇 마디만 비명처럼 내뱉는 것이 고작이었다. 셀프 교수는 나디아의 그림 실력이 어쩌면 부족한 언어 능력의 반대급부 형태로 나타나는 것인지도 모른다고 생각했다.

그렇다면 한 가지 의문이 대두된다. 나디아에게 언어 능력이 발달한다면 무슨 일이 일어날까? 셀프 교수는 그런 일이 벌어지면 응당 나디아의 그림 실력이 사라질 것이라고 예언했고, 불행하게도 이 예상은 정확히 들어맞았다.

나디아는 일곱 살 때 자폐아를 위한 특별학교에 입학했고 거기서 각고의 노력 끝에 언어구사 능력을 향상시켰다. 그렇지만 그 결과로 나디아가 얻은 것은 그토록 특별했던 그림 실력의 완전 상실이었다.

그 뒤 나디아는 좀처럼 자발적으로 그림을 그리지 않게 되었고, 그리더라도 예전에 보이던 기술과 안정감, 열정이 없었다. 미술 능력이 뇌의 다른 쪽으로 이동했다 하더라도 다시는 그 재능이 나타나지 않는다는 사실은 참으로 불가사의한 일이었다. 나디아의 변화에 대한 뉴슨 교수의 발언에는 호소력이 있다.

"이것은 비극일까? 경이로운 것을 좋아하는 우리들에게, 어쩌면 나디아는 비극의 주인공처럼 여겨질지도 모른다. 그러나 만약 부분적으로 사라진 나디아의 재능이 언어 능력과 교환된 것이라면, 우리 모두는 나디아가 얻은 것이 충분히 가치 있음을 인정해야 하지 않을까?"

나디아의 경우는 서번트 신드롬을 연구하는 사람들에게 심각한 질문을 던지게 한다. 나디아의 그림 실력이 사라진 현상을 규명할 수 있는 과학적 접근은 가능한가? 이 물음에 대한 답으로 과학자들은 '뇌의 손상'을 거론했다.

"나디아의 경우, 뇌파검사 결과와 두개골 모양으로 보아 측두부(側頭部)에 위치한 언어 담당 지역에 손상이 일어나 있었다. 나디아는 왼손잡이였기 때문에 분명히 우뇌반구가 우세했을 테고, 그런 뇌 손상은 나디아가 언어를 습득하는 걸 방해했을 것이다."

요컨대, 나디아가 각고의 노력 끝에 어느 정도 언어구사 능력을 회복했는데 그것을 가능하게 만든 것이 바로 예전의 그림 실력이었다는 것이다.

그것은 명백한 '교환'이었다. 하지만 다른 서번트의 경우에도 뇌 손상이 있긴 했지만 이런 식의 교환은 나타나지 않았다. 시각장애자 톰은 주인인 베툰 대령이 사망하자 음악 재능을 잃었는데 단지 그것뿐 다른 능력이 나타나지는 않았다.

다른 서번트들에게도 소중한 사람이 죽으면 서번트 재능이 사라지는 경우는 왕왕 있었다. 당시 나디아에게 말을 가르치려고 노력했던 엄마가 사망한 것은 사실이지만, 그 사건이 나디아의 변화를 몰고 왔다는 객관적인 증거는 없었다.

언어 교육과 엄마의 죽음이 정말로 나디아의 서번트 능력을 사라지게 만들었을까? 만약 그렇다면 이 두 가지는 서로 어떤 상관관계를 갖고 있는 것일까? 이러한 질문은 서번트 신드롬의 실체에 접근하기 위한 가장 중요한 질문이자 비밀의 문을 열게 하는 열쇠이다.

일본인 서번트 천재들

일본인 키요시 야마시타는 1922년에 태어나 꽤나 혼란스러운 유년기를 보냈다. 두 살 때 관동지방에서 일어난 파괴적인 대지진을 직접 경험했으며, 여러 차례 결혼과 이혼을 반복한 엄마로부터는 끝내 버림을 받았다.

그 뒤 장애아들이 모여 사는 수용시설에 들어갔는데, 그곳에서 처음으로 특별한 재능을 보였다. IQ가 68에 불과한 그가 펜 하나만 갖고도 인물을 묘사하는 데 탁월한 재능을 보였던 것이다.

그 후 야마시타는 두 명의 저명한 예술가로부터 집중적인 교육을 받았고 나날이 실력이 향상되었다. 30대 중반에 야마시타의 작품을 소개하는 소책자가 출판되었을 때 일본의 미술평론가들은 그의 작품이 어느 기준에서 보더라도 최고라고 극찬했다. 어떤 언론은 그를 '일본의 반 고흐'라고 불렀다.

하지만 그는 여전히 매우 초보적이고 원시적인 행동을 일삼았다. 혼자서는 식사를 하는 일도 서툴렀고, 다른 사람들과의 대화는 거의 불가능했다. 글을 읽지도 쓰지도 못했다. 그럼에도 언론은 그를 '걸어 다니는 천재'로 묘사했다.

오그든 린슬리는 「장애가 특별한 능력을 탄생시킬 수 있는가? : 이디엇 서번트에의 도전」이라는 논문을 통해 야마시타에 대한 심도 있는 연구 결과를 발표했다. 그는 이 논문에서 야마시타를 비롯한 모든 서번트들이 단지 평균 이상의 놀라운 능력을 갖고 있는 것일 뿐 서번트 능력 자체가 정신적 장애에 대항해서 생긴 능력은 결코 아니라고 말했다.

따라서 서번트에게 새로운 기술을 가르치기보다는 그가 가진 재산에 용기를 북돋아주고 특별한 재능을 현실화시키는 방법을 가르침으로써 그의 잠재력을 최대한 이끌어내는 데 더욱 주력할 필요가 있다고 린슬리는 말했다.

린슬리의 견해는 서번트 능력을 가진 장애인들을 어떻게 관리하고 교육시킬 것인가에 대해 현명한 답을 제시한다. 그들을 새로운 인격체로 만들기 위해 섣불리 새로운 기술을 가르치는 일이 얼마나 위험한 일인지는 여러 사례를 통해 충분히 입증되었기 때문이다. 나중에 이 책에서도 이 문제들을 집중적으로 살펴볼 것이다.

또 다른 일본인 서번트인 요시히코 야마모토는 제 2차 세계대전이 끝난 지 3년 후인 1948년에 나고야에서 태어났다. 야마모토는 생후 6개월일 때 뇌수종을 앓은 후에 심각한 정신적 혼란 상태를 거듭했다. 여섯 살 때까지 대소변을 가리지 못하고 말도 못했으며 청각장애까지 겹치는 최악의 상황을 겪었다.

열두 살 때 그의 정신연령은 세 살 정도였고, IQ는 23으로 평가되었다. 이 책에서 여러 서번트들의 IQ를 소개했는데, 아마도 야마모토가 가장 낮은 지능지수를 가진 사람일 것이다. 특수학교에 들어가서도 그는 언제나 골칫거리였다. 그가 제대로 할 수 있는 일이라곤 연필로 뭔가를 끼적거리는 것뿐 친구들과 어울리지 못했고 선생님이 하는 말을 알아듣지도 못했다.

교사들은 야마모토와 대화를 나눌 때 그림을 통해 이야기를 했다. 그러는 편이 더 쉬웠기 때문이다. 그러다가 교사들은 야마모토의 그림 실력이 나날이 늘어날 뿐만 아니라 정상적인 아이들보다도 뛰어나다는 사실을 알게 되었다.

다른 서번트처럼 야마모토 역시 충동적이고 강박적인 행동으로 일관했지만 그래도 일상생활은 매우 정확했다. 스물여섯 살 때 그의 IQ는 47정도로 발전했는데, 다행히 암기력은 보통 이상으로 평가되었다. 야마모토의 교사들은 야마모토가 그토록 그림에 집착하는 이유는 그것이 그의 삶이고 영혼이기 때문이라는 데 의문의 여지가 없다고 생각했다.

야마모토가 좋아하는 주제는 '성(城)'과 '배'로, 두 가지 다 고도의 집중을 필요로 하는 작업이었다. 그 중에서도 야마모토는 나고야성(名古屋城)을 잘 그렸다. 나중에 이 그림들은 판화로 제작되어 일본 전 지역에서 판매되기도 했다.

일본의 정신의학자인 아키라 모리시마는 야마모토의 경우, 비록 인지능력은 지체되었지만 평균 이상의 시각적 이해력을 갖고 있다는 사실에 주목했다. 대상물을 한번 보고 그것을 그림으로 옮기는 데 비상한 능력이 있다는 것이다. 그 이유로, 모리시마는 야마모토의 좌뇌반구에 손상이 있다는 사실을 지적했다. 좌뇌반구의 이상이 서번트 신드롬을 야기하는 주된 원인으로 보는 이론에 대해서는 나중에 자세히 소개할 것이다.

야마모토의 예술 능력은 점차 수채화와 유화까지 나아갔고, 수묵화로까지 확장되었다. 그의 작품은 일본 열도를 넘어 국제적으로 알려지게 되어 미국에서도 전시회를 가졌다. 오늘날까지도 야마모토는 전후 일본을 대표하는 대표적인 미술가로 손꼽힌다.

아키라 모리시마 박사가 야마모토를 통해 서번트 신드롬에 관심을 갖게 되었을 때 또 한 사람의 서번트가 나타났다. 그 역시 미술적 재능이 뛰어난 사람으로, 이름은 쇼이치로 야마무라였다.

그는 어린 시절에 원인 모를 열병을 앓고 난 후 언어 발달이 지체되는 불행을 겪었다. 그는 열네 살까지도 가장 간단한 단어인 '엄마'라는 말조차 하지 못할 만큼 심각한 발달장애를 보였다.

그런 야마무라가 특수학교에 진학하고부터는 두 가지 분야에 흥미를 보였는데 하나는 곤충을 채집하는 일이고, 다른 하나는 채집한 곤충을 그리는 일이었다. 이것을 제외하고 야마무라의 암기력과 주의력은 형편없었다. 그의 IQ는 48에서 53사이였고, 교실 안으로 날아든 나비를 쫓기 위해 별다른 생각 없이 창문 밖으로 뛰어나갈 만큼 주의력이 결핍되어 있었다.

야마무라는 다른 학생들과는 거의 교류가 없는 아이였지만, 그 대신 하루 종일 과학실에 비치된 곤충들의 박제를 관찰하면서 시간을 보냈다. 그는 열아홉 살 때까지도 스스로 침대를 정리하지도 일상적인 일도 제대로 꾸리지 못했지만, 어떤 곤충이든 이름만 대면 즉시 그릴 수 있었다.

굉장히 특이한 사실은, 야마무라가 단지 손가락으로만 그림을 그린다는 것이었다. 그는 펜이나 붓 같은 도구를 절대 사용하지 않았다. 세심한 부분은 손톱을 사용하지만 대부분은 손가락만으로 그렸다. 그런데도 곤충의 세밀한 부분까지 정교하게 묘사하여 찬탄을 불러 일으켰던 것이다. 그는 또한 1cm 미만의 크기로 정밀하게 곤충을 자르기도 했는데, 이것은 그가 탁월한 시각적 이미지를 활용하는 것 외에 지칠 줄 모르는 집중력을 갖고 있다는 반증이기도 했다.

다른 종류의 서번트에 비해, 특히 음악적 서번트들의 빈번한 출현과는 달리 미술 방면에서 서번트 능력을 보이는 사람이 상대적으로 적다는 측면에서 볼 때, 이들의 능력은 주목할 만하다. 그토록 희귀한 미술 서번트 중에서 가장 이름이 알려진 사람이 고트프리드 마인드였다. 그에 대한 트레드골드 박사의 소개는 이렇다.

"고트프리드 마인드의 능력이 단순히 그림을 모사(模寫)하는 수준을 넘어서 진정한 예술적 재능을 갖고 있다는 점은 의심할 여지가 없다."

그는 1768년 베른에서 크레틴병을 갖고 태어났고, 46세에 같은 도시에서 사망했다. 어린 시절부터 그의 장애는 현저히 눈에 띄었다. 읽거나 쓰지 못했고 돈의 개념이 전무했으며, 손이 괴상할 정도로 거칠고 컸다. 게다가 길을 걸으면 한 번만 보고도 놀려대는 어린아이들이 있을 정도로 외형적으로 정신지체를 앓고 있음이 두드러지게 나타났다.

이런 모든 핸디캡에도 불구하고 그는 고양이뿐만 아니라 사슴, 토끼, 곰 같은 동물그림에 비상한 재주가 있었다. 그림 중 하나가 국왕 조지 4세에게 팔릴 정도로 유럽 전역에서 명성을 얻었던 고트프리드의 작품은 지금도 베를린, 취리히, 베른의 미술관에 전시되어 있다. 1971년에 그의 작품 한 점이 1,000파운드에 팔렸고, 1974년에는 550기니에 팔리기도 했다.

그런가 하면 현대판 고트프리드 마인드인 스코틀랜드 에든버러 태생의 리차드 와우로도 있다. 이 책을 탈고하는 지금 서른세 살이 된 리차드 와우로는 완전한 시각장애인이자 난치성 당뇨병을 앓고 있다.

세 살이었을 때, 부모는 그가 중증의 정신지체에 IQ가 30에 불과하다는 말을 들었다. 그런 진단을 반영하듯 와우로는 강박적이고 파괴적인 행동을 보이는 등 어린 시절부터 전형적인 자폐증상을 나타냈다. 설상가상으로 열세 살 때는 두 눈의 백내장 수술까지 받아야 했다.

아버지에 따르면 와우로는 걸음마를 배우면서부터 제자리에서 빙글빙글 돌기, 한 번 피아노 앞에 앉으면 몇 시간 동안 하나의 건반만을 두드리기, 손에 잡히는 물체를 끝없이 돌리기 등의 의식적인 행동을 했다고 한다. 그러던 와우로가 세 살 무렵부터는 그림을 그리기 시작했는데, 놀라운 일은 너무도 재빠른 동작으로 이미지를 형상화시킨다는 것이었다. 여섯 살 때 집 근처의 보육원에 들어갔고, 그곳에서 크레용으로 그림을 그리는 법을 배우게 되면서 그의 미술적 재능은 즉시 뚜렷해졌다.

열두 살이 되었을 때, 런던예술학교의 미술과 교수인 마리안 스키스코 교수가 우연히 그의 그림을 접하고는 깜짝 놀랐다. 그녀는 와우로의 크레용 그림을 보고는 그 자리에서 '시인의 눈과 숙련공의 정확성으로 완성된 믿을 수 없는 작품'이라고 극찬했다.

그의 유일한 매개체는 유성 크레용이다. 그는 하나의 작품을 완성하기 위해 몇 박스의 스위스제 유성 크레용을 사용하는데 색채와 농도의 배합이 너무도 정교하고 아름답다. 작게는 5×7 사이즈의 카드에서 크게는 17×24 사이즈의 풍경화 등으로 그는 점점 자신의 세계를 넓혀 나갔다.

그는 절대 크레용을 칼로 깎지 않는다. 대신 자연스럽게 닳아지면 생기는 크레용의 날을 이용해 세심한 묘사까지 완벽하게 해낸다. 또한 그는 풍부한 색감과 질감을 표현하기 위해 여러 면의 크레용 층과 층을 사용한다. 마지막 터치는 마치 라커를 뿌린 것처럼 광택을 내기 위해 하얀 천을 갖고 버핑 기법으로 마무리한다.

그는 극심한 근시 때문에 도화지에 얼굴을 가깝게 들이대야 한다. 따라서 그의 그림은 크기와 복잡성에 따라 완성하는데 몇 초에서 며칠까지 다양한 시간이 걸린다. 그림을 완성하면, 와우로는 그림을 들고 아버지에게 가서 허락을 받고, 그 다음엔 축하와 칭찬을 받는다. 이 과정에서 아버지는 마치 세계챔피언 권투선수처럼 아들의 손을 잡고 하이파이브를 하거나 서로 부둥켜안고 춤을 춘다.

현재까지 그의 그림은 1,600개의 작품이 카탈로그로 제작되었고, 세계 유명도시를 순회하며 전시되기도 했다. 아들에게 무한한 사랑을 쏟았던 어머니는 1979년에 사망했지만 그는 작품 활동을 그만두지 않았다.

다른 서번트와 마찬가지로 와우로 역시 대단한 암기력을 지녔다. 그는 자기가 언제 어디서 어떤 그림을 그렸는지를 세세히 기억한다. 또한 그는 텔레비전이나 책에서 한 번 본 사물을 기억했다가 그 기억력에 기초해서 그림을 그리기 때문에 모델을 필요로 하지 않는다.

와우로가 다른 서번트들과 차이가 나는 점은 기억력에 기반을 둔 그림에 자신의 즉흥적인 감성을 절묘하게 추가한다는 것이다. 즉 눈으로 볼 때는 존재하지 않았던 장면을 추가적으로 묘사하거나 음영을 조정함으로써 그림을 더욱 사실적으로 만드는 것이다.

와우로에게 있어 미술은 삶이자 사랑이다. 그의 작품이 그토록 격렬한 까닭은 어쩌면 그 자신의 내면에 도사린 세상을 향한 열망 때문인지도 모른다. 그는 자기 능력에 자신이 있고, 이것을 타인들과 기꺼이 나누고자 한다. 열일곱 살 때부터 시작된 전시회는 오늘날까지 총 100회 이상 계속되었고 1,000개 이상의 작품이 판매되었다.

어느 해인가 런던에서 열린 전시회에서는 전 영국수상 마가렛 대처 여사도 참석했다. 대처 여사는 와우로의 작품을 여러 개 소장하고 있으며, 가장 좋아하는 작가로 와우로를 지목하는 데 주저하지 않았다. 교황 요한 바오로 2세도 그의 그림을 소장했었다.

그에 대한 가장 인상적이고 감명 깊은 TV 다큐멘터리는 로렌스 베커에 의해 만들어진 「정신을 바짝 차리고」라는 작품이다. 시청자들은 이 프로그램을 통해 이 인상 깊은 백치천재의 특이한 외모와는 전혀 상관없는 특별한 능력에 깊은 감동을 받았다.

예술이 지속적으로 발전하면서 언어구사 능력이나 사회성 또한 지속적으로 발전했는데, 그에게 나디아에게서 일어났던 교환은 없었다. 누군가는 와우로에게 그러한 능력이 쉽게 왔을 것이라고 생각한다. 결코 쉽게 찾아온 능력은 아니지만, 그에게는 분명히 찾아왔다.

그는 자기 그림에 굳이 서명할 필요가 없다. 작품들이 너무나 독특하고 개성이 강해서 모든 작품 하나하나가 마치 서명과도 같기 때문이다. 천재의 지문인 것이다.

한 인간으로서, 그리고 한 사람의 예술가로서 그의 성장은 너무도 당연했다. 다른 많은 서번트의 부모들이 자식의 삶에 절망하거나 좌절했지만 그의 부모는 아들과 함께 무엇이 옳은 길인지를 계속 찾았고, 지금도 그러한 노력은 계속되고 있다. 그의 부모에 대한 트레드골드 박사의 묘사는 다음과 같다.

"그의 부모는 아들을 위해 필요한 것을 지칠 줄 모르고 제공하는 환경을 만들어 왔다. 그가 앞으로 얼마나 아름다운 인생을 꾸릴지 궁금해 하면서 말이다. 리차드 와우로의 영혼은 오랫동안 본능에 충실한 힘에 의해 영향을 받아 왔고, 끈기와 사랑이란 이름의 부드러운 힘에 의해 성장을 거듭해 왔다. 그와 함께 하면서, 그의 눈을 통해 세상을 보기 위해서는 우리 모두 정신을 바짝 차려야 한다는 사실을 깨닫게 된다. 그의 눈이 우리를 둘러싸고 있는, 그리고 우리가 상상하고 있는 세상보다 훨씬 더 아름다운 세상을 보게 해주기 때문이다."

7장

서번트의 또 다른 재능들

서번트들은 음악이나 미술 같은 특정한 분야에서 탁월한 재능을 과시하고 있는데, 특이하게도 조각이나 기계수리 분야에서 비상한 재주를 가진 서번트들도 있다.

1장에서 소개한 얼스우드 병동의 제임스 풀렌도 손재주가 뛰어난 인물이었지만, 얼이라는 이름의 또 다른 서번트는 그의 특이한 이력과 함께 연구자들의 주목을 받았다.

1930년에 아더 필립스 박사에 의해 발견된 얼은 IQ가 65로, 열한 살 때 초등학교 2학년 수준의 학습능력을 갖고 있는 것으로 평가되었다. 필립스 박사가 뾰족한 원뿔 모양의 머리를 가진 사람으로 묘사할 만큼 그는 매우 기형적인 모습이었다.

그는 항상 구부정한 자세에 걸음걸이는 불안정했고, 얼굴은 천편일률적인 무표정만을 고집했다. 그런 얼이 전문가도 깜짝 놀랄만한 손재주를 갖고 있었던 것이다.

한번은 그가 다른 사람의 도움 없이 시계를 완전 분해해서는 잘 작동되는 풍차를 만들어냈다. 시계의 태엽을 이용해 풍차의 날개가 돌아가도록 만들었던 것이다. 그의 창조성은 거기서 그치지 않았다. 신문에 난 비행기나 자동차 사진을 한 번 본 후에, 나무를 가지고 그 모양 그대로 만들 수 있었다.

이런 창의성에도 불구하고 그의 언어구사 능력은 열 살 소년들을 집단으로 하는 비교 분석에서 하위 1%에 속할 정도로 열등했다. 반면에 기계를 분해하고 조립하는 손재주에서는 대학생 수준의 난이도에서 상위 1%에 들었다. 글을 쓸 줄도 읽을 줄도 모르는 얼이 어떻게 이런 능력을 갖고 있는지는 도무지 알 수 없는 일이었다.

필립스 박사는 이런 아이를 대상으로 교육할 때는 그가 원하는 것을 하도록 세심한 주의를 기울이는 게 좋다고 말한다. 그가 원하지 않는 일을 억지로 하도록 강요하면 부작용이 심해진다는 게 이유였다. 필립스 박사는 이렇게 말한다.

"얼의 손재주는 그로 하여금 인간사회에 적응하도록 도와주는 훌륭한 방편이 될 것이다."

이런 맥락에서, 필립스 박사는 장애아 교육에서는 언어 방면보다는 손재주를 길러주는 편이 좋다는 개인적 신념을 갖고 있었다. 그의 주장은 손동작이 뇌의 활성화에 도움을 준다는 전문가들의 이론과 일맥상통한다.

손재주를 갖고 있는 또 다른 서번트가 있다. 1979년에 에드워드 호프만 박사는 A라는 환자를 소개하는 논문을 발표했다. A는 7형제 중 장남으로 태어날 때는 정상이었지만 생후 18개월이 되어 젖을 뗄 무렵에 갑자기 발육상의 문제가 생겼다. 그때까지 말을 전혀 하지 못했던 것이다.

그렇지만 A는 생후 30개월이 되자 화장실을 혼자 사용할 줄 알게 되었고, 40개월에는 스스로 옷을 입을 수도 있었다. 그러나 언어장애는 열 살 때까지 이어졌다. 뒤늦게 학교에 들어갔지만 쓰거나 읽는 법을 익힐 수 없었다.

그러다가 열여덟 살 무렵에 갑자기 청각장애가 왔고 이를 계기로 주립병원에 입원했다. 그때 측정된 IQ는 40으로 정신연령은 여섯 살 수준이었다. A의 최종적인 진단명은 '선천성 대뇌 이상'이었다.

1950년부터 1977년까지 27년 동안 병원에 머무르는 동안에 스스로 일어나 시간을 말하고 자기 이름을 쓸 수 있게 되는 등 약간의 변화를 보이기는 했지만 그는 죽을 때까지 읽거나 쓰지 못했다. 그런 A가 처음엔 다른 환자들을 위해 시계, 전열기구, 자전거 따위를 고쳐주곤 하더니 나중에는 각종 기계를 분해했다 조립하고, 필름 영사기를 작동시키고, 가구와 전등을 수선했다.

한번은 호프만 박사가 그의 손재주를 평가하기 위해 특별시험을 실시했다. 시험 내용은 망가진 알람시계를 고치는 일이었고, 다른 하나는 여러 군데가 망가진 10단짜리 자전거를 수리하는 일이었다.

A가 너무도 간단히 이 일을 해치우는 모습을 지켜보며, 호프만 박사는 이 환자가 끊임없는 연습을 통해 얻어진 능력으로 자신의 손재주를 계속 강화시킨다고 결론지었다.

'서번트 신드롬의 필수적인 증상은 첫째 낮은 수준의 인지 능력, 둘째 강력한 연습과 자극, 셋째 특별한 재능을 유지하고 발달시키기 위한 강화, 넷째 지능 수행의 특이한 패턴 등을 포함하는데 A는 이런 요소들을 두루 갖춘 흔치 않은 인물이다.'

호프만 박사의 관점이 서번트가 갖고 있는 외부적 요인에 초점을 맞춘 것이라면, T. L. 브링크 박사는 내부적 환경이 서번트에게 지대한 영향을 끼친다고 주장하며 반대 이론을 펼쳤다. 브링크 박사가 주장한 내부적 요인에는 병인(病因), 우뇌와 좌뇌의 부조화 등이 포함된다. 이 이론은 나중에 자세히 소개될 것이다.

그런 측면에서 Z는 무척 흥미로운 대상인데, 왜냐하면 브링크 박사의 이론대로 뇌 손상을 비롯한 특별한 병인으로 인해 얻어진 서번트 신드롬이기 때문이다.

Z는 8남매 중 넷째로 태어났다. 그의 탄생과 어린 시절은 보통 지능을 가진 어린이처럼 보였다. 일곱 살에 일반학교에 들어갔고 다른 아이들처럼 순조롭게 성장했다. Z의 아버지는 집안의 물품을 손수 디자인하고 조립할 만큼 손재주가 있어서 어떤 기계든 만질 수 있었다.

그런데 Z가 아홉 살이었을 때 아버지가 강도에 의해 피살되는 비극을 당했고, 이 과정에서 Z도 큰 상처를 입었다. 총알이 Z의 머리 왼쪽 관자놀이에서 머리 뒤쪽으로 관통하는 사고가 발생했던 것이다. 그로부터 2년 동안 Z는 말을 하지도 듣지도 못했고 왼쪽이 완전히 마비되었다.

하지만 차츰 청각과 사지의 감각을 회복했고, 언어 기능도 조금씩 정상화되었다. 그러나 문제가 발생했다. Z가 다시 말을 하기 시작했을 때 자신이 태어난 곳의 사투리를 완전히 잊어버린 것은 물론 어떻게 읽고 쓰고 계산하는지도 잊어버린 것이었다.

그는 알파벳부터 다시 배워야 했고 글을 쓰는 법도 다시 익혀야 했다. 그는 이미 쓴 글은 똑같이 베낄 수 있었지만 단어를 완성하거나 따라 쓸 견본 없이는 자기 이름을 쓰지 못했다. 말을 할 때 다음 단어를 찾는 데는 긴 침묵을 요했고, 그것도 단답형의 간단한 질문에 한해서였다.

그 뒤 Z는 오른쪽 근육이 발달하면서 신체적인 감각이 왼쪽보다 형편없음에도 자전거 타는 법을 배웠다. 목공일과 기계 다루는 솜씨도 훌륭했고, 자전거를 분해했다 다시 조립할 수 있었으며 그림을 정확하게 모사하는 일도 가능했다. 브링크 박사는 이렇게 덧붙이고 있다.

"Z의 특이한 손재주가 손상되지 않은 우뇌반구의 힘과 강력한 동기, 충분한 연습과 강화에 의한 것임은 두 말할 필요가 없다. 이런 능력은 좌뇌반구의 손상이 우뇌반구의 발달을 촉발시킨다는 이론을 강력히 뒷받침한다."

초감각적인 직관

버나드 림랜드 박사는 자폐증과 서번트 능력을 동시에 가진 사람들에게서 초감각적인 직관력을 소유한 몇 가지 케이스를 소개한 바 있다. 림랜드 박사가 연구한 약 5,400명의 샘플에서 10% 정도의 사람이 이런 특별한 능력을 갖고 있었는데, 그런 아이를 둔 부모들은 이렇게 말했다.

'우리 아이에겐 마치 심령술사와도 같이 미래를 예측하는 능력이 있답니다. 예를 들어 우리가 아무 예고 없이 아이를 픽업하기 위해 학교에 가면, 아이는 벌써 교사에게 자기를 데리러 오고 있다고 말하고는 우리가 도착하기도 전에 문을 열고 나오곤 해요. 그런데도 우리 아이는 이름조차 쓰지 못하고 숫자 개념도 전무합니다."

한 부모는 자신의 아이가 청력의 범위 밖에서 들리는 대화를 들을 수 있고, 다른 사람이 미처 말하지 않은 생각까지 미리 알아서 맞추는 괴력을 보인다고 말하기도 했다. 이를 림랜드 박사는 '초감각적인 직관'이라고 칭했다.

사실 서번트의 세계에서 이런 식의 초감각적 직관은 수없이 보고되고 있다. 나중에 소개될 청각장애 음악천재인 엘렌도 특이한 직관력을 갖고 있다. 그 중 하나는 탁월한 청각으로, 예를 들어 스쿨버스가 집 앞에 와서 짧게 경적을 울리면 그 소리만 듣고도 그 버스가 새 자동차라는 사실을 알아차릴 수 있었다.

엘렌의 또 다른 능력은 설명하기가 다소 어렵다. 크리스마스 일주일 전에 자기가 받을 선물이 무엇인지 형제들에게 말했던 것이다. 부모로부터 어떠한 언질도 받지 않은 상태에서 일주일 후에 받게 될 선물을 알아맞힌다는 것은 요컨대 부모의 의중을 꿰뚫고 있다는 것이 된다.

엘렌은 시간에 대해서도 불가사의한 감각을 갖고 있었다. 시계를 보지 않고도 항상 정확한 시간을 말할 수 있는데, 예를 들어 TV에서 낮 12시를 알리는 방송이 나온 후에 한참 동안 다른 일을 하다가 그 시점이 몇 시 몇 분인지 정확히 알아맞힐 수 있었다.

"12시로부터 159분 59초가 지났으니까, 지금은 오후 2시야."

그 시간 동안 엘렌은 시계라곤 없는 곳에서 다른 일에 몰두하고 있었기 때문에 그녀가 어떻게 시간의 변화를 감지했는지를 설명할 길이 없었다.

그런가 하면 지도책을 통째로 암기하는 사례도 있다. 1985년에 내가 음악천재인 레슬리 렘키와 시카고방송의 라디오쇼에 출연했을 때, 방송국은 지도책을 암기하는 서번트도 함께 초빙했다. 매우 심한 자폐증상을 보이는 열여덟 살 소년이었는데 그는 미국의 모든 고속도로와 각 인터체인지에서 이어지는 도시, 거기까지의 거리와 운전 가능시간 등을 외우고 있었다.

이 소년이 「오프라 윈프리 쇼」에 출연했을 때의 일이다. 오프라 윈프리가 그에게 시카고 시에서 북캐롤라이나 주 샬롯트 시까지 가려면 어떻게 가야 하느냐고 물었다.

그러자 이 소년은 시카고 다운타운에서 여러 고속도로를 따라 목적지에 이르는 길을 자세히 설명했다. 소년은 심지어 어느 지점에서 회전을 해야 하는지(인디애나 주 게리 방향 90번 도로에서 루이빌까지 가는 오른쪽 65번 도로로 접어들어 우회전하라)를 설명했는데, 모든 설명은 30초 이내에 끝났다. 오프라 윈프리가 다시 물었다.

"당신은 어떻게 그것을 자세히 알고 있나요?"

이 물음에 소년은 자세한 답을 하지 못했다. 왜 하필 그 분야의 지식인가? 왜 어떤 서번트는 지도에 집착하고 다른 서번트는 날짜 계산에 애착을 갖고 있는가? 그들이 전화번호나 역사적 사실에 집착하는 이유는 무엇인가? 누군가 이렇게 묻는다면 지금으로선 우리들 모두가 풀어야 할 숙제라는 대답밖에는 달리 할 말이 없다.

우리들 중의 천재

인간의 모든 재능 중에서 서번트들의 재능이 극히 제한된 범위 안에서만 일어나고 있다는 사실은 무척 놀라운 일이다. 분명한 것은 그들의 뇌 활동 안에서 어떤 특정한 연결고리가 존재할 것이라는 확신이다.

A에서 Z까지 각 서번트들에게서 나타난 재능을 포함하여 지금까지 설명한 모든 케이스들을 종합해보면 우리는 그들에 대해 보다 체계적으로 다가설 수 있는 방안이 무엇인지 고민하게 된다.

서번트들이 '우리들 중의 천재'라는 사실에 이의를 제기하는 사람은 없을 것이다. 그들은 자신의 재능인 그림이나 음악, 조각 등으로 세상을 밝혔고 그런 능력을 통해 정상적인 우리에게도 다음과 같은 가르침을 주고 있다.

위대한 재능이 불치의 질병과 함께 나타날 수도 있다는 것, 장점을 부각하는 일이야말로 단점을 체념하거나 짓누르는 일보다 훨씬 더 중요하다는 것, 선입관을 버리고 그들에 대한 믿음을 갖는 일이 중요하다는 사실, 그리고 그들에 대한 무조건적인 사랑이 그들이 처한 불리한 상황에 대한 강력한 치유력을 지녔다는 것……. 따라서 결론은 이렇다.

'만약 우리가 그들을 더 잘 이해할 수 있다면, 우리는 우리 스스로를 더 잘 이해할 수 있을 것이다.'

이 책의 3부에서는 그 모든 가능성을 탐색해볼 것이다. 그러기 전에 나는 현재 생존해 있는 3명의 서번트들을 좀 더 자세하게 소개하고 싶다. 레슬리 렘키, 엘렌 보드로, 알론조 클레먼스가 그들로 나는 그들을 서번트적인 측면보다는 인간적인 측면에서 더 가까이 접근하고자 한다.

제2부

이상한 천재들의 초상화

8장

레슬리 렘키

레슬리의 집 현관 앞에 있는 우편함에는 커다란 빨간 활이 걸려 있었다. 나는 전날 저녁에 레슬리의 어머니인 메이 렘키 여사에게 전화를 걸어 다음날 방문하고 싶다고 말했었다. 내게 길을 알려주면서, 그녀는 우편함에 커다란 빨간 활이 걸려 있기 때문에 절대로 집을 못 찾는 일은 없을 것이라고 안심시켰다.

페워키 호숫가에 있는 레슬리의 집은 작고 수수했다. 레슬리는 한때는 현관이었지만 지금은 음악실로 개조된 방의 자기 의자에 앉은 채로 나를 맞았다. 메이 여사가 나를 소개하자 레슬리가 내 이름을 조용히 따라 불렀는데, 단지 그것뿐이었다.

메이 여사가 레슬리가 나를 위해 무엇인가를 해주고 싶어 한다고 말하자, 그가 기다렸다는 듯이 의자에서 피아노로 옮겨 앉았다. 피아노 연주는 곧바로 시작되었다.

나는 그 곡이 무엇인지는 잊었지만, 그 때 그 순간의 느낌만은 선명하게 기억하고 있다. 놀라움, 경외심, 감동이 내 가슴에 휘몰아쳤기 때문이다. 몇 년이 지난 지금도 그 순간의 느낌은 사라지지 않는 화인(火印)처럼 내 기억 안에 자리 잡고 있다.

레슬리는 청각장애, 정신지체, 뇌성마비 등 3가지 장애를 동시에 지닌 서번트였다. 그렇지만 내 앞에서 연주에 몰두하는 모습은 마치 수천 명의 관중 앞에서 연주하는 콘서트라 해도 손색이 없을 만큼 열정적이었다.

많은 곡들이 계속 이어졌다. 찬송가, 협주곡, 아리아, 유명한 대중음악까지 장르를 넘나드는 그의 음악은 끝을 몰랐다. 몇 곡의 피아노 연주 뒤에 이번에는 유명가수의 모창도 이어졌다. 어떤 곡은 영어로, 어떤 곡은 독일어로, 때로는 그리스어로도 불렀다.

그를 직접 만나기 전에 보았던 비디오테이프는 분명 그의 모습과 소리를 담고 있었지만, 그의 영혼과 믿지 못할 장애와 천재성이 혼재하는 존재감은 담지 못했음을 알 수 있었다.

레슬리가 어딘가에 말없이 앉아 있을 때는 느리고 구부정한 모습이지만 피아노를 연주할 때만큼은 너무나 생동감 있고 활기찼다. 메이 여사는 레슬리가 현재 사용하고 있는 피아노가 바뀐 지 세 번째인가 네 번째인가 된다고 했다. 너무도 열정적으로 건반을 두드리기 때문에 다른 사람보다 더 자주 교체할 수밖에 없었던 것이다. 그만큼 피아노는 소모품과도 같이 그의 몸속으로 파고든다는 뜻일까?

그는 건반을 아주 세게, 그리고 아주 오랫동안 두드리며 연주하기 때문에 음악이 전반적으로 굉음을 내는 것 같다. 그리고 한 곡이 끝나자마자 갑작스럽게 다른 곡으로 이어지기 때문에 피아노 자체도 휴식을 몰랐다.

레퍼토리는 다양하지만 레슬리는 결코 자발적으로 이 곡에서 저 곡을 연속해서 연주하지는 않았다. 그는 마치 외부로부터 단서를 얻어야만 연주에 임하는 로봇 같았는데 메이 여사가 주로 이 단서를 제공했다.

한 사람의 관객만을 위한 작은 콘서트가 끝나자 레슬리는 다시 조용해졌다. 마치 이 집을 둘러싸고 있는 호수와 이웃들이 이 놀라운 저녁 공연의 청중인 것만 같았다.

거의 매일 저녁, 이 집에서는 그의 음악성을 알아주는 청중들을 위한 콘서트가 열린다. 청중은 바로 레슬리의 아버지와 메이 여사였다. 때때로 나와 같은 방문객이 청중으로 합류하지만 집안에서는 늘 이렇게 단출한 청중만이 그를 지켜보았다. 하지만 레슬리에게 청중의 숫자가 그리 중요한 것 같지는 않았다. 그것은 매일매일 반복되는 연습이자 생명의 확인과도 같은 거룩한 의식이었다.

내가 그동안 만나본 서번트 중에서 가장 뛰어난 존재라고 말해도 전혀 손색이 없는 레슬리는 1952년 1월 31일 밀워키에서 조숙아로 태어났다. 태어나서 한 달 동안 밀워키카운티의 한 병원에서 생활했는데, 그때 이미 부모는 아이가 앞을 보지 못한다는 사실을 알고 있었다. 조숙아로 태어난 레슬리에게 후수정체 섬유증식증이라는 잔인한 질병이 엄습했던 것이다.

생후 6주가 되었을 때, 레슬리는 한 여성과 운명적으로 만나게 된다. 메이라는 이름의, 당시 나이 52세 된 간호사였다. 그녀는 그때 이미 장애아들에게 쏟는 헌신적인 사랑으로 밀워키에서 평판이 자자한 여성이었다.

밀워키카운티 사회복지부의 추천으로 레슬리를 처음 만나게 된 메이는 추호의 망설임도 없이 청각장애아이자 시각장애아이며 정신지체아인 레슬리에게 영감과 용기를 주는 스승이자 치료사가 되기로 결심했다.

메이 여사는 레슬리에게 있어 헬렌 켈러에게 맨스필드 설리번 선생과도 같은 존재였다. 메이의 무조건적인 사랑과 적극적인 관심에 힘입어 레슬리는 세 살 무렵부터 앉거나 기어 다니기 시작했다.

그러나 그때까지도 레슬리를 방문하여 치료하던 의사는 이 아이가 뭔가 흥얼거리고 움직일 수는 있어도 무엇인가에 지나치게 몰두하고 타인에게 냉담한 모습을 보이는 것으로 보아 전형적인 자폐증상이라고 단정 지으면서, 불행한 일이지만 레슬리가 정신지체 중에서도 최하의 상태를 벗어나지 못할 수도 있다고 말했다.

레슬리는 반향언어증도 갖고 있었는데, 이런 습관은 유년시절 내내 고쳐지지 않았다. 메이 여사의 딸인 메리 라슨은 레슬리의 어린 시절을 똑똑히 기억하고 있다. 그녀는 레슬리가 무척 왜소한 체격이었으며 울거나 움직이거나 심지어 음식물을 씹는 일조차 힘들어했다고 기억했다.

하지만 메이 여사는 강력한 믿음으로 그를 보살폈고, 레슬리가 강하게 자랄 수 있도록 자신의 모든 것을 바쳤다. 이런 노력에 힘입어 레슬리는 다섯 살 무렵이 되었을 때 조금씩 걷기 시작했다. 레슬리는 자발적으로 말을 하지는 않았지만 하루 동안 누군가와 나눈 대화를 똑같이 반복하고 남녀 목소리의 높낮이를 이용해 상대방의 말을 똑같이 흉내 내는 이상한 버릇이 있었다. 이는 소리에 대해 애착이 있음을 말해주는 것으로, 메이 여사는 바로 이 점을 주목하기 시작했다.

어느 날 저녁 레슬리가 침대 밑에서 발견되었는데, 침대 스프링을 마치 악기마냥 리듬 있게 두드리고 있었다. 그 무렵 레슬리는 혼자 흥얼흥얼 노래를 부르거나 어른들이 하는 기도를 흉내 내어 자기만의 기도로 표현할 수도 있었다.

그러나 의사들은 여전히 레슬리에게 뭔가 다른 점이 있다는 사실을 발견하지 못했다. 어휘력은 많이 좋아졌지만 그의 대화가 반복적이라는 사실을 문제 삼았다. 어눌한 어투로 남의 말을 반복하는 태도가 정신지체를 나타내는 전형적인 증거이기 때문에 더욱 그랬다.

나이가 들면서 레슬리는 혼자 걸어서 의사를 찾아갈 수 있게 되었는데, 언젠가부터 병원에서건 집에서건 지칠 줄 모르는 활동력을 보였다. 과도한 적극성이 자폐아들에게서 나타나는 대표적인 증상임을 감안하더라도 그런 태도에 의사들은 여전히 고개를 갸웃거렸다.

여덟 살 때 레슬리는 최초로 피아노를 갖게 되었다. 메이 여사는 건반 위에 레슬리의 손가락 하나하나를 위아래로 일일이 놀리도록 해서 선율을 깨닫도록 했는데 처음 연주를 배우는 단계에서는 매우 더뎠다.

그러다 레슬리는 음악을 듣고(악보를 보지 않고) 메이 여사와 함께 연주하게 되었다. 레슬리가 연주를 할 때 메이 여사는 노래를 불러 음감이 떨어지지 않도록 했다. 아홉 살 때부터는 피아노 말고 다른 악기도 연주하게 되었는데 봉고, 드럼, 실로폰, 아코디언 등이 여기에 포함되었다.

이 무렵, 레슬리는 의사 앞에서 노래를 부르기도 하고 음악에 맞춰 혀로 비트박스를 만들거나 록큰롤 음악을 선보이기도 했다. 그러나 불과 1년 뒤에, 레슬리는 여전한 반향언어증과 따라하기를 제외하고는 제대로 된 대화 방식을 채택하지 못한다는 진단을 받았다. 그는 옷을 입는데도 남의 도움이 필요했다. 도구를 사용해서 먹어야 하는 어떤 음식도 혼자서는 먹지 못했다.

하지만 열두 살이 되었을 때, 그의 피아노 연주와 노래는 이미 어떤 경지를 넘어서고 있었다. 메리 여사는 그 당시의 레슬리의 뛰어난 소프라노 목소리를 녹음하지 않은 걸 후회했다. 아마 녹음을 했다면 그 테이프는 보물이 되었을 것이라고 메이 여사는 말했다.

레슬리는 특히 컨트리음악을 좋아했다. 영화 「배트맨」의 주제곡은 그의 18번이었고, 그것을 프로처럼 연주할 수 있었다. 그는 독특한 자세로 앉아서 몇 시간이라도 음반이나 라디오를 듣곤 했는데, 한 번 음악에 몰두하면 누가 옆에서 불러도 알아듣지 못했다.

열네 살이던 해의 어느 저녁에 레슬리가 혼자 TV 영화를 보았다. 당시는 메이 여사가 레슬리의 아버지와 재혼하여 어머니가 되었는데 그들은 TV에 빠진 레슬리를 그냥 놔두고 잠자리에 들었다. 그런데 새벽 3시경, 아들이 텔레비전을 켠 채로 잠을 잔다고 생각한 메이 여사가 잠에서 깼다. 그녀가 거실로 확인하러 나갔을 때 과연 레슬리는 여전히 거기에 있었다. 그렇지만 TV가 아니라 피아노 의자에 앉아 있었다.

잠시 후, 메이 여사는 레슬리가 차이코프스키의 피아노 협주곡을 완벽하게 연주하는 광경을 넋을 잃고 바라보았다. 그 곡은 레슬리가 지난밤에 본 TV 영화의 주제곡이었다. 레슬리가 그 곡을 연주하는 데는 영화 속에서 단 한 번 들은 것만으로 충분했던 것이다.

그로부터 8년이 지난 1974년, 이제 스물두 살 청년이 된 레슬리는 워키

샤카운티에서 열린 어느 바자회에서 처음으로 공개적인 콘서트를 열었다. 여기서 그는 찬송가를 부르고, 피아노를 연주하고, 루이 암스트롱의 노래를 모창 했다. 이튿날 신문들은 '믿을 수 없다' 는 반응 일색이었다. 한 신문은 레슬리의 콘서트 광경을 이렇게 소개했다.

'워키샤카운티 바자회에 참석했던 시민들은 놀라움으로 머리를 흔들었고, 그가 찬송가를 부를 때는 저마다 눈물을 훔쳤다. 그들의 입에서는 똑같은 말이 쏟아졌다. 모든 것이 아름답다!'

내가 그를 처음 만났을 때는 그로부터 6년 뒤인 1980년이었다. 당시 그는 퐁듀랙카운티 수양부모회에서 개최하는 콘서트에 참석했는데, 이 무대는 그에게 있어 화려한 텔레비전 데뷔였고 동시에 국제 언론 데뷔이기도 했다. 이 무대를 소개한 월터 크롱카이트의 CBS 저녁뉴스는 이렇게 전했다.

"그 콘서트는 한 젊은이와 피아노에 얽힌 기적에 관한 이야기다!"

이때부터 미국 전역의 TV 방송국들이 그를 취재해서 뉴스거리로 보도하거나 다큐멘터리로 만들어 방송했다. 이를 계기로 레슬리는 전국적인 유명인사가 되었고 메이 여사의 집에는 엄청난 양의 편지가 쇄도했다.

레슬리가 TV쇼 「도나후는 믿을 수 없는 것을 보았다」라는 프로에 출연한 것은 1983년 2월이었다. 그날, 사회자인 필 도나후는 그리스 출신 가수에게 모국어로 노래를 부르게 하고는 레슬리에게 재현할 수 있겠느냐고 물었다. 그 노래를 이전에 한 번도 들은 적이 없음에도 레슬리는 자신의 절대음감을 이용해서 그 곡을 피아노 연주곡으로 바꿨을 뿐만 아니라 방금 들었던 그리스어로 완벽하게 재현해냈다.

"어쩌면 그렇게 할 수 있을까?"

방송을 본 시청자들의 반응은 한결같았다. 정신지체자가 어떻게 저런 놀라운 능력을 발휘할 수 있단 말인가? 그 뒤로도 샌디에이고, 시카고, 뉴욕 등 많은 도시의 TV 또는 라디오방송에 때로는 혼자, 때로는 다른 서번트들과 함께 출연했는데 그때마다 시청자들의 반응은 똑같았다. 모든 것이 놀랍고, 모든 것이 아름답다! 미국 최고의 시청률을 자랑하는 「60분」이라는 TV 프로에 출연했을 때도, 노르웨이로 건너가 해롤드 왕자를 위한 공연을 열었을 때도, 사람들의 경탄은 그치지 않았다.

　노르웨이에서는 한 저명한 피아니스트가 레슬리의 피아노 연주 실력에 놀라워하며 그리그의 명곡인 「봄을 향하여」를 연주하면서 마지막 부분에 의도적인 실수를 했다. 과연 레슬리가 상상을 불허하는 암기력으로 이 곡을 연주하는지 알아보기 위해서였다.

　그러나 레슬리는 그 복잡한 곡을 단 한 번만 듣고도 어렵지 않게 연주했을 뿐만 아니라 그의 의도적인 실수까지도 그대로 재현했다. 그것만이 아니었다. 45분 정도의 오페라 테이프를 단 한 번 듣고는 이 곡을 피아노곡으로 변환시켜 연주하고, 방금 들었던 이탈리아어로 다시 부르기도 했다.

　음악을 재생하는 것 이상으로 레슬리는 뭐든지 외울 수 있는 것은 모조리 외웠다. 심지어 수많은 TV광고와 아나운서의 음성을 강조 부분까지도 모방할 수 있었고 기억하고 싶은 전화번호라면 모조리 암기했다.

　한번은 유명 연주가가 레슬리의 진짜 실력을 알아보기 위해 듀엣 곡을 함께 연주하자고 했다. 연주가는 레슬리가 연주할 부분을 먼저 들려주고는, 레슬리가 방금 전에 배운 부분을 연주하는 동안 자신의 부분을 연주했는데 너무도 완벽한 화음을 이루었다.

레슬리가 연주하는 곡목을 보면 그의 레퍼토리와 음악 능력, 그리고 재능의 범위에 대한 특징을 보여준다. 1986년 4월 29일, 그는 위스콘신 주에서 열린 콘서트에서 다음과 같은 곡목을 연주하고 노래했다.

1. Rhapsody in Blue

2. How Great Thou Art

3. Amazing Grace

4. 성대모사 – Louie Amstrong & Jeanette McDonald

5. The Old Rugged Cross

6. Jesus, There's Something About That Name

7. I've Never Been So Homesick Before

8. The Lord's Prayer

9. Doe a Deer(영화 「사운드 오브 뮤직」 중에서)

10. Mississippi Hotdog

11. Where is Love?

12. The Clown

13. The Entertainer

14. Bridge Over Troubled Waters

15. The Rose

16. What a Friend We Have in Jesus

17. Everybody Loves Somebody Sometime

18. The Twenty-Third Psalm

하지만 레슬리의 진짜 능력은 흉내와 반복에만 그치지 않는다는 데 있었다. 레슬리는 어떤 곡을 자신이 좋아하는 스타일로 편곡하여 들려주는 일도 막힘없이 해냈던 것이다.

1985년, 노인성 치매증상에 시달리던 메이 여사가 맏딸과 함께 위스콘신 주 위너베이고로 이사하자 레슬리는 메이 여사의 막내딸인 메리 라슨의 집으로 이사했다. 레슬리의 아버지는 그로부터 2년 뒤인 1987년에 사망했다.

레슬리는 오랜 세월 함께 해온 메이 여사 없이도 아무런 어려움 없이 변화에 적응했다. 메이 여사와 떨어져 살게 되면서 연주를 그만두지나 않을까 하는 우려가 있었지만(시작장애자였던 톰이 후견인인 베툰 대령의 사망과 함께 재능을 잃은 것처럼) 그런 일은 일어나지 않았다.

메리 라슨은 어머니인 메이 여사가 그랬던 것처럼 부드럽고 사랑스럽게 레슬리를 돌봐줬고 그 덕분에 레슬리는 자신의 능력을 계속 유지할 수 있었다.

내가 그를 처음 만났을 때보다 지금은 많이 달라 보인다. 병원에 입원한 환자들처럼 까까머리가 아니라 머리도 잘 다듬었고 수염도 말끔하게 정리했다. 게다가 상당히 날씬해졌고, 콘서트에서는 때로 말쑥하고 멋진 정장도 입는다. 지금은 식사 때 포크와 숟가락을 사용한다.

그의 즉흥 연주는 인상적이고 감동적이지만 메리 라슨은 그가 지난 번 콘서트에서는 창작곡인 '알핀의 농장에서'와 '엄마는 청소 중'이라는 곡을 발표했다고 자랑했다. 창작곡은 비록 완벽한 수준은 아니지만, 분명 창조의 산물이기에 가치가 있었다.

그는 얼마 전부터 피아노 외에도 호흡 조절을 필요로 하는 하모니카 연주에 빠지게 되었고 손가락의 민첩함을 요구하는 아코디언도 연주하기 시작했다. 이제는 단순히 말을 반복하는 수준에서 점점 자연스러운 의사 표현을 하게 되었다.

음악적 재능이 확장됨에 따라 찾아오는 암기력의 교환은 나타나지 않았다. 나디아의 경우와는 달리 레슬리는 사회적 재능을 함께 발전시키고 있는 것이다. 서번트의 언어 능력이 교환되지 않은 이 사례는 나디아에게 일어났던 교환에 특별히 다른 이유가 있음을 반증한다.

레슬리는 해외뿐 아니라 교회와 사회복지회, 학교, 병원, 교도소에서 규칙적으로 콘서트를 열고 있다. 메리 라슨은 레슬리가 이뤄낸 기적이 남들과 공유되어야 한다는 생각에서 대부분의 공연을 무료로 진행하기 때문에 수익은 거의 없다. 대신 메리 라슨은 레슬리의 재능을 공유하기 위한 사절단으로 '사랑의 성직자의 기적'이란 단체를 세웠다. 이 단체는 위스콘신주 알핀에서 저예산으로 수수하게 임무를 수행하고 있다.

레슬리는 평생의 스승이자 어머니인 메이 여사의 건강이 허락될 때마다 가끔씩 만난다. 메리 라슨은 어머니에게 레슬리를 요양원이나 병원에 보내는 일은 없을 것이라고 맹세했는데, 그 약속은 영원히 지켜질 것이다.

메이 여사는 자신의 노인성 치매 증상의 진행은 감지하지 못해도 레슬리를 결코 잊지 않았다. 레슬리의 연주와 노래가 기억을 되살려 주는 듯하다. 허약한 메이 여사와 작은 체구의 레슬리가 만나는 장면은 매우 감동적이다. 메이 여사가 레슬리의 이름을 말할 때와 그의 연주를 들을 때는, 내가 그들의 집을 방문했을 때 보았던 커다랗고 빨간 활이 걸려 있는 우편

함처럼 얼굴에 화색이 돈다. 레슬리는 여전히 메이의 아들인 것이다.

1986년 8월, 레슬리는 위스콘신 주 매쉬필드에 있는 매쉬필드클리닉에서 루이스 파섹 박사가 진행하는 종합검사를 받았다. 이 검사에서 그의 두개골 왼편의 전두, 측두, 두정 부분이 비대칭적이고 평평한 이상 징후가 발견되었다. 사실 그의 얼굴은 오른쪽보다 왼쪽이 살짝 작은 비대칭적인 모습인데 그것은 척추측만증(脊椎側彎症 : 척추가 비틀어지면서 옆으로 구부러지는 질병)의 결과로 보인다.

신장은 164cm, 체중은 53kg이었다. 비교적 정상적인 체격이지만 왼쪽 다리가 오른쪽보다 약 4cm 정도 짧고, 왼쪽 무릎에 근육의 연축(攣縮)이 있었다. 연축이란 근육이 자극을 받으면 흥분해서 수축하다가 곧 이완되는 현상으로, 레슬리의 경우 이것은 비대칭적인 체형의 부산물로 보인다. 왼쪽 다리가 짧아진 것은 엉덩이의 불완전 탈구 결과이다.

신경정신병학적 평가는 비교적 좋았다. 자기에게 주어지는 거의 모든 말을 그대로 반복하는 반향언어증이 있지만 간단한 요구를 실행에 옮길 수 있었다. 실험자와의 교감을 나누려는 등 사회성도 그리 나쁘지는 않았다.

흥미로운 점은 동물 이름 암기 테스트에서 전체적인 능력이 7, 8세 수준을 보였다는 점이다. 이는 음악 분야에서의 경악할 만한 암기력에 비한다면 터무니없는 수준이었다.

동물 이름 암기 테스트는 실험자가 제시하는 10개의 동물을 보고나서, 그 동물들을 일일이 기억해내는 방법으로 진행되었다. 처음에는 아무런 단서도 제공되지 않고 답을 말하라고 요구받았지만 여기서 답을 말하지 못하자 실험자가 '당신은 목록에서 개를 본 것을 기억합니까?' 같은 질문

을 던졌다. 이때 레슬리는 목록에 없는 다른 동물의 이름을 대는 등 두서
없는 행동을 했다.

개정된 웨슬러 지능검사(WAIS-R)에서 그의 지능은 분명한 정신지체가
있다고 평가되었다(언어영역 IQ 58). 수행 IQ는 측정되지 않았는데, 이유
는 이 테스트는 시력이 좋아야 하기 때문이다.

WAIS-R의 언어 테스트 부문은 6개의 질문을 사용했다. 정보(다양한
수준의 29개 질문), 수자리(9자릿수가 앞뒤로 반복), 어휘(여러 수준의 40
개의 단어가 앞뒤로 반복), 계산력(여러 수준의 11문제), 이해력(상식적인
수준의 10문제. 예를 들어 영화에서 누군가 '불이야' 하고 외치면 어떤 행
동을 취할 것인가 따위), 그리고 유사점(유사한 12쌍. 예를 들어 배와 바나
나가 얼마나 비슷한가 따위)이 포함되었다.

점수는 숫자로 표시되는데, 50%의 사람들이 7에서 13정도의 점수를 받
는다. 백분위 점수는 가장 높은 17에서 가장 낮은 0의 범위이다. 레슬리의
점수는 대부분 가장 낮은 범위에 위치하고 있었다.

정보부문=1, 수자리=7, 어휘력=1, 계산력=1, 이해력=2, 유사점=3이었
다. 이러한 수치는 음악에 대한 놀라운 능력에도 불구하고 레슬리가 여전
히 가장 낮은 수준의 정신지체자임을 말해 주는 것이었다.

뒤이어 스탠포드 비네 지능검사를 통해 언어 추론 능력을 시험한 결과,
수행 능력은 심각한 지체 범위로 측정되었고 단기간의 암기력 부문에서는
보통 수준으로 평가되었다.

그 다음 이어진 촉감 능력 테스트에서는, 피험자가 눈가리개를 하고 진
행되기 때문에(이 시험은 레슬리의 시각장애가 시험에 전혀 방해가 되지

않기 때문에) 비언어적 추론 능력을 측정할 수 있는 좋은 방법이었다. 이 테스트는 다양한 모양을 가진 10개의 나무 조각을 촉각만으로 모양을 느끼고 맞는 부분에 조각을 맞추는 과정을 거친다.

레슬리는 이 테스트에서 아무런 문제 해결 능력도 보이지 못했다. 실험자가 아무리 정답에 가까운 정보를 제공해도 전혀 응할 수가 없었다. 심지어 서로 맞는 조각을 손에 쥐어주어도 두 개의 연관성을 파악해내지 못했다. 이것으로 보아 레슬리에게 추론 능력이 결여되어 있음을 분명하게 알 수 있었다.

뇌전도 검사 결과, 뇌의 오른쪽 측두부는 물론이고 왼쪽 측두부에도 문제가 있음이 발견되었다. 특히 안와(眼窩)가 오래 전에 파열되었거나 선천적으로 파괴되었을 것으로 의심이 가는 기형이 드러났다.

왼쪽 전두부의 이마 부분 역시 똑같은 파열의 증거가 발견되었다. 의사들은 이런 파열이 왼쪽 전두엽(前頭葉 : 대뇌반구의 일부. 중심구보다 앞 부분으로, 기억력이나 사고력 같은 고등한 행동을 관장한다)에서 기인했을 것이라고 보았다.

게다가 전두부 안쪽에서 현저히 밀도가 낮은 부분도 보였다. 너비가 2cm, 깊이가 4cm, 높이가 4cm인 이 부분은 아주 오래 전에 혈관이 파괴되었거나 뇌종양 후유증으로 인한 뇌의 퇴화 현상이 있었음을 나타냈다.

뇌 손상도 발견되었는데, 레슬리에게 있어 이 문제는 매우 중요했다. 다음 장에서 뇌 손상에 대해 자세히 알아보겠지만, 레슬리의 경우 그것이 정신지체와 서번트 능력의 동시 발현을 불러왔으리라는 사실이 분명해 보이기 때문이다.

레슬리의 삶은 이런 치명적인 핸디캡을 딛고 일어섰다는 면에서도 특별하다. 다수의 책과 신문잡지에서 풀렌에서 레슬리까지의 서번트들의 특별한 삶을 다루려는 많은 시도가 있었다. 그 중에서 레슬리와 메이 여사의 삶을 그린 장편 TV 영화 「기적을 바란 여자」는 에미상을 4개 부문이나 수상하기도 했다.

하지만 레슬리에 관한 이야기를 가장 자세히, 그리고 가장 감동적으로 묘사한 작품은 1987년에 발표된 「천재의 섬」이라는 영화였다. 이 영화는 장 폴 사르트르의 명언인 '모든 인간은 과제를 가지고 태어난다' 는 독백으로 시작한다.

메이 여사에게 그 과제는 장애가 있는 연약한 아이를 그냥 죽게 내버려두는 게 아니었다. 그녀의 딸 메리 라슨에게 주어진 과제는 기적을 이루어내는 것이었고, 레슬리에게 주어진 과제는 장애를 딛고 일어나 자신이 갖고 있는 재능을 남들과 공유하는 것이었다.

레슬리는 아직도 자신의 한계를 완전히 넘어서지는 못했다. 넘어서기는커녕 여전히 정신지체의 수렁에 빠져 있다. 그러나 메리와 레슬리는 지금도 미국 전역을 순회하는 정규적인 공연을 하고, 최근에는 일본에서 26개 도시를 순회하는 공연을 마쳤다. 그의 레퍼토리는 수천 곡을 넘나드는데, 지금도 계속 증가하고 있다.

그는 점점 세련되어 가고 있고 타인과의 대화에 있어서도 더욱 자발적이 되어간다. 그는 자신이 하는 일을 사랑하고 멋지게 수행한다. 그리고 청중으로부터 듣는 칭찬과 박수소리를 즐긴다. 관객이 많든 적든, 특별한 사람이든 보통관객이든, 나이가 어리든 많든 상관없다. 아직도 자신의 한

계를 넘어서지 못했지만, 그는 오늘도 자기에게 주어진 과제에 도전하는
삶을 계속하고 있다.

9장

엘렌 보드로

엘렌 보드로는 처음 들은 음악은 그것이 아무리 길고 복잡한 곡이라도 즉시 암기할 정도로 뛰어난 기억력을 가진 음악 서번트이다. 그녀는 뮤지컬 '에비타'를 매우 사랑하는데, 전곡을 완벽하게 재현해낼 수 있다. 그녀는 또한 세계적인 바이올리니스트인 이차크 펄먼이 필라델피아 오케스트라와 협연하는 차이코프스키의 바이올린 협주곡을 사랑한다.

그녀는 바흐의 음악을 거의 본능적으로 이해하는 것 같다. 그녀는 기타 연주로 '러브 미 텐더'를 노래하고 연주할 수 있으며, '랩소디 인 블루'도 피아노로 연주할 수 있다. 그녀는 단 한 번 들은 음악은 그게 어떤 곡이라도 영원히 기억하고 어려움 없이 그 음악을 다시 끄집어낼 수 있다.

하지만 엘렌은 완전한 시각장애인이고, IQ는 50에도 미치지 못한다. 그럼에도 스물아홉 살 때는 미뉴에트 형식으로 된 록큰롤 음악을 즉흥 연주했는데, 이와는 반대로 록큰롤을 미뉴에트 형식으로 연주할 수도 있었다.

엘렌은 1957년 8월에 아버지가 비행사로 일하던 공군부대 주둔 병원에서 열한 살, 열세 살짜리 언니를 둔 셋째로 태어났다. 엘렌은 2개월 반 정도 일찍 태어난 조숙아로 탄생 직후의 체중은 900g이었다. 태어나서 12일 동안 인큐베이터 안에서 산소 공급을 받았는데, 그 후에 후수정체 섬유증식증을 앓았고 결국 시각장애인이 되었다.

부모는 엘렌이 끝내 살아나지 못할 것이라고 여기고는 이름을 짓거나 옷을 사는 등의 일을 하지 않았다고 한다. 하지만 엘렌에게는 남다른 점이 있었다. 엄마에 의하면, 병원에 있을 때 어느 아기보다도 더 큰소리로 울었던 것이다. 엘렌은 결국 살아났고, 10주 후 퇴원했다.

엘렌의 성장은 무척 더뎠다. 그렇지만 생후 6개월째 되자 언니 낸시가 엄마에게 달려와 '아기가 노래하고 있어요' 라고 말했다. 엘렌의 머리맡에는 브람스의 자장가가 연주되는 유아용 놀이기구가 있었던 것이다. 엘렌이 그 노래를 따라 부른 것인지는 확실하지 않지만 자신만의 리듬으로 뭔가를 흥얼거리고 있는 건 분명했다.

엘렌은 밤새 자신의 침대에 가만히 있지를 못했다. 새벽 서너 시경에 깨어나면 혼자 있는 것을 무서워해서 침대를 빠져나와 다른 사람을 찾기 위해 복도를 방황했다. 그 방황은 대개 열세 살짜리 언니가 있는 방에서 끝나곤 했는데, 언니는 그때마다 어린 동생을 위해 방을 내주었다. 엘렌은 아침까지, 즉 라디오 방송이 시작되는 시간까지 그곳에서 지냈다.

그 시간 동안 언니는 엘렌에게 노래를 가르쳐주었다. 그로부터 25년이 지난 지금, 엘렌은 5,60년대 추억의 팝송 전부를 노래할 수 있을 뿐만 아니라 피아노와 기타로 완벽하게 연주할 수도 있다. 심지어 엘비스 프레슬리나 루이 암스트롱의 목소리를 모창 할 수도 있다. 유년시절 언니와 함께 들었던 그 시절의 팝송이 엘렌의 기억 속으로 스며든 것이다.

엘렌은 네 살이 되어서야 걸었지만, 걸음마를 시작하자마자 뛰어난 공간 감각이 함께 찾아왔다. 완전한 시각장애인인 엘렌은 약 2미터 정도 앞에 있는 사물, 벽, 울타리, 빌딩을 감지할 수 있었고 그것들을 향해 나아가 손을 얹겠다고 고집을 부리곤 했다.

엘렌은 어디가 카펫의 끝인지, 리놀륨은 어디서부터 시작하는지 기억하기 위해 맨발로 집안을 걸어 다녔다. 아버지는 엘렌이 어린 시절부터 숲속에 들어가면 본능적으로 나무를 감지하면서 자유자재로 걸어 다닐 수 있었다고 회고했다.

엘렌은 또한 같은 방에 있는 다른 사람의 존재를 예리하게 알아차렸다. 심지어 맨발로 카펫 위를 걸어 다니는 엄마도 자신의 존재를 숨기지는 못했다. 엘렌은 마치 자신만의 레이더를 작동시키듯이 예리한 촉감으로 길을 찾는 법도 배웠다.

다섯 살 무렵의 엘렌은 심각한 수준으로 활동적이 되어 한시도 가만히 있지 못했다. 집안의 모든 방을 빙글빙글 돌고, 선반과 장롱에서 물건을 꺼내 마구 헤쳐 놓기도 했다. 엘렌은 그 모든 것을 뜯고, 씹고, 냄새를 맡으려고 했다.

엘렌은 아빠의 물건을 좋아했는데, 그 중에서도 특히 금속으로 된 것을 좋아했다. 모든 금속과 나무로 된 물건을 두드리며 리듬을 만드는 것처럼 보이기도 했다. 엘렌은 금속이 내는 소리를 특히 좋아해서 지나가는 자동차를 두드리지 않고는 길을 계속 걸어갈 수 없을 정도였다.

다섯 살 때 지능검사를 받았는데 결과는 40정도였다. 엘렌은 질문에 대한 응답으로 소리를 낼 수는 있었지만 말로 표현하지 못하는 가장 낮은 수준의 지능을 가진 것으로 판명되었다. 테스트를 담당했던 의사는 소견서에 이렇게 적었다.

'엘렌은 매우 능숙하게 장애물을 피할 수 있을 만큼 뛰어난 공간 감각을 지녔고 매우 높은 수준의 촉각도 지녔지만, 이런 현상은 오히려 심각한 장애가 일어날 소지가 있음을 의미한다. 어느 한쪽의 심각한 상실의 대가로 얻어진 결과로 보이기 때문이다. 엘렌은 당장 입원해서 증상에 합당한 조치를 받아야 한다. 그것은 아이를 위해서도 그렇고, 부모와 형제를 위해서도 그렇다.'

1962년에 받은 신체검사에서, 양쪽 눈의 수정체가 불투명하고 홍채가 수정체에 붙어 고정된 것으로 드러났다. 하지만 뇌파검사를 비롯한 두뇌 엑스레이 결과는 정상이었다.

그 무렵, 엘렌의 부모는 미국 전역에서 엘렌을 받아 줄 학교를 찾기 시작했다. 단순히 졸업이 목표가 아니라 성인이 될 때까지 책임지는 교육을 원했던 것이다. 부모는 마침내 새크라멘토 근처에 있는 산 호안 특수학교에 좋은 프로그램이 있다는 사실을 알아냈고, 엘렌이 여덟 살 되던 해에 그곳으로 이사했다.

엘렌은 무엇보다도 먼저 언어 치료를 받기 시작했다. 당시 엘렌은 대화 능력이나 언어 표현력이 전혀 없었다. 그녀의 말은 그저 윙윙거리는 소리와 단편적인 단어를 뒤범벅 해놓거나 남의 말을 앵무새처럼 따라하는 수준이었다. 문장으로 연결된 말은 오직 자기가 아는 노래를 부를 때뿐이었다. 그런데 엘렌에 대한 언어 치료 과정이 그녀에게 엄청난 변화를 몰고 왔다.

'암기력은 엘렌이 지닌 가장 큰 장점 중 하나이다. 엘렌은 청각을 통해 들어오는 모든 정보를 100% 완벽하게 저장할 수 있다. 우리는 엘렌에게 말을 곧바로 따라하지 말고 잠시 기다리라고 가르쳤고, 기다리고 나서 그 정보를 모방해 보거나 복구하라고 했다. 그 결과, 엘렌은 점차 반향언어증을 극복하기 시작했다. 엘렌은 이렇게 어휘를 머리에 저장하는 방법을 배운 다음에 입 밖으로 나오는 알맞은 단어를 구사할 수 있게 되었다. 엘렌은 타인과 의미 있는 대화를 나누기 위한 노력을 게을리 하지 않았고, 지금은 그 목표를 어느 정도 이루었다.'

엘렌이 보이고 있는 언어구사 능력의 향상은 매우 인상적이다. 왜냐하면 나디아의 경우와는 달리 어떤 교환도 일어나지 않았기 때문이다.

엘렌의 음악적 소질과 암기력은 참으로 비상한데, 이미 언급했듯이 음악에 관한 엘렌의 관심은 어린 시절부터 시작되었다. 생후 6개월이 되었을 때 브람스의 자장가를 흥얼거리던 것이 처음이었다. 네 살 때 전자오르간의 선율을 따라하여 엄마를 놀라게 했고, 일곱 살 때부터 피아노를 배우기 시작하면서 음악이 본격적으로 엘렌으로부터 솟구쳤다.

엘렌은 지금 라디오나 스테레오에서 들리는 음악의 복잡한 화음과 멜로디를 완벽하게 분석하고 재구성할 수 있다. 뮤지컬 '에비타'의 오케스트라와 코러스 부분을 정확한 화음으로 피아노로 바꿔 연주할 수도 있다. 오랫동안 혼자 기타를 두드린 결과로 손가락이 만들어내는 멋진 화음을 알게 되었고, 끝내 전문 기타리스트 수준에 이르렀다.

비록 어머니가 음악에 관심이 있기는 하지만 엘렌의 가족 중에 음악에 뛰어난 재능을 가진 사람은 없었다. 고모가 교회 같은 공공장소에서 노래를 부른 적은 있지만 직업가수는 아니었다.

엘렌은 최근에는 즉흥 연주를 시작했는데, 이 또한 전문가들로부터 높은 평가를 받았다. 그렇게 뛰어나기는 하지만, 사실상 그녀의 음악은 모방에 불과하다는 단점이 있다. 재즈든 클래식이든, 어떤 형태로 듣든 자신이 들은 것을 그대로 재현해낼 수는 있지만 결코 창조적이지는 않다.

물론 그렇다고 해서 그녀의 음악적 재능이 저평가되는 것은 아니다. 왜냐하면 그것만으로도 보통사람을 훨씬 뛰어넘는 전문 연주자 수준이기 때문이다.

엘렌에게는 다른 특이한 점이 또 있다. 고차원적으로 발달한 시간관념이 그것이다. 여덟 살 때 전화기에 대한 두려움을 극복할 수 있도록 엄마가 자동적으로 시간을 말해주는 장난감을 사준 적이 있었다. 그 장난감에서는 시간을 말해주는 여성의 예쁜 목소리가 나왔다.

그런데 엘렌은 얼마 동안 그 소리를 잠자코 듣더니 자기 방에 돌아가 그 소리를 그대로 따라하는 것이었다. 그 다음부터 엘렌은 분과 초의 개념을 이해했고, 예를 들어 2시라면 '12시부터 119분 59초'가 지났다고 말하기 시작했다. 이때까지만 해도 엘렌은 시간의 개념을 전혀 알지 못했다는 면에서 이것은 또 하나의 불가사의였다.

사실 시간은 그녀의 삶을 구성하는 매우 중요한 부분이다. 매일 정확한 시간에 NBC 뉴스를 듣는다. 대통령의 주례연설도 정확한 시간에 맞춰 듣고, 밤 10시면 시작되는 케이블방송의 스페인어 교육도 빠지지 않는다. 심지어 미식축구나 프로야구 게임, 주식시장 뉴스, 기독교 원리주의자의 부흥방송을 듣기도 한다.

엘렌이 이 모든 프로그램에서 무엇을 이해하는지 알아내는 것은 불가능하다. 주의 깊게 듣긴 하지만 그런 주제에 대해 한 번도 토론한 적이 없기 때문이다. 탁월한 시간 감각이 먼저 오고 그것을 바탕으로 라디오와 TV를 보는 것인지, 아니면 프로그램 자체를 너무 좋아해서 방송 스케줄에 맞추는 것인지 답을 알 수가 없다.

한번은 어떤 사람들이 모차르트의 음악을 엘렌에게 들려주었다. 엘렌이 처음 듣는 곡이었다. 그들은 곡의 끝부분에서 멈추고 엘렌에게 처음부터 연주해보라고 했다. 엘렌은 기꺼이 연주했고, 정지된 부분 이후까지 마치 전체 곡을 다 들은 것처럼 연주해냈다. 곡의 전반적인 흐름을 이해하고 그것을 그대로 재현하는 능력은 음악을 지배하는 법칙을 완전히 소화하고 있다는 뜻이 된다.

엘렌의 부모는 오래 전에 일어났던 사건 하나를 소개했다. 이웃사람이 어린 엘렌을 지켜본 후에 이렇게 말했다.

"당신이 과거에 저지른 어떤 과오 때문에 하나님이 이런 방법으로 벌을 주신다는 사실을 알아야 합니다. 회개하십시오."

너무 잔인한 말이었지만, 엘렌의 아버지는 빙그레 웃었다.

"난 전혀 그렇게 생각하지 않습니다."

엘렌에 대한 부모의 무조건적인 사랑은 분명하고도 풍부하다. 재능이 있든 없든 엘렌은 분명 그들의 딸이고, 그것도 아주 자랑스러운 딸인 것이다.

엘렌은 심각한 시각장애인이고 IQ가 50에 불과한 정신지체자지만 누구보다 밝은 성격과 활동적인 성향을 가졌다. 그리고 무엇보다도 비상한 음악적 재능을 지녔다. 엘렌이 가진 특별함 중에서도 가장 특별한 것은 그녀가 드물게도 '여성 서번트'라는 점이다. 음악적 재능이 언어구사 능력과 교환되지 않았다는 점도 특별하다.

그녀의 리듬 감각은 분명 시간 감각과 조밀하게 연결되어 있는 것으로 보인다. 그것이 왜 어떻게 연결되어 있는지를 아는 일은 지금으로선 불가능하지만, 분명한 사실은 엘렌이 지금도 계속 발전하고 있다는 점이다.

엘렌은 서번트 신드롬을 연구하는 데 있어 귀중한 정보를 제공하는 존재이고, 그녀의 가족은 장애아를 자식으로 둔 부모가 아이를 위해 무엇을 해야 하는지를 가르쳐 주는 훌륭한 거울이다.

10장

알론조 클레먼스

1984년 5월은 알론조 클레먼스의 삶을 통틀어 가장 바쁜 달이었다. 그의 조각 작품이 워싱턴에서 열리는 장애인들을 위한 예술제에 출품되었고, 이를 계기로 백악관에 초대되어 대통령 부인 낸시 레이건 여사도 만났다. 물론 그 일정 안에는 TV쇼 출연, 언론사 인터뷰, 자선바자회 등이 줄을 이었다.

1986년 6월은 더 바빴다. 덴버의 퍼스트 인터스테이트 은행이 그가 만든 30개의 청동조각상 전시회를 후원했는데, 구름 인파가 전시회를 보러 전국 각지에서 몰려왔던 것이다.

그의 작품들은 거칠고 원시적인 스타일에서 부드럽고 우아한 스타일까지 다양하지만 한 가지 명백한 공통점을 갖고 있다. 뛰어난 시각예술의 진수를 보여준다는 점이다. 알론조는 이미 국제적인 명성을 얻은 조각가가 되었다. 드리스콜 갤러리에서 이루어진 그의 작품 경매에서는 350달러에서 3,000달러까지 다양한 가격으로 판매되었는데, 가장 높은 가격은 45,000달러였다.

그의 조각상이 이런 평가를 받는 것은 그가 가진 장애 때문이 아니다. 비평가들은 그가 이 시대를 대표하는 거장의 반열에 서도 손색이 없다고 말한다. 그만큼 그가 이뤄낸 예술적 경지는 정상적인 조각가들과 견주어도 손색이 없다는 것이다.

알론조는 내가 만난 서번트들 중에서 가장 신사적인 사람 중 하나이다. 그는 언제나 평온한 얼굴에 미소를 머금고 사람들을 대한다. 조각에의 열정 하나를 제외하고는 삶이 그에게 준 무거운 짐으로부터 무한히 자유로워 보인다.

그의 작품들은 대부분 동물이고, 그 중에서도 특히 말에 대한 집착이 유별나다. 그의 침대 옆 선반에는 말, 황소, 양, 개 등 각종 동물 조각상으로 가득하다.

그 중에는 레슬리 렘키를 위해 만든 작품도 있다. 레슬리가 노래를 부르는 비디오테이프를 보다가 문득 영감이 떠올라 만들게 되었다는 이 작품은 '당신이 내 삶을 밝게 비추었다오' 라는 제목의 망아지 조각품이다. 이들은 현재 서로의 재능을 통해 예술적 영감을 나누고 있다.

알론조는 기억을 더듬으며 조각을 한다. 동물원이든 책이든 TV에서든 어떤 동물을 흘끗 한 번 보고는 즉시 그 형체를 암기한다. 아주 짧은 시간 목격한 것에 지나지 않지만, 그는 그것을 정확하게 3차원의 예술작품으로 탄생시킨다. 하지만 그것이 단순한 모방품만은 아니다. 모든 섬유조직과 근육과 힘줄까지 표현함으로써 생생하게 살아 있는 듯한 모습을 연출해낸다.

알론조 클레먼스는 1956년에 태어났다. 어머니는 그가 정상적으로 태어나고 자란 아이였다고 말했다. 심지어 너무 빨리 배우고 행동했기 때문에 조숙한 아이로 여겨질 정도였다. 어머니는 알론조가 유아일 때는 손에 뭔가를 쥐면 절대로 놓지 않을 정도로 고집스러웠다고 회상했다.

그러나 세 살 때 이층에서 추락하는 사고를 당했고, 이때 뇌를 심하게 다쳤다. 그 뒤로 성장은 매우 더뎠고, 결국 형편없는 언어 발달 과정을 겪는 IQ 40의 정신지체아로 전락하고 말았다. 열두 살 때부터 특별교육을 받기 시작했지만 스무 살이 될 때까지 겨우 10까지 셀 정도였고, 돈에 대한 개념은 아예 없었다.

하지만 혼자서 음식을 먹거나 옷을 입고, 청소를 하고, 근처 농장에서 일손을 돕기 위해 버스를 탈 수는 있었다. 그곳에서 알론조는 마구간을 청소하는 잡일을 했다. 동물에 대한 집착은 이때부터 시작된 것으로 보이지만, 그가 강박적으로 조각에 매달린 것은 좀 더 세월을 거슬러 올라간다.

열두 살 때부터 그는 유난히 흙에 집착을 보였고, 흙으로 어떤 결과물을 만들어내는 일에 빠지곤 했다. 그는 차츰 능숙한 손과 손가락의 끊임없는 움직임을 통해 뛰어난 작품을 만들어냈다. 그의 손재주는 한 시간 안에 말과 고릴라, 황소 같은 동물들의 형상을 흙으로 빚을 수 있을 만큼 빨랐다.

그의 작업 과정은 특이하다. 먼저 조각의 처음 형태를 위해 흙을 손으로 반죽하고 편다. 그 다음 손가락으로 미세한 부분을 누르고, 주무르고, 확장하고, 축소한다. 이런 작업 과정상의 난점 때문에 큰 작품을 마무리하는 저녁에는 그의 손과 손가락은 어김없이 찢기고 닳는다.

그는 한 번 본 것을 송두리째 기억하고, 그 기억을 모델로 사용한다는 점에서 아주 특별한 조각가인 셈이다. 그는 절대 사진이나 다른 소도구를 이용해서 작품을 만들지 않는다. 기억에 의존하는 작품이기 때문에 그는 심지어 어둠 속에서도 만들 수 있다.

그에게는 3형제가 있는데 모두 정상이지만 예술적인 재능을 보이는 사람은 없다. 그의 재능과 극단적으로 대비되는 것은 그가 가진 언어장애이다. 그의 어휘력은 고작해야 수백 개의 단어로 제한적이고, 지금껏 반향언어증의 잔재가 남아 있다.

누군가 묻는다. 당신은 어떻게 조각을 할 수 있는가? 그러면 그는 대답한다. 손, 또는 신이 내게 주셨답니다. 이 간단한 대답은 기실은 그가 말할 수 있는 몇 안 되는 단어들 중 일부분이다.

말없이 작업할 때 그는 가장 편안해 보인다. 작업을 할 때 그의 입가엔 항상 미소가 머문다. 얼마나 많은 사람이 주위에 있든 상관없이 대단한 집중력을 보인다. 그는 자신의 작품에 대해 매우 자랑스러워하고, 작품에 대한 타인의 칭찬을 좋아한다.

알론조는 체계적인 교육을 받은 적이 없고, 아마 앞으로도 없을 것이다. 하지만 특별한 훈련 없이도 그는 자연스럽고도 극적인 발전을 거듭해 왔다. 그의 조각 작품들은 투박하지만 매우 정적이면서 동시에 생명감으로 가득하다. 이런 변화는 알론조가 단순히 TV나 사진을 통해서가 아니라 동물원에서 실제 동물을 본 후에 급속도로 찾아왔다.

그의 예술이 활기를 띨수록 알론조도 활기를 띠었다. 아직은 미미한 수준이지만 어휘력도 늘었다. 그가 매일 할 수 있는 레퍼토리(신발끈을 묶거나 침대를 정돈하는 일 따위)도 많아졌다. 부끄럼이 줄어들고 좀 더 자연스러워졌으며, 새로운 환경에 잘 적응했다.

그는 여전히 읽거나 쓰지 못하는데, 아마 앞으로도 그럴 것이다. 하지만 그의 능력은 예술을 통해 더욱 아름답고 강하게 전해질 것이다. 강박적인 조각에의 몰입이 그를 방해하는 게 아니라 오히려 더 많은 잠재력을 발휘하게 하기 때문이다.

알론조는 경이로운 백치천재이다. 그의 조각이 장애인이 이룬 작품이란 점에서 대단한 게 아니라 혼자 힘으로 이뤄냈다는 점에서 대단하다. 그의 작품을 사는 사람들은 작가가 정신지체 장애인이라는 사실을 뒤늦게 알고는 깜짝 놀란다. 현재까지 그의 작품은 전 세계적으로 500점 내외가 팔림으로써 자신의 집을 사고, 작업실로 사용하는 부모님의 집을 수리할 만큼 돈도 벌었다.

알론조의 꿈은 자신의 말을 소유하는 것이고, 그 말을 키울 수 있는 장소를 갖는 것이다. 이 꿈은 조만간 이루어질 수 있을 것으로 보인다. 레슬리 렘키와 마찬가지로 알론조는 자신의 재능을 다른 장애인을 위해 바치는 데 주저함이 없다. 장애인을 위한 보호시설을 돕기 위해 레슬리와 함께 연주회 및 전시회를 같이 열었던 케이스가 대표적인 일이다.

사람들은 알론조의 부드러운 미소와 레슬리의 상냥한 목소리가 아름답게 어우러지는 광경을 지켜보며 너나없이 눈시울을 적셨다. 알론조와 레슬리의 각기 다른 예술세계를 동시에 보고 듣는 자리에서 사람들은 위대한 백치천재들의 인간 승리에 진정한 마음으로 머리를 숙였다.

그가 어느 TV쇼에 출연해서 사회자와 나눈 이야기는 알론조의 현재를 명징하게 보여준다. 사회자가 물었다.

"도대체 그 재능은 어디서 온 건가요, 알론조?"

"신이 제게 재능을 주셨습니다."

이번엔 객석에서 어떤 사람이 알론조의 어머니에게 물었다.

"알론조는 아주 사랑스런 용모를 가졌네요. 항상 그렇게 사랑스럽나요?"

"예, 알론조는 언제나 이렇듯 부드럽고 사랑스럽답니다."

마지막에, 사회자가 알론조와 악수를 나누면서 이렇게 말했다.

"당신은 내가 이제까지 만난 사람 중에 가장 행복한 사람입니다."

전국의 모든 시청자들이 이 말에 동의했다.

제 3 부

우리 안의 레인맨 찾기

11장

설명할수없는현상에대한설명

"그들은 어떻게 이런 능력을 갖게 되었을까?"

서번트 신드롬이라는 모순적인 상황에 직면한 사람을 보면 누구나 이런 질문을 던지게 된다. 알론조, 레슬리, 엘렌 같은 사람들은 장애를 가진 영역 이외의 부분에서 뛰어난 능력을 보인다. 조각을 하고, 음악을 연주하고, 무엇인가를 암기하고, 계산을 하거나 그림을 그리기도 한다.

인간의 능력이 매우 광대하다는 점을 고려하면 그들의 재능은 지극히 제한적이라고 할 수도 있지만, 서번트들은 그들이 갖고 있는 장애 때문에 그러한 능력이 더욱 두드러진다.

이들이 연주를 하거나 그림을 그리고 암기를 하는 이유는 무엇일까? 결론은 간단하다. 그것은 우리들이 능숙한 일을 즐기는 것과 같은 이치인 것이다. 자신이 잘할 수 있는 일을 할 때 우리는 그 일을 즐기고 만족감과 삶의 보람을 느끼게 되며, 칭찬을 받는 과정을 통해 그 능력을 한층 더 강화시킨다. 더구나 서번트들의 재능은 그들이 살아가는 목표와 동일선상에 있기 때문에 더욱 가치가 있다.

누가 보아도 확실한 정신적 장애를 가진 사람들이 제한된 영역에서 그토록 뛰어난 능력을 보이는 일은 어떻게 가능한 것일까? 지금까지 우리는 누가 어떤 일에 놀라운 능력을 보이는지를 알아보았지만, 이제는 그들이 어떻게 그런 일을 할 수 있는지 그 원인에 대해 성찰할 때이다.

많은 연구자들이 다양한 이론을 통해 이 문제에 대한 답을 구하기 위해 노력해 왔다. 하지만 각각의 이론들이 충분히 유용한 정보를 제공한 것은 사실이지만 대부분 개인적인 사례에 한정되어 있다는 단점이 있었다.

텍사스 대학의 제인 두켓이 「이디엇 서번트 : 정신박약자 중에서 가장 사회화된 사람들」라는 박사논문을 발표한 때는 1977년이었다. 이 논문은 서번트 신드롬의 원인에 대한 연구 중 가장 객관적이고 종합적인 견해를 제시했다는 평가를 받으며 서번트 신드롬을 연구하는 젊은 학자들에게 교과서처럼 읽히고 있다.

제인 두켓 박사는 논문을 작성하기 전에, 이전에 나온 다른 연구자들의 보고서를 면밀히 검토해 보았다. 그런 뒤에 두켓 박사가 내린 결론은, 이제까지 나온 보고서만으로는 서번트 신드롬에 대해 절대 완벽하게 설명할 수 없다는 것이었다. 왜냐하면 대부분의 연구서들이 서번트 신드롬의 극히 일부분만을 대변하기 때문이었다.

두켓 박사는 서번트 신드롬이 심리학과 정신의학, 인체의학과 유전학 등이 총체적으로 맞물려 있는 초자연적 현상이라고 판단하고 있었다. 그렇다면 두켓 박사가 살펴본 그때까지의 이론들은 무엇이었을까?

직관적 이미지

서번트 신드롬에 관한 설명 중에서 가장 자주 등장하는 용어가 바로 '직관적 이미지'이다. 하지만 많은 연구자들이 이 용어를 사용하고 있는데 반해서 그것의 의미나 범위는 명확하게 구분되어 있지 않다. 따라서 직관적 이미지라는 용어가 사용된 보고서들을 놓고 비교 분석하는 일은 어려운데, 일반적으로 이 용어에는 다음의 두 가지 현상을 포함한다.

순수 이론적 의미에서, 직관적 이미지는 매우 희귀하고 특정한 기억 기능을 뜻한다. 직관적 이미지를 가진 사람은 어떤 사물이나 장면을 보고 난 후에, 그것에 대한 강렬한 시각적 이미지를 기억하고 그 사물이 사라진 후에도 아주 생생하게 인식할 수 있다. 마치 사물이 아직도 그 자리에 있는 것처럼 눈동자를 움직여 그 위치를 파악하는 것이다.

예컨대 어떤 사람이 이젤 위에 있는 그림을 보고 있다고 치자. 만약 이 사람이 그림을 치운 후에도 여전히 그림을 볼 수 있다면 그는 그림의 세부사항까지 100% 완벽하게 묘사할 수 있을 것이다. 그림이 없는데도 그것을 여전히 현실처럼 볼 수 있기 때문이다. VCR의 일시정지 화면과 비슷하다고 생각하면 된다.

직관적 이미지를 이렇게 정의한다면, 그것을 사용하는 사람은 강렬하고 생생한 이미지를 보통사람들보다 훨씬 오랫동안 기억할 수 있다는 뜻이 된다. 연구자들은 서번트들이 바로 이러한 능력을 갖고 있다고 판단했던 것이다.

그런가 하면 어떤 연구자들은 '시각적 이미지 기억'이라는 현상을 설명하기 위해 직관적 이미지라는 말을 사용하기도 한다. 시각적 이미지 기억은 나중에 기억해내기 위해 방대한 양의 정보를 굉장히 자세하고 빠르게 파악해서 저장하는 능력을 일컫기 때문에 '사진 같은 기억'이라고도 불린다.

사진 같은 기억은 원본을 정확한 이미지 상태로 기억했다가 얼마 후 그것을 재현해내는 능력으로, 직관적 이미지와 비슷하기는 하지만 명백한 차이점이 있다. 시각적 이미지 기억은 원래 자극이 가해진 곳(시각, 청각 따위)이 아니라 머릿속에서 발생하고, 원래의 자극으로 인해 발생한 이미지가 지속된다기보다는 머릿속에서 창출된 이미지에 가깝다.

서번트에 관한 여러 저서들에서, 많은 연구자들은 서번트가 어떤 특정한 것을 극도로 생생하고 자세하게 기억한다고 누누이 언급하고 있다. 연구자들은 생생하고 방대한 기억력을 일반적인 기억 기능과 구별하기 위해 '직관'이라는 용어를 사용했다.

직관적 능력은 거의 대부분 아이들에게서 발견된다. 유아는 예를 들어 엄마나 우유병 같은 구체적인 단어로부터 직접적 자극을 파악하여 저장하고, 이런 자극에 의한 구체적인 이미지만을 기억한다. 따라서 아이의 발달 과정에서 구체적인 인식 과정은 단순히 어떤 것을 지각하는 과정이라기보다 그것을 상상하는 과정을 포함할 수 있도록 확대된다. 그러다가 이후 성인의 기억에는 추상적인 작용과 함께 개념적 사고와 언어가 포함되는 것이다.

직관적 이미지는 뇌 손상이 만성적으로 지속되었을 때도 나타난다. 이런 사례에서는 반드시 '반복시(反復視 : 자극한 물체가 제거된 후에도 그 물체의 시각이 재현되는 현상)' 라는 용어가 등장한다. 그러나 반복시는 생생한 이미지가 40초 이상 지속되거나 나중에 다시 나타나기도 한다는 점에서 직관적 이미지와는 약간의 차이가 있다.

반복시는 급성 뇌 손상이 발생한 경우 며칠에서 몇 주 동안 일시적으로 나타날 수도 있는데, 이런 맥락에서 볼 때 어떤 연구자들은 유아기를 넘은 아이들에게서 직관적 이미지가 계속 유지되는 것은 뇌 손상과 밀접한 관련이 있다고 믿는다.

엘사 시폴라 박사는 정신지체가 특정한 뇌 손상과 연관되어 있으며 그 과정에서 직관적 이미지가 촉발되는 것이라고 주장했다. 그는 뇌에 상처를 입은 발달장애자 중 50%가 직관적 이미지를 지닌 것으로 나타났다는 연구 결과를 발표하기도 했다.

하지만 다른 연구자들이 뇌 손상을 입은 사람 중에서 직관적 이미지를 가진 사람의 발생률이 그리 높지 않다는 사실을 밝혀냄으로써 이 이론은 논의의 중심에서 뒤로 밀리고 말았다.

더들리 로버츠 박사는 1915년에서 1945년까지 30년의 범위 안에서 탁월한 날짜 계산 능력을 보이는 한 소년을 연구했다. 그런데 이 소년은 사춘기 이후에 그런 능력이 점차 사라지기 시작하더니 성인기에는 거의 소멸되어 버렸다. 로버츠 박사는 이 소년이 언어장애를 갖고 있었는데, 그 대신 직관적 이미지를 대체물로 소유하고 있었고 그 능력 때문에 날짜를 계산할 수 있었다고 설명했다.

여기서 중요한 점은 정상적으로 태어났던 그 소년이 생후 6개월 무렵에 뇌염을 앓았었고 사지마비의 경련까지 경험했었다는 사실이다. 이후의 검사에서 환자에게서는 상당한 뇌 손상이 발견되었는데, 로버츠 박사는 소년이 가진 직관적 이미지가 바로 뇌 손상과 깊은 연관이 있다는 결론을 내렸다.

소년이 청소년기 이후에 서번트 능력을 상실한 것은 그 능력을 얻었던 반대 과정을 겪었을 것으로 추정된다. 왜냐하면 소년의 언어장애가 지속적인 훈련의 결과로 상당 부분 회복되었기 때문이다.

미국의 정신의학자인 윌리엄 호위츠 박사는 날짜 계산 능력을 가진 일란성쌍둥이 조지와 찰스가 직관적 이미지를 활용한다는 사실을 규명해냈지만, 그렇다고 해서 직관적 이미지가 서번트 능력을 설명하는 전부는 아니라고 단정 지었다.

그 이유는, 이들 쌍둥이들이 계산할 수 있는 날짜 범위가 우리가 달력을 이용해서 날짜를 확인할 수 있는 범위 이상으로 훨씬 확대되기 때문이었다. 앞서 설명했지만, 조지와 찰스는 특정한 날짜를 지정해 주면 8만 년의 범위 안에서 4만 년을 앞뒤로 특정한 날이 무슨 요일인지 정확하게 대답할 수 있었다.

올리버 색스는 이 쌍둥이들의 직관적 이미지에 대해 평하기를 '기억을 돕는 거대한 양의 융단에 모든 것들이 서로 조밀하게 관계를 맺으면서 펼쳐져 있는 광활한(어쩌면 무한한) 풍경'이라고 묘사했다. 그는 쌍둥이들이 이렇게 시각화할 수 있는 능력을 이용해 달력 날짜의 전체적인 배치 관계를 파악할 수 있다고 보았다.

'조지와 찰스는 마치 세상의 모든 숫자를 반드시 외워 버리겠다는 열정을 가진 듯한 사람들이었다. 한 번에 많은 것을 보는 이 쌍둥이들은 혹시 마음속에서 숫자의 포도나무를 볼 수 있는 건 아닐까? 숫자가 적힌 잎과 덩굴, 열매를 가진 포도나무를 말이다.'

올리버 색스의 추론은 흥미롭지만, 직관적 이미지에 관한 일반적인 정의는 훨씬 벗어난 듯하다. 지금까지 설명한 다양한 이론들을 통해, 직관적 이미지와 서번트가 어떤 연관을 갖는지 결론을 내릴 때가 되었다.

첫째, 직관적 이미지는 일부 서번트에게 실제로 발견된다.

둘째, 그러나 직관적 이미지는 서번트와 유사한 장애가 있는 비 서번트 집단에서보다 서번트 집단에서 더 높은 빈도로 발견되지는 않는다.

셋째, 직관적 이미지가 사춘기 청소년이나 성인에게 발견된 경우 이는 특정한 뇌 손상과 연관이 있다.

넷째, 결과적으로 직관적 이미지는 서번트 능력에 대한 일반적인 설명이 될 수 없다. 날짜를 계산하는 능력이 직관적 이미지가 불가능한 시각 장애인의 사례에서도 흔히 보고되고 있기 때문이다.

직관적 이미지가 진짜로 존재한다면, 이는 서번트 능력에 대한 설명이라기보다는 뇌기능 장애로 인해 생긴 생물학적인 특징에 가까울 것이다. 많은 서번트들이 뇌 손상을 입거나 대뇌 기능장애를 겪고 있고 직관적 이미지가 이런 뇌 손상이나 대뇌 기능장애 환자에게서 흔하게 발견되기 때문이다. 따라서 직관적 이미지는 서번트들의 특별한 재능의 원인이라기보다는 뇌기능 장애에 의한 영향이나 그로 인해 파생된 특징이라고 할 수 있을 것이다.

유전적 요인

1931년, 오하이오 주립대학 동물학과 교수인 데이비드 리페와 로렌스 스나이더는 이전의 이론을 전부 배제하고 완전한 제로상태에서 서번트 신드롬에 대해 연구하기 시작했다. 맨 먼저 이들은 일부 심리학자들의 '행동주의 이론'을 살펴보았다. 당시 일부 학자들은 다음과 같은 이론을 말하고 있었다.

'정상적이고 건강한 아이는 자기가 원하는 형태로 얼마든지 발달할 수 있다. 즉 예술가나 음악가, 은둔자나 사회적 명사, 비겁자나 영웅으로 마음먹기에 따라 얼마든지 성장할 수 있다. 따라서 바보나 서번트로도 발달할 수 있는 것이다.'

리페 교수 연구팀은 여기서 한 걸음 더 나아가 서번트 신드롬을 유전학적으로 설명될 수 있을 것이라고 보는 이론도 살펴보았다. 이 이론들은 대부분의 사례에서 정신지체는 유전적 요인이 강하며 음악이나 예술적 능력 또한 유전에 의한 발생하는 경우가 많다고 주장하고 있었다.

'따라서 서번트 능력을 보이는 정신박약자들은 정신박약과 서번트 능력이라는 두 가지 유전적 요소를 우연히 함께 물려받은 것뿐이다.'

리페 교수 연구팀은 유전적 요인에 의한 서번트 신드롬을 가장 신뢰할 만한 이론으로 보고, 미국 전역의 수용시설 관리자들에게 편지를 보내 서번트 신드롬과 관련한 33가지 사례를 수집했다.

이를 통해 음악적 재능을 가진 5명과 수학적 재능을 가진 8명, 예술적 재능을 가진 7명, 그리고 기계수리 능력과 탁월한 기억력을 포함하여 갖가지 다양한 능력을 가진 10명의 사례를 분석했다.

대상자 중 9명은 가족 입회하에 그들의 집에서 개인적으로 직접 인터뷰를 했고, 나머지는 시설의 직원이나 가족들이 대신 조사에 응해 주었다. 그 중 한 사람이 바로 예술적인 서번트 능력을 가진 열여덟 살의 소년이었다.

소년의 아버지는 정신적 결함을 갖고 있었고, 형은 그림에 뛰어나지만 정상인이었다. 반면에 동생은 그림 실력은 없지만 시설에 수용된 경험이 있었다. 리페 교수 연구팀은, 이 같은 가족력으로 보아 소년은 바로 부계(父系)의 유전인자를 물려받은 것이라고 판단했다.

두 번째 사례는 스물세 살의 성인남자로 비상한 수학적 능력을 가진 서번트였다. 그의 가족력 또한 남달랐다. 사촌은 정신적 장애를 갖고 있었고, 어머니는 암산에 능했던 것이다. 따라서 그 환자는 부계 쪽의 정신적 결함과 모계 쪽의 계산 능력을 물려받은 것이라고 리페 교수 연구팀은 결론지었다.

세 번째 사례는 언어구사 능력이 현저히 떨어지고 혼자서는 옷을 입을 수도 없는 정신지체아였다. 그런데 이 소년은 무엇이든 집게손가락 위에 올려놓고 재빨리 돌릴 수 있었다. 손가락 위에서 물건의 균형을 맞추며 회전시킬 수 있는 능력은 고도의 집중력과 테크닉을 요한다. 리페 교수 연구팀은 이 소년 역시 유전적 요인을 물려받은 것이라고 확신했다. 소년의 부모가 서커스단의 배우들이었던 것이다.

그들은 이 연구를 통해 다음과 같은 결론을 이끌어냈다. 특별한 능력은 심각한 지능장애가 있어도 교육이나 훈련 없이도 상당한 수준으로 발달할 수 있다. 서번트 능력이 우성 유전자로 작동한다는 사실은 그들의 일가친척 중에서 그런 능력을 가진 경우가 많다는 사실만으로도 충분히 입증된다.

리페 교수 연구팀은 또한 교육이 유전적으로 특별한 능력을 물려받지 않은 정상인과 비정상인 모두에게 독특한 재능을 이끌어내는데 그다지 큰 역할을 하지 못한다고 말하면서 다음과 같은 결론을 도출해냈다.

'일반적인 사고력과 특수한 능력은 각기 독립적으로 유전된다. 만약 누군가 두 가지 요소를 전부 물려받았다면 그것은 단지 우연의 일치일 뿐이다. 따라서 특별한 능력을 물려받은 사람은 그가 비록 정신박약아라 해도 그 능력을 발휘할 수 있다. 그리고 교육은, 당연히 특별한 능력이 완벽하게 개발되기 위해서는 교육이 필요하지만, 그런 능력을 발휘하는데 그다지 필수적인 요소는 아니다.'

1914년에 발표된 「정신박약」이라는 논문에서, 미국의 정신의학자인 헨리 고더드 박사 또한 서번트의 능력이 유전적 요인에 의해 결정된다는 이론을 제시하고 있다. 고더드 박사는 만약 서번트 능력을 가진 사람이 장애인이 아니었다면, 그는 필경 그 능력과 관계된 영역에서 천재였을 것이라고 덧붙였다.

서번트 능력이 유전적 요인에 의해 결정된다고 주장하는 과학자들은 이들만이 아니다. 에이브러험 브릴 박사 역시 건강과 재능, 개인적인 선호, 본능, 직감, 적응력 등이 유전의 범위에 포함된다고 말했다.

여기서 브릴 박사가 말하는 '직감'이란 하등동물이 본능을 물려받는 것과 똑같은 방식으로 인간 역시 자기 부모로부터 물려받는다는 것이다. 브릴 박사는 대부분의 서번트들이 유년기에 놀라운 기억력 같은 본능적인 감각을 보여준다는 점에서 하등동물과 비슷하다고 말했다.

브릴 박사는 그 증거로 자신이 직접 조사한 사례를 제시했다. 뛰어난 계산 능력자인 에스 융그리스의 집안은 200년 이상 랍비들을 배출한 집안으로 아버지의 증조할아버지는 수학의 귀재라고 불렸다. 브릴 박사는 수학의 천재인 파스칼에 대해서도 언급했다. 파스칼의 집안은 오랫동안 수많은 수학 천재를 배출한 가문이었다.

융그리스의 경우 여섯 살 때까지는 그다지 뛰어난 계산 능력을 보이지 않았다. 그러나 여섯 살이 되자 돌연 이런 능력이 나타났고, 아홉 살 무렵에 갑자기 능력을 상실했다.

브릴 박사는 이를 설명하기 위해 인간의 무의식과 성(性) 심리 발달에 관한 프로이드의 정신분석 이론을 끌어들였다. 그는 어머니와 누나의 갑작스런 죽음이 융그리스의 잠재적인 재능을 일깨웠으며, 아홉 살 무렵에 아버지가 사망한 사건이 서번트 능력의 상실과 이어진다고 설명했다.

브릴 박사는 인간이란 지극히 유전적인 생물체이며 개인적인 진화의 혼합체라고 말했다. 유전적인 것과 개인적인 것 사이의 상호작용이 하나의 인간을 만들어 낸다는 것이다.

브릴 박사에 따르면 융그리스는 이런 두 가지 유형의 진화에 대한 종합판 같은 존재였다. 그 두 가지 요소가 융그리스의 몸에 특별한 재능을 주었다가 다시 빼앗는 역할을 했다는 것이다.

레슬리가 어떻게 음악의 규칙을 이해할 수 있었는지, 조지와 찰스가 수학을 배운 경험이 없음에도 어떻게 방대하고도 복잡한 규칙을 알고 있는지를 이런 관점에서 규명하려고 했던 브릴 박사의 노력은 흥미로운 점이 있다.

그렇다면 서번트 신드롬이 형성되는 과정에서 유전적 요인이 정말로 영향을 끼친다면, 그 특징을 어떻게 설명할 수 있을까?

첫째, 특별한 서번트 능력과 정신지체는 서로 분리된 상태로 유전될 수 있다. 몇몇 서번트의 경우, 두 가지 요소가 우연히 함께 발생하지만 이는 유전학적으로 충분히 발생 가능한 일이다.

둘째, 발달장애는 뇌 손상 같은 요인들과 독립적으로 발병할 수도 있다.

셋째, 그러나 다른 사례들에서는 이런 유전적인 연관성이 명확하게 확립되지 않았다. 따라서 유전된 능력도 직관적 이미지처럼 보편적인 연구 결과라고 볼 수는 없다. 유전적 능력만으로 모든 서번트 사례가 전부 설명될 수 없기 때문에 더욱 그렇다.

넷째, 일부 서번트 사례에서 발견되는 특별한 능력은 유전적 요인보다 심리적 요인이 훨씬 더 명확하게 연결되어 있는 경우가 많다. 다른 서번트들의 경우를 볼 때, 심리적 요인이 특별한 능력이 유전되도록 자극을 주는 것만은 확실해 보인다.

마지막으로, 초기 서번트 연구에서 가족이라는 배경과 유전적 요인에 대한 관심이 지나치게 강조된 것을 볼 수 있다. 반면에 최근의 연구는 이런 요소들을 너무 가볍게 다루고 있다. 따라서 오늘날의 연구자들이 유전적 요인에 좀 더 주의를 기울인다면, 이것이 서번트 능력에 일부 기여한다는 평가를 내릴 수 있을 것이다. 비록 유전적 요인이 절대적인 것은 아니라 해도 말이다.

요컨대 서번트 능력에 있어서 유전적 요인은 직관적 이미지와 마찬가지로 서번트에 대한 설명의 전부가 될 수는 없다. 서번트 신드롬은 전적으로 천성적인 요인에 의해서도, 교육적인 요인에 의해서도, 심리적인 요인에 의해서도 일어나는 게 아니기 때문이다.

인간의 모든 복잡한 행동이 그 모든 요인들의 상호작용에 의해 일어난다는 사실을 현대과학은 다양한 자료를 통해 입증하고 있다.

감각의 상실

감각의 상실은 두 개의 카테고리로 분류된다. 밀실 감금 같은 사회적 고립에 의한 감각 상실이 첫째이고, 시각이나 청각의 장애로 인해 지각의 투입이 불완전한 경우에 발생하는 경우가 두 번째이다.

서번트 능력이 감각 상실에서 비롯된다는 이론은 서번트들이 대부분 사회적인 고립이나 불완전한 지각 투입을 상당 기간 경험하기 때문이다. 서번트들이 감각 상실로 인해 미세한 환경 변화에 예민해지고, 그것을 극복하기 위한 대안의 하나로 복잡한 사실을 암기하거나 숫자를 세는 등 이상 행동에 몰입하게 된다는 것이 이 이론의 기둥이다.

많은 연구자들이 사회적 고립이 서번트 능력을 갖게 하는 핵심적 요인이라고 말하는데 대표적인 과학자가 미국의 정신의학자인 데이비드 비스코트 박사로, 그는 해리엇이라는 이름의 소녀 환자에게서 발견되는 어린 시절의 사회적 고립과 모성애 상실을 예로 들었다.

해리엇은 두 살 때까지 하루 종일 유아용 침대에서만 시간을 보냈다. 이에 대해 비스코트 박사는 음악이 해리엇을 다른 아이들과 분리시키고 정상적으로 발달하지 못하게 한 원인임과 동시에 자기감정을 다른 사람들과 소통할 수 있게 하는 유일한 방법이었다고 말한다.

해리엇은 유아기 때부터 음악에 노출되어 지냈다. 그러다 보니 음악을 엄마처럼 인식하게 되었고, 음악에 몰두하는 방법으로 엄마라는 존재를 재창조했다. 이런 유아기의 경험이 해리엇이 서번트 능력을 갖게 된 원인이 되었고, 이후 칭찬에 의해 능력이 더욱 강화되었다고 비스코트 박사는 진단했다.

사실, 칭찬은 대부분의 서번트들에게 발전의 동인을 제공하는 핵심적인 역할을 하는 것으로 나타나고 있다. 비스코트 박사는 이 사례를 통해 칭찬과 강화, 그리고 그 이상의 심리적 요인도 서번트 능력을 부추기는 요소가 된다고 주장했다.

'해리엇이 음악적 재능을 보였던 원인은 전적으로 사랑을 받기 위해서였다. 음악은 해리엇의 손상되고 제한된 감정을 위로하고 표현하는 유일한 수단이었던 것이다.'

또 다른 심리학자 루빈 교수는 R이라는 열여섯 살의 시각장애 소녀를 통해 이런 이론을 뒷받침하고 있다. R은 세 살 때까지 유아용 침대에 방치되어 지냄으로써 감각 상실(시각 장애)과 사회적 고립을 동시에 경험하며 유년기를 보냈다.

후에 R에게서는 뇌 손상의 흔적이 발견되었지만, 그녀가 가진 서번트 능력은 뇌 손상에 의해서라기보다는 감각의 상실과 사회적 고립에 더 많은 영향을 받았을 것으로 추정된다. 림랜드 박사는 자폐증을 앓고 있는 한 서번트의 사례를 통해 이 이론을 거든다.

정상인은 무엇인가를 보면(시각적 투입) 이것이 뇌 안에 연결되어 있는 모든 부분들을 자극하게 되고, 뇌는 이전의 경험을 바탕으로 새로운 자극의 의미를 전달한다.

예컨대 새끼 고양이를 본다면, 전에 본 적이 있는 다른 새끼 고양이들을 기억할 것이다. 그리고 새끼 고양이가 그르렁거리는 소리가 편안하다는 느낌을 떠올리면서 새끼 고양이와 관련된 추억을 떠올릴 것이다. 이처럼 하나의 자극은 다른 자극을 유발하는데 이때의 자극은 대부분 나에게 의미 있는 내용과 관련이 있는 것이다.

림랜드 박사는 자폐증 환자들은 이런 기억과 연상 작용, 나아가 이전의 경험에 접근하는 능력이 현저히 떨어진다고 설명한다. 그렇다면 그들은 어떻게 새로운 자극을 자각할까? 림랜드 박사는 이들은 생물학적인 결함으로 인해 극히 폐쇄되고 제한된 회로를 통해서만 자극을 깨닫는다고 설명한다.

문제는 투입되는 자극이 뇌에는 기록되지만 확대되지는 않기 때문에 그들에게는 정상인이 경험하는 연상 작용이나 감정이 풍부해지는 상황이 거의 발생하지 않는다는 점이다. 그들은 정상인이 새로운 자극의 의미와 정황을 유추하기 위해 사용하는 네트워크를 이용하지도 않는다.

이때 서번트들이 갖고 있는 폐쇄회로는 제한된 영역에서만 고도의 집중력을 발휘하게 된다. 따라서 서번트들은 강력한 정신적 에너지를 내면에 몰두하는 일에 쏟아 붓게 되고, 그런 이유 때문에 주의력을 정상적으로 분산시키지 못하고 특정한 내적 과정에만 과도하게 집중하는 것이다. 서번트들이 특정한 세부사항에 충실도가 높은 주의력을 갖고 있고 다른 국면으로 주의력을 분산시킬 수 없는 이유는 바로 이 때문이다.

정상인은 넓은 범위의 자극이라도 쉽게 다룰 수 있고, 여러 자극들 사이에서 자기 의지에 따라 선택을 할 수 있다. 그것을 가능하게 만드는 것이 바로 추상적인 사고력이다. 정상인은 또한 특정한 자극을 통해 주의력을 조정하거나 집중, 또는 분산시킬 수도 있다. 그러나 서번트들은 이런 능력이 없다. 림랜드 박사는 서번트들이 정상적으로 주의력을 분산시키지 못하는 현상과 관련하여 이를 서번트들의 충실도 높은 집중력과 연결 지어 설명하고 있다.

'예를 들어 초점을 바꿀 수 있는 손전등을 들고 어두운 동굴을 탐험한다고 가정해 보자. 손전등이 발산하는 빛의 범위를 넓히고 강도를 조절하면 동굴 천정의 종유석을 관찰할 수 있을 것이다. 이처럼 정상인은 빛의 강도를 조절하여 빛이 닿는 범위를 넓히거나 좁힐 수 있다. 그러나 서번트 자폐아는 이런 조절 기능이 부족하다. 그가 대뇌 외부(바깥세계)의 내용을 탐구하고 자신의 뇌 안에 있는 관련 정보를 찾는 데는 강렬하지만 범위가 좁은 불빛을 사용해야만 한다. 따라서 이 아이는 특정한 부분의 세부사항만을 다룰 수 있는 능력을 갖고 있는 반면에 그 대신 그 세부사항의 발생 원인이나 정황에 대해서는 알지 못한다.'

이 설명은 단순히 서번트에게만 국한되는 게 아니라 모든 자폐아의 행동까지도 설명할 수 있는 이론이다. 에드워드 호프만 박사는 서번트들이 능력을 발전시키는 데 있어 가장 중요한 일은 외부에서 끼어드는 자극을 제거하거나 최소 수준으로 줄이는 것이라고 말한 바 있다.

미국의 정신의학자 배리 뉴컴브 박사는 서번트들은 감각의 상실로 인해 사고의 체계를 조절하는 내부 통제력을 발달시키지 못하는 상황에 직면한다는 이론을 내세운 바 있다. 감각의 상실 원인은 사회적 원인(예를 들어

모성 상실)이나 지각 투입의 결함(청각장애나 시각장애) 등이다.

서번트들은 개념적으로 사고할 수 있는 능력이 부족하기 때문에 한 가지 사실에 보다 구체적인 사고를 하게 된다. 그리하여 구체적 능력은 점차 비대해지고 그 능력을 확대해서 사용하게 됨으로써 잃어버린 능력을 보상받는다.

이런 능력은 곧잘 암기 능력으로 나타나곤 하는데, 이는 다른 서번트들이 선보이는 다른 능력에 대해서도 똑같이 설명될 수 있다. 일단 서번트 능력이 확실히 발현되면 그 다음에 이것은 주변사람의 칭찬과 긍정적인 관심에 의해 날로 강화된다.

그러나 뉴컴브 박사는 이런 현상이 전적으로 유전적인 요소에 의해 빚어지는 능력만은 아니라고 주장했다. 유전적으로 결정되었다고 볼 수 없는 수많은 다른 요소가 존재한다는 것이다. 이런 맥락에서 뉴컴브 박사는 다음과 같이 말했다.

"이디엇 서번트는, 결함이 없었다면 정상적인 지능을 지녔을 아이들이 추상적인 사고를 발전시키지 못했거나 추상적 사고가 퇴화되어 나타나는 현상이다."

지금까지 언급해온 이론들과 마찬가지로 감각 상실은 그 원인이 무엇이든 서번트의 특징을 규명하고 그 원인을 밝힌다기보다는 있는 그대로의 모습을 그저 서술하는 듯하다.

모든 서번트가 사회적으로 고립되는 건 아니라는 사실은 알론조나 레슬리, 그리고 엘렌의 사례에서 충분히 확인할 수 있다. 더구나 아이가 사회적으로 고립되거나 모성애를 상실한 상황에서 양육되는 경우는 극히 예외적인 경우에 불과하다.

많은 서번트들이 장애에도 불구하고 평범한 가족을 갖고 있고, 대부분의 아이들이 누리는 사회적 관계를 똑같이 경험한다는 사실은 이 책에 등장하는 수많은 케이스에서 쉽게 발견할 수 있다.

림랜드 박사는 유아자폐증도 서번트 신드롬을 유발하는 한 요인일지 모른다고 말한 바 있지만, 그는 서번트 능력이 모든 유아자폐아에게서 발견되지 않는다는 사실에 대해서는 설명하지 못한다. 자폐아 10명 중 1명이 서번트 능력을 갖고 있으므로 이는 상대적으로 매우 높은 발생빈도이기는 하지만 10명 중 9명이 서번트 능력을 갖지 않았다는 사실은 어떻게 설명할 수 있을까?

따라서 감각의 상실은 앞서 거론한 직관적 이미지나 유전적 요인과 마찬가지로 서번트 신드롬의 비밀을 설명할 수 있는 완전한 이론이 될 수 없다. 이는 서번트 능력에 영향을 미치는 다른 독립적인 요소들이 분명히 따로 존재한다는 사실을 말해주는 것이기도 하다.

구체적 사고와 추상적 사고

대부분의 서번트들은 추상적 사고를 할 수 없다. 이유는 추론하는 능력이 없기 때문이다. 일부 과학자들은 추상적 사고 능력의 결여가 바로 서번트의 핵심적인 결함이며, 동시에 서번트를 설명할 수 있는 단서라고 말하고 있다.

커트 골드스타인 박사는 이런 이론에 초점을 맞춰 L이라는 이름의 서번트를 5년 동안 연구했다. L은 날짜 계산 능력과 발군의 암기력을 가진 서번트였다. 그는 또한 절대음감의 피아노 연주자였으며 강박적인 기억력을 바탕으로 각국의 언어로 오페라를 자유자재로 부를 수도 있었다.

하지만 그의 IQ는 50이었다. 친척 중에 음악적인 재능이나 계산 능력이 뛰어난 사람이 있었지만 지능장애자는 없는 것으로 나타났다. 그에 대한 의학적 검사 결과 뇌와 중추신경계에는 아무런 이상이 발견되지 않았다.

L은 상징적이나 개념적인 방식으로는 언어를 이해할 수 없었다. 추상적 개념을 가진 단어를 이해하거나 구사할 수도 없었다. 그의 말하기 능력은 구체적인 상황에 의해서만 결정되었으며 그것도 기계적이고 자동적인 반응에만 의존했다.

예를 들어 그는 '사과'라는 단어는 이해가 가능했지만, '사과나무에서 사과 열매가 열린다'는 사실을 이해하지 못했다. 또한 사과나무와 배나무를 구분하지 못했으며, '사과가 맛이 있는 과일'이라는 사실을 표현하지 못했다.

추상적 사고가 결여되면 사회적 인식의 부족 현상이 나타나기 때문에 대인관계를 원활히 맺지 못한다. 따라서 서번트들은 고립된 상황을 바꿀 수 있는 능력이 없는 잘 훈련된 로봇으로 발전하는 것이다. 서번트들이 새로운 변화나 도전에 대해 강박적인 거부반응을 나타내는 이유는 바로 이 때문이다.

L은 청각을 통한 기억력이 대단히 뛰어났다. 의미를 전혀 이해하지 못하면서도 긴 연설문을 그대로 암송하거나 복잡한 아리아를 완벽하게 부를 수도 있었다. 골드스타인 박사는 어쩌면 L은 자신이 원하는 것을 기억하

는 게 아니라 보이지 않는 무엇으로부터 기억을 강요받고는, 그것을 기계적으로 암기하는 것 같다고 말했다.

"그는 25센트를 몇 개 모으면 75센트가 되는지, 또는 1센트를 몇 개 모으면 25센트가 되는지는 알지만 그것을 수학적으로 공식화하지는 못한다. 달력을 갖고 놀다가 갑자기 올해와 내년의 특정 날짜가 무슨 요일인지 맞출 수 있지만 왜 그렇게 되는지는 설명하지 못한다. L의 능력은 명확하지만 지각의 실체는 없다."

서번트들은 구체적 사고가 제한된 상태에서 자기에게 가능한 능력만을 반복적으로 확대하게 된다. 이유는 최고의 능력을 얻고자 하는 것이 인간의 본성이기 때문이고 그 능력이 세상을 향한 유일한 표현 수단이기 때문이다.

이렇게 능력을 한곳에 집중시키면서 에너지를 비정상적으로 발산하는 것은 겉으로 보면 기적과 다름없는 일이지만 이제 이런 능력이 표출되는 상황에 대해 충분히 설명했으므로 더 이상 놀랍지는 않을 것이다.

골드스타인 박사는 정상인도 한곳으로 기억력을 발전시키는 데 집중하면 L의 기억력에 버금하는 결과를 얻을 수 있다고 결론지었다. 따라서 백치천재들은 그가 가진 신체적 장애에도 불구하고 서번트가 되는 게 아니라 오히려 신체적 장애 때문에 서번트가 된다는 것이 골드스타인 박사의 결론이다.

'서번트의 능력이 제한된 방향으로만, 그것도 매우 비정상적인 수준으로만 발전하는 이유는 그 재능이 서번트가 타고난 제한적 조건에서 발전할 수 있는 유일한 수단이기 때문이다. 따라서 서번트들은 정상인에게 무의미하거나 실생활에 전혀 관계가 없는 것들을 쉽게 기억하고, 그것을 통해 존재의 의미를 찾게 되는 것이다.'

그러나 골드스타인 박사가 서번트가 지니고 있는 추상 능력의 장애에 대해 정확하게 파악하고는 있지만 그것을 야기한 결함의 원인을 다루지는 않는다는 면에서 부족함이 많다. 그는 단지 'L이 가진 결함의 원인이 무엇이든 이 결함의 일반적인 성질에 대해서는 의심의 여지가 없다'고 말할 뿐이다.

결국 골드스타인 박사는 서번트 신드롬의 성질에 대해서는 정의했지만 그 원인에 대해서는 설명하지 못함으로써 더 많은 의문점을 제공한 셈이 되었다. 이와 마찬가지로 뉴컴브 박사도 서번트의 추상 능력 결여에 초점을 맞추면서 그들의 구체적 기억력이 뛰어나다는 사실을 강조하지만 모성애와 감각 상실이 결함을 야기한 원인이라고 추상적으로만 설명함으로써 과학적 성찰이 결여돼 있음을 드러내고 말았다.

서번트 신드롬을 설명함에 있어 대부분의 결과물들이 원인보다는 증상에 대한 설명에 그치고 있다. 왜 발생했는지에 대한 통찰이 아니라 무엇이 발생했는지에 대한 설명인 것이다. 그들이 가치 있는 연구를 해왔다는 사실은 인정하지만, 그 이상은 아니다.

뇌의 구조

서번트 능력에 대한 이론 중에서 몇몇 연구자들은 뇌의 구조 자체, 특히 뇌의 특정 부분의 이상에 주목한다. 그들은 특히 뇌에서 지적인 임무를 수행하는 부분이 손상된 것이 서번트 신드롬을 야기한 원인이 되지 않을까 하는 의문을 제기한다.

이러한 의견들은 우뇌와 좌뇌의 역할을 설명하는 것으로부터 시작한다. 이 이론을 살펴보기 전에 우리는 먼저 뇌의 해부도와 그 유기 조직을 알아 볼 필요가 있다.

뇌는 딱딱한 두개골(그림 1) 안에 자리 잡고 있으며, 뇌척수액(腦脊髓液)에 의해 둘러싸여 보호된다. 뇌에서 가장 큰 부분을 차지하는 것은 대뇌피질인데 이것은 대뇌 표면의 회백질로 이루어진 부분으로 약 140억 개의 신경세포로 이루어진다. 대뇌피질은 좌뇌반구와 우뇌반구로 나누어지고 (그림 2), 각각의 반구는 전두엽, 두정엽, 측두엽, 후두엽 등 네 부분으로 세분화된다(그림 3).

뇌척수액은 뇌실(腦室)에서 연결통로로 흐르고(그림 4), 뇌척수액의 완충물이 전체 중추신경계를 에워싸는데 여기엔 척수(脊髓)도 포함된다. 뇌

뇌의 해부도

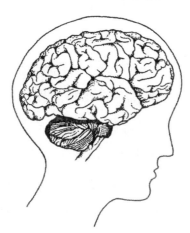

그림1__ 두개골 내의 측면 뇌

천재들의 뇌의 구조

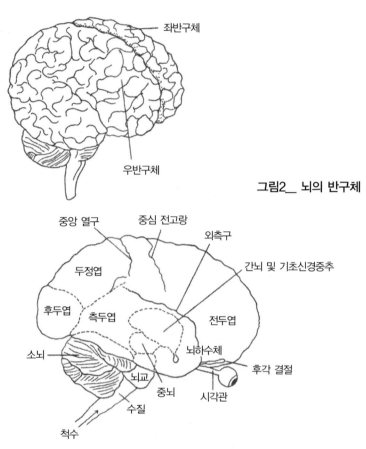

그림2_ 뇌의 반구체

그림3_ 피질의 도출부

척수액의 표본은 척수 천자를 사용하는 실험을 통해 얻을 수 있다(이 과정에서는 바늘을 등 아랫부분의 뼈 사이에 있는 척추관으로 삽입하고, 분석을 위해 소량의 뇌척수액을 빼내게 된다).

컴퓨터 단층촬영(CAT)을 위한 스캔 기술의 발달하기 이전에 뇌를 자세히 관찰할 수 있는 방법은 기체조영뇌도(기실촬영이라고도 하며, 두개골에 작은 구멍을 뚫고 직접 뇌실 속에 속이 빈 바늘을 찌르고 가스를 주입한 후에 행하는 X선 촬영법)에 의해서였다.

기체조영뇌도의 진행 과정에서는 공기나 가스가 척수 천자를 통해 들어가 뇌척수액을 대체하게 되는데, 그러면 일반적인 두개골 X-레이보다 뇌 구조를 훨씬 더 다양하고 뚜렷하게 관찰할 수 있다. 기체조영뇌도를 통해 좌뇌반구와 우뇌반구가 뇌량(腦梁)이라는 섬유조직에 의해 신경학적으로 연결되어 있음을 볼 수 있다(그림 5).

인간의 뇌는 크게 세 가지의 일반적인 단계로 발달했다. 진화적으로 가장 오래된 부분은 뇌간(腦幹 : 후뇌라고도 부른다)이다(그림 6). 뇌간은 일반적으로 호흡작용과 심장박동 같이 생명유지에 필요한 기능을 맡고 있다. 뇌간은 뇌에서 좌 · 우뇌반구 및 소뇌를 제외한 나머지 부분으로, 뇌의 가장 아래에 위치한다.

뇌간을 움직이는 것은 망상활동형성체(RAF)로, 이는 뇌 안에서 경보시스템 같은 역할을 맡아 주의와 경고를 조정하거나 통제한다(그림 7). RAF는 시상(視床 : 간뇌의 대부분을 차지하는 회백질부)을 통해 대뇌피질로 연결된다.

뇌에서 다음으로 오래된 부분은 중뇌(中腦)로, 흔히 간뇌라고 부르거나 대뇌피질 사이에 있는 뇌라고 설명되기도 한다. 중뇌는 두 가지 중요한 구조인 시상과 시상하부를 포함하는데, 시상은 뇌의 아래 중심 부분과 대뇌피질 사이의 중요한 중계국이고 시상하부는 뇌하수체를 통해 먹고 마시는 활동, 체온과 호르몬 기능을 포함하는 신체적 과정 전부를 규제한다.

후뇌에 붙어 있는 부분은 소뇌이다. 소뇌는 대뇌 크기의 약 1/8 정도로

설명이 불가능한 천재들의 뇌

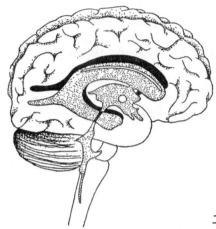

그림4_ 뇌 심실의 구조

내이(內耳)로부터의 평형감각과 근육운동을 조절하는 역할을 한다(그림 2).

좌뇌와 우뇌의 분화

대부분의 연구자들은 서번트가 우뇌반구와 관련된 능력을 갖고 있다고 설명한다. T. L. 브링크 박사는 에드워드 호프만 박사가 연구했던 A의 사례에서, 그가 기계 수리에 높은 능력을 보인 이유에 대해 다음과 같은 견해를 내놓은 바 있다.

'강력한 동기나 습관, 또는 보강이 서번트에게 중요한 요인인 것은 확실하지만 이런 요인들에 노출된 발달장애자 중 몇 명만이 실제로 서번트 능력을 발달시켰음을 주목할 필요가 있다.'

브링크 박사는 따라서 행동학적 요소들이 서번트 신드롬에 대한 충분한

천재들의 뇌의 구조

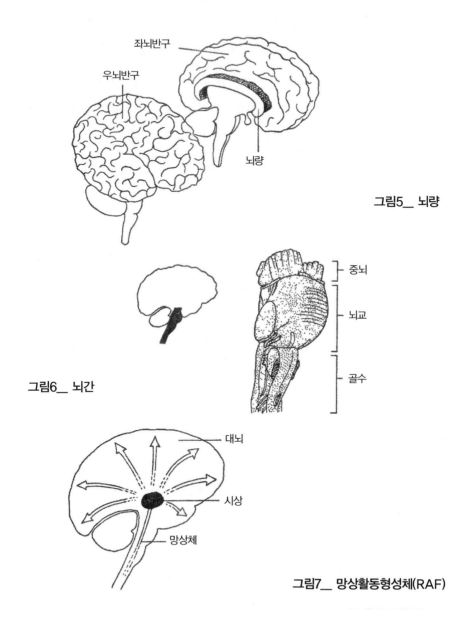

좌뇌반구

우뇌반구

뇌량

그림5__ 뇌량

중뇌

뇌교

골수

그림6__ 뇌간

대뇌

시상

망상체

그림7__ 망상활동형성체(RAF)

설명은 될 수 없다고 주장했다. 그 대신 브링크 박사는 유기체적 요인들이 서번트의 특별한 능력을 상승시켰을 것으로 보았다. 그는 자신의 연구 대상이었던 Z의 사례(7장 참조)를 들어, 이런 유기체적 요인들은 손상되지 않은 우뇌 기능과 손상된 좌뇌 때문에 유발되었다고 덧붙였다.

일반적으로 좌뇌는 언어의 활용과 수학적 계산, 규칙적인 개념에 대한 분석이나 추상적 분석을 통제한다. 이에 반해 우뇌는 공간적인 관계와 시각화를 포함하는 활동, 기계수리에 관한 기술 같은 능력을 관장한다. 좀 더 쉽게 설명하자면, 좌뇌는 지성과 관련되고 우뇌는 감성과 관련된다.

브링크 박사는 A가 언어구사 능력 실험 결과 점수가 매우 낮았던 반면에 우뇌 기능인 기계수리 능력에서는 높은 점수가 나왔던 사실을 예로 들면서 우뇌와 좌뇌의 유기체적 요인들이 서번트 신드롬을 일으키는 요인이라고 말했다.

Z는 특별한 환경 요인과 좌뇌 손상이라는 특정한 신체적 요인까지 두루 갖춘 사례였다. Z가 아홉 살이었을 때 아버지가 강도에게 피살되고, 이 과정에서 총알이 Z의 머리 왼쪽 관자놀이에서 머리 뒤쪽으로 관통하는 사고가 발생했음은 앞서 설명했다.

그 뒤 Z는 점차적으로 청각을 되찾았고 오른쪽에 약간의 마비 증세를 제외하고는 팔다리를 모두 사용할 수 있게 되었다. Z는 이렇게 부분적인 회복에 힘입어 제한된 정도나마 말을 할 수 있었지만 완전한 언어를 구사할 수 없었고 자기 이름을 쓸 수도 없었다.

그러나 Z는 형편없는 신체 감각에도 불구하고 나중에 자전거를 탈 수 있었고 목공일과 기계를 다루는 솜씨도 훌륭했으며, 자전거 같은 간단한 기구는 분해했다가 다시 조립할 수도 있었다. 심지어 그는 그림을 정확하게 모사하기도 했는데, 이 모든 능력이 사고를 당하기 이전에는 결코 감당하지 못한 일이어서 더욱 놀라웠다.

브링크 박사는 Z에게 이런 능력이 보강된 사실에 대해 '유전적 형질과 손상되지 않은 우뇌반구, 그리고 충분한 동기와 연습, 보강이 그 원인'이라고 설명하고 있다.

브링크 박사는 Z의 사례를 통해 우뇌·좌뇌의 요인들이 서번트 신드롬을 유발하는 최대 원인이라고 확신한 듯하지만 이런 단편적인 증거만으로 서번트 신드롬의 전부를 설명할 수는 없기에 의문은 여전히 풀리지 않는다. 더구나 사고 후에 Z가 보인 서번트 능력이 아버지로 물려받은 재능인지도 모른다는 의문이 들어 더욱 그렇다. Z의 아버지는 손재주가 무척 뛰어난 사람이었던 것이다.

림랜드 박사는 1978년에 발표한 자폐증 서번트에 관한 논문에서 좌뇌·우뇌에 대해 훨씬 더 자세하게 소개했다. 림랜드 박사는 먼저 서번트 신드롬을 납득함에 있어 대뇌반구의 분화에 집중하는 것은 지나친 단순화라고 경고했다.

림랜드 박사는 다른 중요한 차이, 요컨대 우뇌의 동시적인 성질(기억과 관계없는 즉각적 지각)과 좌뇌의 순차적인 성질(서로 연결된 기억과 연상을 처리하는 능력)을 지적했다. 요컨대 자폐증 서번트는 왕성한 우뇌 활동의 결과로 일어난 현상이지 좌뇌와는 직접적인 연관이 없다는 것이다.

그러나 전형적인 좌뇌 활동 영역인 계산 능력이 서번트들에게서 보편적으로 발견된다는 사실은 이런 논리에 반하는 현상이다. 이 명백한 불일치에 대한 접근법으로 림랜드 박사는 이 책 3장에서 언급된 한 중년여성을 사례를 들었다.

이 여성은 타고난 음악가로 악보를 보지 않고도 굉장히 뛰어나게 연주할 수 있었다. 그런데 그녀가 실력을 더 향상시키기 위해 체계적인 음악 공부를 시작하자마자 이 능력을 갑자기 완전 상실되고 말았다. 좀 더 체계적으로 공부하려고 하자 우뇌에 유용하게 자리 잡고 있던 천부적인 능력이 좌뇌로 이동했고, 그 과정에서 능력 자체를 완전히 잃고 만 것이다.

사실 우뇌·좌뇌의 분화는 그렇게 단순하거나 명확하지 않다. 언어처럼 복잡한 능력은 뇌의 한 영역에 의해서만 기능할 수 없으며 뇌의 반구만으로는 가능하지도 않다.

림랜드 박사는 대뇌피질과 피질하(皮質下) 영역 사이에서 교차되는 세포들의 연결과 상호작용은 그 수와 발생 장소가 무수히 많다는 사실을 지적한다. 따라서 특정한 유형의 뇌 손상으로 인해 같은 반구나 반대쪽 반구에 존재하는 뇌의 다른 부분이 기능의 이동과 보상을 위해 보강될 수도 있다고 말했다.

뇌 지도는 단순한 대뇌 활동뿐만 아니라 뇌의 기능을 심도 있게 설명해 준다. 뇌 지도는 또한 대뇌반구 내외에 존재하는 영역들 사이의 광대한 상호연결과 복잡한 상호연락을 심도 깊게 보여준다.

1984년에 발표된 리차드 레스텍 박사의 저서 『뇌(The Brain)』는 인간 두뇌에 관한 현재까지의 지식을 아주 정확하게 집약한 명저로 알려져 있다. 그는 1861년에 폴 브로카 박사가 규정한 좌뇌반구 내의 언어 영역에 관한 설명으로 자신의 책을 시작했다.

첫째, 언어 기능이 좌뇌에 독점적으로 한정되지는 않지만 좌뇌가 우뇌보다 언어와 운동능력에 더 많이 관계한다는 사실은 의문의 여지가 없다. 반면에 우뇌는 일반적으로 좌뇌보다 공간적인 임무와 예술적인 부분, 기계와 관련된 활동 같이 언어적 능력에 그다지 의존하지 않는 일에 더 많이 관계한다.

둘째, 좌뇌는 그림이나 조각 또는 건설을 하는 것과 같은 동적이고 직관적인 전략을 세우는 기능보다는 글을 읽거나 말하는 것 같이 순차적이고 논리적인 전략을 세우는 기능과 더 많은 관련이 있다. 우뇌가 구체적인 대상이나 사건에서 쉽게 의미를 끌어낼 수 있는 능력을 관장하는 반면에 좌뇌는 상징적 언어와 더 관련이 있다.

셋째, 우뇌는 분명 언어와 관련이 있지만 언어 내용의 이해보다는 생기와 열정, 표현, 개성과 같이 말하는 이의 감정에 더 연관되는 경향이 있다. 좌뇌는 원칙적으로 말하기의 생산(사고와 단어의 창조)과 관련되지만 우뇌는 말하기의 감정적 표현(어조와 음성의 조절, 그리고 감정의 수반)과 연관이 있다.

오늘날 뇌기능에 대한 연구는 예전보다 훨씬 더 발전된 기술에 기초하기 때문에 뇌의 구조와 역할에 관한 더 많은 정보를 쏟아내고 있다. 이런 이론들에 따르면, 서번트 신드롬을 우뇌·좌뇌 현상으로만 구분하는 것은 문제를 극단적으로 단순화시킨 것임을 알 수 있게 된다. 인간 두뇌는 우리가 생각하는 것보다 훨씬 더 복잡하다는 사실을 새로운 이론들이 공통적으로 말하고 있다.

결국 서번트 신드롬에서 발견되는 우뇌의 우위성은 비밀의 문을 열 수 있는 실마리를 제공할 뿐, 비밀 그 자체는 아니라는 결론에 도달하게 된다. 미래의 과학자들은 이것을 바탕으로 서번트 신드롬의 진정한 원인과 과정을 좀 더 자세하게 파악할 수 있을 것이다.

서번트에 대한 부검 결과

서번트의 뇌를 직접 해부한 연구 자료가 있다. 먼저 랭든 다운 박사가 날짜 계산 능력을 갖고 있던 한 서번트를 해부한 뒤에 그 결과를 다음과 같이 발표했다.

'한때 왕성한 서번트 능력을 보여주었던 그는 어느 시점부터 점점 질문에 대답할 수 없게 되고 흥미를 느끼지 않으면 대답을 할 수 없거나 아예 하지 않았다. 나중에는 오래된 시계처럼 누군가 흔들어줘야만 정신을 차릴 수 있었다. 그는 점차 건강이 약화되었고 결국 사망했다. 부검 결과, 환자의 대뇌에서 잘 발달된 2개의 뚜렷한 신경교련(神經交連 : 평범하지 않은 연결이나 대뇌피질의 두 영역을 연결하는 섬유)을 제외하고는 정상적인 뇌와 전혀 차이가 없다는 사실을 알 수 있었다.'

윌리엄 아일랜드 박사도 서번트를 부검했다. 이 환자 역시 정신적 결함과 우수한 기억력을 동시에 지닌 서번트로, 유년기부터 청소년기까지 남다른 고립과 상실을 겪은 인물이었다. 이 환자에 대한 부검 결과는 간단했다.

'두개골은 보통 이상으로 두꺼웠고, 뇌는 작았다. 소뇌는 대뇌에 비해 상대적으로 컸고 조직은 건강했지만 대뇌 표면의 주름이 정상보다 넓고 단순했다.'

이러한 두뇌 구조의 단편적인 특이성만으로 그가 갖고 있던 서번트 능력을 설명할 수는 없을 것이다. 한편, 이 책에서 여러 차례 언급된 제임스 풀렌에 대한 부검은 그를 상대했던 세 명의 의사 중에서 사노 박사가 맡았고, 그 결과를 기록으로 남겼다.

제임스 풀렌은 얼스우드 병동의 천재로, 75세에 사망했다. 그는 시각장애, 청각장애, 정신지체 등을 가진 전형적인 정신박약자였음에도 전국적인 명성을 가진 조각 예술가였다. 국왕까지 그에게 관심을 보여 상아를 하사품으로 보내 줄 만큼 조각의 장인과도 같은 대우를 받았다. 따라서 그에 대한 부검은 서번트 신드롬을 이해할 수 있는 결정적 단서를 줄 것으로 기대되며 많은 사람들의 관심을 끌 수밖에 없었다.

부검 결과, 풀렌의 뇌는 상당한 수준의 동맥경화에다 뇌 중앙의 측두엽과 전두엽 발달이 오래 전에 정지된 것으로 밝혀졌다. 또한 뇌의 앞부분에서 오른쪽에 비해 왼쪽의 대뇌 표면 주름이 덜 복잡했으며, 뇌량이 매우 컸다.

풀렌의 경우 가장 중요한 점은 후두엽의 과도한 발달과 우뇌반구보다 좌뇌반구가 덜 발달되었다는 것이었다. 사노 박사는 바로 이것이 풀렌으로 하여금 시각적이고 예술적인 분야의 달인이 되게 했을 것이라고 설명했다.

사노 박사가 풀렌의 뇌를 해부하고 난 뒤에 좌뇌·우뇌의 신경구조와 그것들의 중요성을 다시 한 번 관찰한 것은 1918년의 일이었다. 그의 연구는 이후 벌어진 수많은 서번트 연구에서 나오게 되는 임상자료와 놀라울 정도로 유사하다. 그만큼 우뇌반구의 기능이 기형적으로 발달한 현상을 통해 서번트 신드롬의 비밀을 캐내려 했던 사노 박사의 접근법은 예언자적 통찰이 담겨 있었던 것이다.

서번트가 죽은 후에 부검을 통해 뇌 구조를 알아보려는 방법에서, 그들이 살아 있을 때 뇌파검사 등을 통해 보다 적극적으로 서번트 신드롬에 접근해 보려는 시도는 1930년대부터 본격화되었다.

뇌파검사(EEG)는 뇌의 전기적인 활동을 기록하고, 심전도(EKG)는 몸의 표면에서 심장의 전기적인 활동을 기록한다는 차이점이 있다. 뇌파검사는 작은 전극을 두피 표면에 부착하고 전극을 통해 뇌 영역에서 발생하는 다양한 뇌파 활동을 기록하는 의학적 테스트인데, 의사들은 거듭된 EEG를 통해서 이 검사법이 특별히 서번트와 관련된 정보를 제공하지는 않는다는 사실을 밝혀냈다. 날짜 계산 능력이 있는 서번트에 대한 EEG 결과 모두 정상으로 나왔고, 다른 서번트들도 마찬가지였던 것이다.

월터 스타인코프 박사는 서번트가 자기 능력을 발휘하는 동안 뇌파검사를 실행한 최초의 의사였다. 대상은 레슬리 렘키로, 그 결과는 매우 실망스러운 것이었다. 오른쪽 중간 측두엽 영역에서 비정상적으로 느린 진동 수가 발견되었지만 이는 매우 간헐적이고 해당 부분에만 제한되어 있어 과학적 증거로 채택될 수 없었던 것이다.

그 후 의학의 많은 부분에서 발전이 있었듯이 뇌파검사의 방법에도 진보가 있었다. 컴퓨터의 탄생과 함께 컴퓨터 투사기술(C-EEG)이 뇌 구조를 살피는 유용한 수단으로 등장한 것이다.

C-EEG는 뇌 안에서의 상호작용에 대해 훨씬 세부적인 분석을 제공하는데, 이는 C-EEG가 대뇌피질의 표면적인 변화를 관찰할 뿐만 아니라

소뇌 활동까지도 세세하게 측정할 수 있는 기능을 지녔기 때문이다.

급속 안구운동(REM : 수면 중에 눈알이 급속히 움직이는 현상)도 서번트 연구에 유용한 자료를 제공한다는 사실을 밝힌 논문도 제출되었다. 이 분야의 연구자들은 REM이 특정한 기억 기능과 깊이 연관되어 있다는 사실을 밝혀냈다. 이 문제에 대해서는 다음에 자세히 살펴볼 것이다.

그 후로도 서번트들의 뇌 구조를 알아보기 위해 기체조영뇌도를 이용하는 등 다양한 의학적 수단들이 동원되었지만 서번트들의 뇌 구조가 아주 사소한 이상 증세 외에는 정상적인 사람들과 별반 차별성이 없다는 사실만 거듭해서 입증할 뿐 더 이상 진전된 자료를 제출하지 못했다.

계속되는 수수께끼

지금까지 제기된 이론들을 통해 당신은 서번트 신드롬의 비밀에 얼마나 가까이 다가섰는가? 그에 대한 답변은 루이스 라폰테인 박사가 다음과 같은 결론으로 대신해 준다.

'서번트들의 행동을 설명할 수 있는 유력한 증거는 하나도 존재하지 않았다. 하지만 바로 이것이 이 연구의 중요한 가치인지도 모른다. 그들의 행동은 그만큼 복잡하고 이해하기 힘들기 때문이다.'

서번트 신드롬에 관한 기존의 이론들을 재검토하고 직접 25명의 서번트들을 인터뷰했던 제인 두켓 박사도 라폰테인 박사와 비슷한 결론을 내렸다.

"서번트 신드롬을 완벽하게 설명하는 이론은 아직 나오지 않았다. 서번트는 퍼즐이며, 어쩌면 영원히 풀지 못할 퍼즐인지도 모른다."

그렇다면 이제 우리에게 남은 것은 무엇일까? 만약 이런 결과와 이론들에서 걸음을 멈춘다면 결론은 매번 똑같을 수밖에 없다.

그러나 과학자들의 도전은 아직 끝나지 않았다. 서번트 신드롬에 관한 한 어쩌면 지금이 시작인지도 모를 만큼 새로운 기술과 새로운 이론들이 왕성하게 등장하고 있다. 우리는 이런 연구물들을 통해 인간 능력의 한계를 넘어서기 위해 계속 앞으로 나아갈 것이다.

12장

기억력의 위대한 힘

1983년 10월, TV 프로그램 「60분」에 출연한 조지는 사회자인 모렐리 세이퍼와 인터뷰를 마친 후에 이렇게 외쳤다.

"죽을 때까지 오늘을 기억할 거예요!"

조지는 실제로 그 일이 있은 지 20년이 지난 후에도 그 날의 장면 하나하나를 매우 세세하게 기억했다. 바로 이것이 평범한 사람과 서번트의 명백히 다른 점이다. 우리는 심지어 지난 주말에 일어난 일조차 잊어버리거나 흐릿하게 기억하는 경우가 많다.

시험에 대비하기 위해 며칠 밤을 반복해서 과학의 공식을 암기해도 막상 시험지를 마주하고 있으면 까맣게 잊어버린 자신을 발견하곤 당황하게 된다. 따라서 15년 전의 일이라면 아무리 기억하고 싶어도 시간의 더께와 함께 완전히 망각하거나 흐릿해질 수밖에 없다.

포브스 윈슬로우 박사는 낮은 수준의 지각과 뛰어난 기억력은 종종 아주 밀접한 관련이 있다고 말했는데, 이 말은 서번트들의 사례에서 놀랄 만큼 정확히 들어맞는다.

백치천재들이 공통적으로 갖고 있는 특징 하나는 바로 뛰어난 기억력이다. 레슬리는 단 한 번 들었던 음악을 몇 년 후에도 완벽하게 기억하고 연주할 수 있다. 낯선 도시의 시장에 갔다 온 뒤 수개월이 지나더라도 그곳의 세세한 풍경을 그림으로 표현할 수 있는 서번트가 있는가 하면, 오페라를 한두 번만 듣고도 한 소절도 틀리지 않고 전곡을 부를 수 있는 서번트도 있다.

이렇듯이 서번트들이 동일한 형태로 뛰어난 기억력을 갖고 있다는 사실은 서번트 신드롬의 비밀을 이해하는 데 있어 결정적인 단서를 제공하는 것인지도 모른다.

서번트들이 어떤 상황을 기억해내는 방식은 자동적이고 기계적이며 구체적이어서 마치 몸에 익숙한 습관과도 같다. 랭든 다운 박사는 서번트 신드롬에 관해 설명할 때, 그들의 비상한 기억력을 언급하면서 '언어의 유착'이라는 흥미로운 용어를 사용한 바 있다. 그는 다음과 같이 설명했다.

'서번트들은 공통적으로 음악의 선율을 잘 기억한다는 특징을 갖고 있다. 이들은 멜로디를 쉽게 기억할 뿐만 아니라 그것을 거의 잊지 않는다.'

서번트들은 단어의 의미는 고사하고 언제 어떤 어휘를 구사해야 하는지 개념이 없는 경우가 대부분이지만 이들은 단 한 번 들은 멜로디 전체를 정확하게 노래하거나 연주할 수 있다. 자기들이 하는 말이나 단어의 의미를 이해하지 못하면서도 시를 암송하고는 이를 평생 동안 잊지 않는다.

연구자들은 서번트의 이런 능력이 자신의 본래 능력과는 분리된 시스템 하에서 운영되기 때문에 가능한 현상인 같다고 설명한다. 트레드골드 박사는 이렇게 말했다.

"서번트들이 갖고 있는 기억 시스템은 일반적인 지적 능력과는 분리된 채로 개인의 일부로 발달하는 것 같다. 서번트들이 기억력을 자신의 일부로 편입시킨다는 이론은, 편집증적인 정신분열증 환자가 정확한 기억력을 갖고 있다는 사실을 고려하면 그리 놀랄 일도 아니다."

조안 굿맨 박사는 1972년에 발표한 서번트 신드롬 관련 논문에서 이 점을 더욱 명확히 했다. 그가 상대한 서번트는 자폐증을 앓고 있었지만 날짜 계산 능력을 비롯해서 지리, 역사, 주소, 전화번호, 지도, TV에서 흘러나오는 시시콜콜한 이야기까지 몽땅 기억했다.

그는 어린 시절부터 전화번호부나 백과사전에 인쇄되어 있는 글자에 무척 집착했다고 한다. 그의 IQ는 37이었고, 중증 자폐증에 시달리고 있었다. 굿맨 박사는 이 사례에 대해 다음과 같은 의견을 제시했다.

'이 서번트는 기억력을 보강했을 가능성 대신에 단기 기억에 대한 신진 대사에 실패했을 가능성이 크다. 다시 말하면 망각 능력을 상실했을 가능성이 크다.'

굿맨 박사는 일부 서번트들은 어떤 사실을 알았을 때 그것을 잊어버리고 지우는 능력이 없는 경우가 있다고 설명했다. 서번트들은 중요하지 않은 사실들을 전부 기억할 수 있지만 뇌 속에서 이것을 망각하는 경로가 막힘으로써 평생의 기억으로 껴안고 살아간다는 것이다.

레슬리 렘키가 이런 가능성을 뒷받침하는 좋은 사례이다. 레슬리는 콘서트에서 객석에서 큰소리로 요청한 노래를 전부 기억했다가 그 곡들을 모두 끝낼 때까지 몇 시간이고 계속 연주한다. 일단 객석에서 노래를 신청하면 레슬리는 이것을 모두 기억하고, 따라서 반드시 연주해야만 하는 것이다.

만약 노래를 전부 연주하기 전에 시간에 쫓겨 콘서트가 끝났더라면 레슬리는 집에 가서라도 그 모든 노래들을 연주했을 것이다. 그렇지 않으면 레슬리는 뭔가 끝마치지 않은 것 같은 불편한 기분을 느끼기 때문이다.

만약 관객이 노래를 종이에 글자로 적어서 요청했다면 그런 일은 발생하지 않을 것이다. 왜냐하면 레슬리의 기억장치는 오직 청각을 통해서만 작동되기 때문이다. 청각을 통해 뇌로 전달된 기억 정보가 망각의 퇴로를 찾지 못하기 때문에 그 곡들을 반드시 연주해야 직성이 풀리는 것이다.

서번트들의 특이한 '기억의 세계'를 보다 잘 이해하기 위해, 우리가 일반적으로 '기억'이라고 알고 있는 것에 대해 요약해 보겠다.

인간의 기억력은 엄청나게 복잡한 시스템 하에서 이루어진다. 인간의 기억에 대해 이해하려고 하는 것은 마치 무한한 우주의 개념을 이해하려는 것과 같고, 심지어 영원의 개념을 이해하려고 하는 것과 같이 불가능하다고 할 수 있다.

하지만 인간의 존재를 비롯한 우리 자신을 이해하기 위해서는 반드시 기억력에 대해 알아야만 한다. 왜냐하면 기억력이란 단순히 무엇인가를 잊지 않는 게 아니라 사고력과 창의력의 기본단위이기 때문이고, 그 모든 것이 뇌 활동과 직접적으로 연결되기 때문이다.

컴퓨터를 사용하면 할수록, 나는 인간이 두뇌를 가지고 있다는 사실에 경외심을 느끼게 된다. 우리의 머리는 3파운드의 무게에 불과하지만 10의 11제곱과 28×10의 20제곱 같은 문제의 답을 평생 동안 기억할 수 있다. 또한 뇌는 단순히 방대한 양의 정보만 저장하는 것이 아니라 그것들을 서로 분석하고 연관시켜서 새로운 것을 창조해내기도 한다.

두뇌는 복구할 필요조차 없이 100년 가까이 작동할 수 있고, 어떤 보호 장치도 필요로 하지 않는다. 컴퓨터처럼 부팅하거나 포맷할 필요도 없다. 머릿속에 내장된 여분의 기억은 그 기능의 90%가 손상된 후에도 저장된 자료를 잃지 않는다. 세상에 이런 컴퓨터가 어디에 있단 말인가?

베토벤의 교향곡 제 5번이나 브람스의 교향곡 제 4번을 작곡할 수 있는 컴퓨터가 있을까? 꿈을 꿀 수 있는 컴퓨터가 있을까? 위에서 열거한 모든 일들을 하는 동안에도 감정을 느끼고 사랑하며 무엇인가를 걱정할 수 있는 컴퓨터가 있을까?

컴퓨터가 인간의 두뇌보다 더 빨리 일을 처리한다지만 조지에게 21360년 6월 6일이 무슨 요일이냐고 물어봤을 때 그는 컴퓨터보다 훨씬 더 빨리 대답했다. 더구나 이 계산을 위한 컴퓨터 프로그램을 만드는 데는 더욱 많은 시간이 걸렸다. 이 공식을 적으려면 몇 페이지 분량의 종이가 필요한데 조지는 이것을 머릿속으로 아주 간단히 해치웠다.

하지만 우리는 어떻게 이런 일이 가능한지 아직 확실히 알지 못한다. 컴퓨터는 인간이 발명했기 때문에 그것에 대해 완벽하게 이해할 수 있지만 우리 자신의 뇌에 대해서는 이해하지 못하는 부분이 아직도 너무 많다.

기억이 저장되는 방법이나 지속되는 기간에 대해 생각해 보자. 예를 들어 머리로 들어오는 자료들은 처음에 어떻게 부호화되어 머릿속에 저장될까? 컴퓨터가 정보를 저장하는 것처럼 우리의 뇌도 전자기(電磁氣)에 의해 정보를 저장하는 것일까? 아니면 레코드판에 패인 홈처럼 사람의 뇌에도 어떤 물리적인 저장소가 있는 것일까?

그렇다면 그 저장소를 운영하는 프로세스는 무엇일까? 인간의 두뇌를 현미경으로 관찰해도 그 과정에 대한 확실한 증거를 찾을 수 없는 까닭은 무엇일까?

이 밖에도 첨단과학이 판을 치는 오늘날에도 인간의 두뇌에 관한 무수한 질문이 존재한다. 다음에 이어지는 설명들이 이런 질문들에 만족스런 해답을 주지는 않겠지만 서번트 신드롬을 이해하고 통찰력을 갖게 하는데 큰 도움을 줄 것이다.

기억의 해부학적 구조

기억은 단기적인 것과 장기적인 것 두 가지로 나눌 수 있다. 그런데 이들은 단순히 기간만을 의미하는 게 아니고 뇌 구조와 정보를 저장하고 처리하는데 사용하는 회로에도 커다란 차이가 있다.

단기 기억은 이미지와 생각, 그리고 단 몇 초부터 최대 몇 분까지 지속될 수 있는 정보의 '비트(bit)'로 구성되어 있다. 예를 들면, 이것은 우리가 전화번호부에서 번호를 찾아 다이얼을 돌리는 동안 유지되는 기억 같은 것이다. 따라서 번호를 주의를 기울여 마음속에 등록하지 않는 이상 잠시 후에 자연스럽게 희미해지고 나중에는 기억할 수 없게 된다.

반면에 장기 기억은 단기 기억에서 장기 저장소로 이동된 요소들로 구성된다. 예를 들어 만약 방금 찾아본 전화번호를 잊어버리지 않고 장기 저장소로 옮기고 싶다면 그 번호를 나중에 복구할 수 있도록 부호화하여 뇌에 등록하고 저장해야 한다.

이때 그 정보들을 덩어리로 함께 묶거나 집단화시키면 이동과 복구가 쉬워진다. 예를 들어 194117761492라는 숫자를 암기하려고 할 때 1941, 1776, 1492로 묶는다든지 4149216110을 414에 921-6110으로 묶으면 기억하기가 쉬운 것과 같은 이치이다.

그밖에 중간 기억이라는 것도 있다. 이것은 단기 기억보다는 좀 더 긴 기억을 요할 때 사용된다. 즉각적 기억(영상적 기억력)이라는 것은 0.1초 정도만 유지되다가 사라지는 시각적 이미지를 말한다.

용어가 어찌되었든 단기와 장기의 두 가지 기억은, 어떤 것을 지각하지만 장기 저장소로 들여보내지 않고 폐기하는 과정과 적극적인 과정을 통해 어떤 것을 장기 저장소로 운반하고 나중에 이를 복구하는 과정으로 구분된다.

이러한 기억의 기능과 복잡성에서 우리가 알 수 있는 것은, 자료를 처리하고 저장하는데 필요한 해부학적 구조가 무수히 많다는 사실이다. 그렇기에 이런 구조들이 엄청나게 복잡한 회로로 얽혀 있는 것은 매우 당연한 일이기도 하다. 그러면 지금부터 뇌 안에서 이런 기능을 담당하는 구조들을 살펴보자.

· 대뇌피질(大腦皮質)

대뇌피질은 인간의 신체 중에서 가장 발달한 부분이다. 대뇌피질은 뇌에서 가장 오래된 부분인 피질하를 완전히 덮기 위해 생명이 있는 한 증식을 계속한다.

캐나다의 저명한 신경외과 의사인 윌더 펜필드 박사는 대뇌피질에 저장되는 이미지에 관해 설명하는 과정에서 어떤 기억들은 대뇌피질에 고스란히 저장되기도 한다고 말했다. 이를 증명하기 위해 그는 간질환자 몇 명을 대상으로 뇌 손상 부위를 외과적으로 절개하는 시술을 했다. 수술한 부위는 외부적인 자극을 컨트롤하는 곳으로, 간질 발작의 원인이 되는 곳이기도 했다.

이 부분의 정확한 위치를 알아내기 위해, 환자는 의식이 있는 상태에서 국소 마취되었다. 이 수술은 뇌 자체로서는 고통을 느낄 수 있는 섬유가 없기 때문에 가능한 일이었다.

수술팀은 일단 두피와 뇌경막(뇌의 보호막)을 마취시키고 대뇌피질을 직접 노출시켜 작은 전기 탐침으로 자극하기 시작했다. 그러자 환자는 어느 부분이 자극되는지에 따라 특정한 반응을 나타냈는데 완전히 의식이 있는 상태이기 때문에 스스로 그 반응을 설명할 수 있었다.

두정엽(parietal lobe : 마루엽이라고 하며, 뇌의 중심 고랑의 뒤쪽 및 바깥쪽 고랑의 상부에 위치하고 공간 지각 기능을 담당한다)을 자극하자, 팔다리나 다른 부분의 근육이 움직였다. 다음엔 후두엽을 자극하자 불빛이 보인다고 설명했다.

흥미로운 것은 의사가 측두엽 피질에 탐침을 대자 환자가 풍부한 감정이 섞인 기억들은 굉장히 자세하게 쏟아냈다는 사실이다. 그 부위에 자극이 가해지지 않았더라면 기억할 수 없었거나 최소한 오랫동안 기억나지 않았을 정보들을 탐침 자극이 있자마자 마구 쏟아냈던 것이다.

똑같은 시술에서 어떤 환자들은 풍경, 소음, 냄새, 그리고 그 기억과 연관된 다른 감각까지 과거의 장면들을 상당히 생생하게 토로하였고, 어떤 환자들은 어릴 때 들었던 자장가 같은 음악소리까지 들었는데 같은 부분을 자극할 때마다 정확히 같은 노래가 들린다고 설명했다.

환자들은 완전히 잊어버렸던 기억들이 되살아난다는 사실에 놀라움을 금치 못했다. 더구나 이 기억들은 단순히 스냅사진처럼 등장한 것이 아니라 실제 그 자리에 있는 것처럼 생생하게 느껴지는 것이었다.

펜필드 박사는 이 연구를 통해 인간의 두뇌는 그가 경험했던 모든 일들을 영원히, 그리고 낱낱이 기록한다는 결론을 내렸다. 그렇다면 왜 우리는 예전에 경험했던 그 많은 부분들을 기억해내지 못하는가? 펜필드 박사의 대답은 간단했다. 그 기억에 접근할 수 없기 때문이라는 것이다.

'뇌는 일생의 모든 경험을 송두리째 기록하는 거대한 비디오테이프와 같다. 작은 전기 탐침이 VCR과 같은 역할을 담당해서 저장된 기억들을 현재의식 속으로 다시 불러내는 것이다.'

펜필드 박사의 연구는 우리가 어떤 사실을 기억해내지 못하는 이유는 그 기억들에 접근할 수 없기 때문이며, 따라서 우리가 무엇을 잊는다는 것은 그 기억을 잃어버리는 게 아니라 그것이 저장된 장소를 발견하지 못하는 것이라는 사실을 말해준다.

펜필드 박사의 시술에서 확인했듯이, 전기적 자극을 이용해 기억을 복구할 때 측두엽 피질이 결정적인 역할을 한다는 사실을 알 수 있다. 그런데 오늘날 대부분의 연구자들은 각각의 기억들이 제한적이고 독립적이며 단일한 위치에만 존재하는 것은 아니라고 말하고 있다. 자극이 가해진 부분은 특정한 기억의 극히 일부분만 표현할 뿐으로, 이 기억이 뇌의 다른 부분과 연결되기 때문에 다른 부위에서도 똑같은 기억이 표현될 수 있다는 것이다.

이 같은 이론은 기억이란 서로 복잡하게 얽혀 있는 뉴런의 연결 체계에 묻혀 있는데, 이 연결 체계 중 일부가 대뇌피질의 표면에까지 확장되어 있다는 사실을 뜻한다. 대뇌피질의 특정 부분에 자극이 가해지면 특정한 기억이 일깨워지는 이유는 바로 이 때문이다.

펜필드 박사의 연구는 측두엽 피질에 저장된 기억의 용량이 상당히 많다는 사실과, 우리의 현재 능력으로는 이 기억들에 쉽사리 접근할 수 없다는 사실을 말해준다. 따라서 우리가 무엇을 잊어버린다는 것은 그 기억이 연기처럼 자취를 감춘 게 아니라 그것에 접근하는 일이 불가능한 것임을 알 수 있다.

· 해마(Hippocampus)

대뇌피질에 가깝게 붙어 있는 피질하 구조 중 하나가 해마(그림8)로, 이런 괴상한 명칭이 붙은 이유는 처음 이 부위를 설명한 신경해부학자가 이곳이 해마를 닮았다고 말한 것에서 유래되었다.

해마는 측두엽에 가깝게 연결된 구부러진 구조로 뇌의 양쪽에 하나씩 존재하며 촉각, 시각, 청각, 미각, 후각 같은 인식과 관련된다. 특히 해마는 후각을 비롯한 각종 지각이 대뇌피질로 들어가는 첫 번째 정거장 같은 역할을 하며, 그것에 직접적으로 연결되지 않은 지각에 대해서는 보조 정거장 같은 역할을 한다.

그런가 하면 해마는 단기 기억이 장기 기억으로 이동하는데 중요한 역할을 하는 곳이기도 하다. 뇌 손상 환자인 H는 피질하 구조가 담당하고 있는 기능에 대해 정확한 정보를 제공한 사람이다. H는 일반적인 경련억제제를 가지고는 반응조차 하지 않는 심각한 간질환자로 이 때문에 외과적인 수술을 받게 되었다.

그런데 해마를 포함하고 있는 측두엽 일부가 뇌의 양쪽에서 모두 제거되었을 때 '전향적 기억상실'이라는 독특한 기억장애 현상이 발생하고 말았다. 수술 전에는 뛰어난 기억력을 갖고 있었는데 수술 후에는 새로운 것은 아무것도 배울 수 없게 되었던 것이다.

흥미로운 점은, H가 수술 시점까지의 과거는 기억할 수 있지만 그 후의 사건이나 경험에 관해서는 장기 기억을 할 수 없게 되었다는 사실이다. 예

기억하는 뇌의 구조

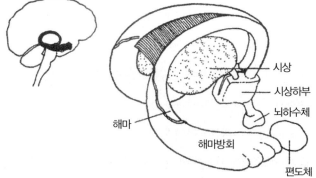

시상
시상하부
뇌하수체
해마
해마방회
편도체

그림8_ 해마, 편도체, 시상의 위치

를 들어, 새로운 경험이나 자극이 최초에 발생한 후 잠시 뒤에 다시 발생하면 처음처럼 새롭게 느끼는 것이었다.

예를 들어, H는 전화번호를 듣고 난 후 곧바로 그것을 의식적으로 암기한 경우에만 그 전화번호를 기억할 수 있었다. 전화번호를 듣는 행위와 그것을 암송하는 행위 사이에는 0.1초의 지연시간도 허용되지 않았다. 두 행위 사이에서 시간이 지연되면, 아무리 외우려고 해도 전화번호에 대한 정보를 잃고 말았다.

이는 전화번호를 장기 기억 저장소로 이동하기 위해 어떤 도구나 방법을 사용하더라도 마찬가지였다. H의 기억 기능은 수술 시점에서 중단되었다. 그때 이후로 그는 반복되는 경험들을 마치 처음 접하는 것처럼 다시 경험하고 다시 배워야만 했다.

이러한 사례는 굉장히 인상적인 장애 유형이었다. 그에게 일반적인 의식장애가 나타나지 않았고, 자기 주변의 모든 상황에 대해서도 완벽하게 이해하고 있었다. 그는 복잡한 농담이나 말장난을 이해하고 웃을 수 있었고, 수술 후에 실시한 지능검사에서도 정상적인 결과를 나타냈다.

그렇지만 그는 자신에게 가족이 있다는 사실과 그 가족들의 생일까지 세세히 알고 있는 반면에 수술 후에는 가족들이 언제 방문했는지, 그리고 무슨 말을 나눴는지를 전혀 기억하지 못했다.

의사가 진료 중 자리를 비웠다 돌아온 경우에, 의사는 H에게 자신을 다시 소개해야 했다. 하루의 진료를 마치고 다음 날 다시 H를 만난 경우든 진료 중 잠깐 전화를 받고 돌아온 경우든 관계없었다. H가 사실상 매번 의사를 처음 만나는 것이라고 생각했기 때문이다.

H는 아버지의 사망 소식을 들었을 때, 무슨 일이 일어났는지 이해하고 슬픔에 잠겼지만 단 5분 동안이었다. 그 후에는 자신이 들은 이야기를 다시 기억할 수 없었다. 그는 수술 이후에 일어난 가족 관련 행사 내용이나 날짜를 기억할 수도 없었다. 이런 기억들이 자리 잡을 공간이 사라졌기 때문이었다.

그는 단지 순간순간을 살아갈 뿐이었는데, 그 순간들은 서로 연결되지 않은 채로 흘러갈 뿐이었다. H는 부분적인 과거의 시간과 계속되는 현재의 시간이라는 기묘한 시간대에 살고 있는 것이었다. H의 사례는 여러 가지 중요한 결과들을 증명한다.

첫째, 해마는 정보를 분류하고 그 정보를 단기 기억에서 장기 기억으로 이동하는 데 중요한 역할을 한다.

둘째, 기억력이 심하게 방해를 받는 상황에서도 다른 종류의 기억 기능은 서로 다른 방식으로 영향을 받는다. 이는 정보가 다양한 경로를 통해 저장되고 복구된다는 것을 의미한다.

H의 경우, 수술 전의 기억은 영향을 받지 않고 새롭게 생성된 기억만 손상당했다. 장기 기억과 손상되기 전의 기억은 여전히 존재했으며 특정한 운동신경에 관한 능력도 마찬가지였다. 종류가 다른 기억에 대해 각각의 경로가 존재하기 때문에 다양한 기억 손상의 증상을 보이는 장애나 조건이 나타날 수 있었던 것이다.

셋째, H의 사례는 해마가 좌우 양측에서 모두 손상되거나 제거되면 심각한 기억력 장애가 발생할 수 있다는 사실을 보여준다.

그 뒤, 해마가 기억의 세계를 구축하는데 깊이 관여한다는 사실을 입증하는 더 결정적인 증거가 캘리포니아 의과대학의 스튜어트 모건 박사에 의해 제시되었다.

52세 남자인 R은 심장관상동맥 수술을 받는 도중에 뜻하지 않게도 5리터 이상의 혈액을 손실하고 말았다. 이 사고로 R은 1시간 이상 쇼크와 뇌빈혈을 겪었는데, 이후 R은 전향적 기억상실 증상을 보였다. 모건 박사는 R의 상태에 대해 다음과 같이 적었다.

'R은 하루하루의 사건을 기억하지 못했다. 심지어 3개의 단어로 이루어진 문장조차 배운 지 5분 만에 완전히 잊어버렸다. R은 의사들에게 똑같은 질문을 되풀이해서 묻고, 같은 말을 수없이 반복하곤 했다. 이렇게 기억력을 상실했음에도 인식 능력이나 성격은 변화가 없었으며 IQ는 예전 그대로 111이었다.'

뇌 손상을 입은 후에도 5년을 더 살다 사망한 R에 대한 부검은 의사들의 주목을 받았다. 역시 가장 눈에 띄게 손상된 부분은 해마였다. 추체(椎體 : 등골뼈의 주요 부분으로 원기둥 모양이며 상하 양면이 연골과 맞닿아 있다) 신경세포는 국소 빈혈과 산소 결핍이 발생하면 쉽게 손상되는데, 이 부위가 완전히 파괴되어 있었다.

해마는 뇌의 대뇌변연계(大腦邊緣系 : 대뇌반구의 안쪽과 밑면에 해당하는 부위)의 일부로, 대뇌변연계는 편도체(扁桃體)를 비롯한 여러 구조와 뇌하수체를 연결하는 피질하 조직을 말한다.

뇌하수체는 시상이나 시상하부와 직간접적으로 연관이 있다. 간뇌의 대부분을 차지하는 회백질부를 시상이라 하는데, 시상의 아래쪽에서 뇌하수체로 이어지는 부분이 바로 시상하부이기 때문이다. 시상하부는 음식물

섭취를 비롯해서 수면, 체온, 심장박동 같은 신체기능을 통제하고 뇌하수체는 신체 호르몬의 체계를 조절하는 역할을 맡고 있다. 뇌하수체는 척추동물에서만 볼 수 있다.

· 편도체(Amygdala)

인간의 기억을 형성하는 중요한 피질하 구조 중 하나가 편도체로, 이 부위도 해마처럼 대뇌변연계의 일부로서 해마에 인접해서 연결되어 있다.

편도체는 감정에 관한 기억과 밀접한 관계가 있는 부위로 그 외에 기억을 분류하고 부호화하는 역할, 우선사항을 결정하기 위해 감정을 이용하는 역할 등을 맡고 있다. 쉽게 말해서 편도체는 어떤 기억에 대한 보존 유무, 그 기억의 보전 장소 등을 결정하는 역할을 맡고 있다.

이러한 시스템에 따라 '감정-저장-기억'은 서로 밀접하게 연관되어 있다고 볼 수 있다. 슬픔이나 기쁨, 놀람, 공포 같이 감정이 풍부한 기억은 가장 접근하기 쉬운 곳에 보존되기 때문에 가장 생생하고 오랫동안 기억에 남는다.

요컨대 감정을 경험과 연결시키고, 감정의 성질과 내용에 따라 각각 부호화해서 분류하는 역할을 편도체가 담당하고 있는 것이다. 동물을 대상으로 한 연구 결과, 이곳에 장애가 생기면 기억을 잃어버리거나 천적 앞에서도 두려움을 느끼지 않는 현상이 관찰되었다.

기억이 부호화되는 과정에서 감정이 중요한 역할을 한다는 사실은 우리 모두가 경험을 통해 알고 있다. 1963년 11월 22일에 존 F. 케네디 대통령이 암살당한 사건은 이미 오래된 일이지만 사람들은 그 일의 전말을 생생하게 기억한다.

그 비극적인 사건을 듣고 우리가 느낀 감정은 1963년 11월 22일을 그동안 경험했던 다른 11월 22일과 구별하게 한다. 편도체를 통해 부호화된 감정적인 요소가 이 날의 기억에 우선권을 부여하고 그 기억을 접근이 쉬운 상위 계층에 저장해 두었기 때문이다.

주의력, 그리고 집중력

감정과 마찬가지로 주의력도 무엇을 기억하고 무엇을 잊을 것인지를 결정하는데 강력한 결정 요인이 된다. 주의를 기울여서 경험할수록 그것은 더 오래 기억될 것이다.

오늘 아침 비타민을 챙겨 먹었는지 기억이 나지 않는다고? 주의를 기울였더라면 기억할 수 있었을 것이다. 만약 기계적으로 비타민을 복용했다든지, 다른 생각을 하느라 집중하지 않았다면 기억하지 못할 것이다.

나중을 위해 전화번호를 장기적인 기억 저장소에 저장하고 싶다면, 그 번호를 한번 사용하고 그냥 버려 둘 게 아니라 사용한 후에 좀 더 주의를 기울이거나 장기적으로 기억하기 위한 어떤 심리적 표시 같은 것을 해둬야 한다. 집으로 오는 길에 어떤 다리를 지나쳤는지 기억할 수 있는가의 여부는 내가 얼마나 그 다리에 주의를 기울였는지에 달려 있는 것과 마찬가지이다.

앞서 설명한 시상은 운동기능을 억제 또는 촉진하는 역할을 맡는데, 대뇌피질과 시상하부 사이에 존재하고 있어 감정의 발현에도 중대한 역할을 맡고 있다.

시상은 뇌의 중요한 각성 체계인 망상활동형성체와 광범위하게 연결된다. 이곳은 뇌 곳곳에 흩어져 있는 뉴런 세포 체계를 뇌와 척수를 통해 긴밀하게 연결시키는 역할을 담당하고 있는데, 림랜드 박사는 유아자폐증 서번트들이 바로 여기에 장애를 갖고 있다고 주장했다. 림랜드 박사는 여기에 장애가 발생하면 서번트들이 보이는 가장 전형적인 증상인 주의력 결핍, 감정의 기복이 없는 반응 등이 발생한다고 말했다.

주의력은 서번트의 놀라운 암기력을 이해하기 위한 연구에서 매우 중요한 요소이다. 고도한 주의력이 서번트 신드롬의 공통적인 특징이기 때문이다. 그런데 주의력을 관장하는 기관인 시상과 망상활동형성체가 서번트들이 갖고 있는 재능과 장애 두 가지 측면에 밀접하게 관련된 것으로 보인다는 게 림랜드 박사의 주장이다.

서번트의 기억이 감정적으로 기복이 없는 이유는 해마와 편도체에 기능

기억하는 뇌의 구조

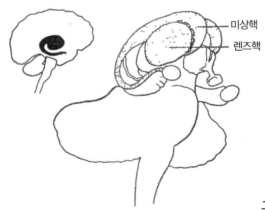

미상핵
렌즈핵

그림9_ 기초 신경중추

장애가 발생했기 때문이다. 그럼에도 서번트들이 특별한 기억 기능과 함께 매우 집중적이기는 하지만 한정된 주의력을 갖는 이유는 시상과 망상 활동형성체에 문제가 발생했기 때문이라는 것이다.

기초 신경중추(그림 9) 역시 피질하의 구조로, 대뇌변연계의 바깥 부분에 위치한다. 기초 신경중추는 근육운동과 작용, 자세에 관련된 감각을 조정한다. 척수와 뇌간 아래쪽으로부터 투입되는 다양한 감각이 대뇌피질로 이동할 때 이런 감각들이 거치는 중계 지점으로 보면 정확하다.

기초 신경중추는 감각 투입을 받아들여 분류하고 부호화해서 대뇌피질이 인식하고 저장할 수 있도록 하는 역할을 한다. 또한 파킨슨병을 비롯한 특정한 종류의 운동근육 체계 장애와도 밀접한 관계가 있다. 대부분의 서번트들이 운동근육 체계에 장애를 갖고 있는 것은 기초 신경중추의 이상에서 유발된 것으로 보인다.

경이로운 기억의 창문

지금까지 설명한 바와 같이 인간의 기억 체계란 굉장히 복잡한 시스템을 갖고 있다. 분명한 것은 서번트들이 갖고 있는 놀라운 암기력을 이해하려면 인간의 뇌 구조를 알아야 한다는 점이다.

우리는 인간의 기억을 작동시키는 시스템이 해부학적 구조 하에서 완전히 별개의 것이 아니고 서로 분리된 것도 아니라는 사실을 살펴보았다. 이것들은 뉴런의 광대한 조직망에 서로 긴밀하게 얽혀 있어서 서로 연결되거나 결합하여 움직인다는 사실을 말해준다.

오늘 아침 나는 면도를 하는 행위에 대해 그다지 심각하게 생각하지 않으면서도 면도를 했다. 상당히 복잡한 노래를 그 노래에 대해 고민하지 않으면서 흥얼거렸다. 반면에 나는 지금 이 장을 어떻게 마무리할 것인지 머릿속으로 고민하고 있다.

이것은 무엇을 말하는가? 이는 인간의 기억 시스템은 인식적, 또는 습관적 기억 체계의 혼합물로써 서로 밀접하게 연결되어 기능하기도 하고 분리되어 기능하기도 한다는 것이다.

우리가 이런 시스템을 완전히 파악하는 데는 긴 시간이 걸릴 것이다. 하지만 과학의 발달은 우리 자신에 대해 더 많은 정보에 접근할 수 있게 해준다. 따라서 우리의 기억력과는 다른 체계를 가진 서번트들의 기억 체계를 세심하게 연구한다면 신비로운 뇌기능에 대해 좀 더 유용한 통찰력을 얻을 수 있을 것이다.

13장

서번트 신드롬은 계속된다

서번트 신드롬의 신비를 풀어 줄 증거들은 계속해서 발견되고 있다. 최근에 인간의 대뇌가 편측화, 또는 분화되어 발달한다는 관점에 입각해서 두 명의 새로운 서번트를 집중적으로 연구한 결과 지금까지 진행해온 논의를 훨씬 확대 발전시킬 수 있는 정보를 얻을 수 있었다.

이 장에서는 음악 서번트인 존과 에디를 통해 좌뇌 · 우뇌의 기능과 관련된 새로운 개념들을 살펴보기로 하겠다.

서번트 신드롬이 오랜 시간에 걸쳐 동일한 징후를 보인다는 사실은 매우 놀라운 현상이다. 예를 들어 시각장애인 톰과 레슬리는 100년 이상의 시차가 나지만 두 사람이 명백하게 일치되는 공통점을 갖고 있다.

1800년대의 고트피르드 마인드와 1900년대의 리차드 와우로도 그러하고, 1785년에 수학적 재능으로 사람들을 깜짝 놀라게 한 토마스 풀러의 능력이 1985년에 일란성쌍둥이인 조지와 찰스에게서도 똑같은 양상으로 나타난다는 것도 놀랍기는 마찬가지이다.

서번트가 갖고 있는 개인적 특질

최근에 새롭게 발견된 서번트인 존과 레슬리의 유사성도 놀랍다. 존은 서른여덟 살로, 캐나다 온타리오 주의 수용시설에서 열다섯 살 때부터 계속 살아왔다. 존은 시각장애, 발달장애, 심각한 경련과 간질, 그리고 오른쪽 팔과 손의 마비 등 네 가지 장애를 한꺼번에 가진 사람이다.

하지만 존은 레슬리와 마찬가지로 뛰어난 음악적 재능에 노래와 피아노 연주의 대가로 알려져 있다. 오른손이 마비되었기 때문에 왼손만 사용해서 피아노를 연주하지만 실력이 매우 뛰어나다.

워터루 대학의 네일 차니스 박사가 존의 사례를 연구한 후에 논문을 통해 자세히 소개했다. 차니스 박사는 존을 '단일 서번트'라고 불렀는데, 그 이유는 정신적으로 장애가 있지만 한 가지 영역에서 매우 발달한 기능을 가진 사람이기 때문이라고 했다.

존에 대한 설명은 그리 낯설지 않다. 3개월 일찍 태어난 미숙아로 출생 당시 체중이 970g에 불과했다. 존 역시 다른 미숙아들처럼 산소가 과다하게 공급되었는데 불행하게도 후수정체 섬유증식증이 찾아왔고, 그 결과로 시각장애자가 되었다.

네 살 무렵에는 간질이 발병했는데 아무리 강력한 경련억제제를 복용해도 한 달에 한 번 이상은 극심한 발작 증세를 보였다. 의사들은 뇌전도 측정 결과 좌뇌반구에서 지나치게 느린 파동을 발견했고, CAT 스캔 결과로 이 부위가 심각하게 손상되었음을 알 수 있었다.

존은 언어구사 능력이 상당히 손상되었으며 반향언어증에 시달렸다. 시간과 돈에 대한 개념이 없었고 스스로 이를 닦거나 면도를 하거나 머리를 빗지 못했다. 그의 어린 시절에 대해 부모는 이렇게 기억했다.

"숟가락을 사용해서 음식을 먹을 수는 있었지만, 음식을 다 먹었다는 사실을 알지 못하고 계속해서 음식을 먹으려고만 했다."

존의 부모는 아이가 세 살이 되던 무렵부터 돌연 피아노에 흥미를 갖기 시작했다고 말했다. 비록 반향언어증에 의해 제한되기는 했지만 걷고 말하는 법을 배운 시기도 이때쯤이었다. 당시 할머니가 존을 보살피고 있었는데, 아이를 위해 자주 피아노를 연주해주며 존에게 노래를 따라 부르게 했다.

그러다 존은 때로는 한밤중에 일어나 피아노 연주를 할 만큼 집중적으로 연습하기 시작했다. 존의 부모는 특히 그가 왼손만 사용할 수 있다는 점을 고려하면 여덟 살이 되면서부터는 남들보다 확실히 뛰어난 재능을 보이기 시작했다고 기억했다.

그는 오른손을 사용할 수 없는 장애를 극복하기 위해 왼쪽 뒤꿈치나 발가락으로 낮은 음을 연주했는데 몸이 성장해 왼발로 건반을 누르지 못하게 될 때까지 계속 이렇게 연습했다. 존은 그 후에는 피아노와 오르간으로 멜로디와 화음을 모두 연주하기 위해 독특한 손가락 연주법을 개발했다.

차니스 박사는 존이 '화려한 기교에 집중하며, 다양한 장르에서 음의 강약을 조절할 수 있다'고 말했다. 존은 피아노와 오르간뿐만 아니라 멜로디

언과 하모니카도 연주할 수 있게 되었고, 절대음감까지 갖고 있었다.

다른 음악 서번트와 마찬가지로 존은 오랫동안 다양한 음악을 라디오를 통해 들었다. 그리하여 그가 연주할 수 있는 곡은 나날이 늘어났는데 여기엔 브로드웨이 뮤지컬과 재즈, 클래식 음악, 오페라, 그리고 팝송도 포함되었다.

존은 지금 최대 여덟 시간 동안 똑같은 곡을 반복하지 않고 연주하고 노래할 수 있을 정도로 많은 곡들을 알고 있다. 그는 그 많은 곡들을 제목과 소리로 분류할 수 있고, 자신이 연주하는 곡들을 흥얼거리며 따라 부를 수 있으며, 말할 때보다 노래할 때 훨씬 더 발전된 말하기 능력을 보인다.

레슬리처럼 존은 다른 악기와 가수들의 소리를 모창 할 수도 있다. 곡의 조(調)를 바꿔 연주할 수 있으며, 예를 들면 왈츠에서 재즈로 연주하는 것처럼 곡의 스타일을 바꿀 수도 있다. 레슬리나 엘렌처럼 즉흥 연주를 하거나 곡을 좀 더 화려하게 바꿔 연주할 수도 있다.

존은 피아노 연주에서 좋아하는 자기감정을 분명하게 표현할 수 있지만 다른 행동에 대해서는 기복이 전혀 없는 감정 상태를 보인다. 존의 부모는 그가 연주 후 박수 받는 것을 좋아한다고 말한다. 부모에 따르면, 존은 청중들이 박수를 치는 것을 잊는 경우에는 스스로 먼저 박수를 치기도 한다고 증언한다.

존은 자신이 머물고 있는 수용시설에서 동료 환자들을 대상으로 정기적으로 연주회를 갖고, 각종 집회나 교회에서 콘서트를 열어 지역사회에서도 아주 유명해졌다. 한 신문기자는 존의 콘서트 장면을 다음과 같이 묘사했다.

'그의 왼손이 건반 위에서 섬세하게 움직이기 시작했다. 자신이 연주하는 월광소나타가 사방에 울려 퍼지자 그는 고개를 한쪽으로 기울인 상태에서 눈을 지그시 감고 조용히 미소 지었다. 피아노 의자에 앉아 연주를 시작하는 순간, 그는 더 이상 심각한 장애를 가진 사람이 아니었다. 그는 최고의 재능을 가진 피아니스트로 거듭났다.'

존이 즉흥곡을 연주할 수 있고, 다른 음악가나 악기를 모방할 수 있으며, 곡의 조나 스타일을 바꿀 수도 있기 때문에 음악의 규칙에 대해 알고 있는 듯 보인다. 또한 그가 가족으로부터 음악적인 영향을 받은 게 확실해 보이기도 한다. 존의 이모들은 밴드에서 활동했고 삼촌은 트럼펫을 연주했으며, 할머니는 연주회를 가질 만큼 뛰어난 피아노 실력을 지녔다.

차니스 박사는 다음 질문에 대한 답을 얻기 위해 존의 사례를 꼼꼼히 연구했다.

"존의 음악적 재능은 단순히 충실하게 모방하는 것에 불과한가? 아니면 음악의 규칙에 대해 인식하고 있을까? 선천적으로 물려받았든, 반복적인 연습과 공연에서 자신도 모르는 사이 획득했든, 그는 음악적 구조와 지식을 부호화하여 사용하는 것일까?"

이런 의문을 해결하기 위해 두 가지 실험이 실시되었다. 첫 번째 실험에서는 존이 음악적 구조에 매우 민감하며, 음을 무작위로 연주하는 게 아니라 곡의 패턴을 만들어 재생산할 수 있다는 점을 알아냈다.

두 번째 실험은 존의 추상적 능력을 측정하는 일이었다. 여기서 추상적 능력이란 존이 연주된 곡을 단순히 원곡에 충실하게 다시 연주하는 능력과는 반대되는 개념이다. 연구자들은 이 실험을 통해 존이 음악적 정보를 나름대로 부호화해서 연주하거나 노래한다는 사실을 알아낼 수 있었다. 차니스 박사는 다음과 같은 결론을 내렸다.

'존이 음악이라는 영역에서 보여주는 기능은 정상적인 음악가들이 구사하는 그것과 매우 흡사하다. 존이 피아노 연주에 뛰어난 이유는 집중해서 연습하고, 신경학적으로 아무 문제없이 음악의 상징 체계를 이해할 수 있기 때문이다.'

연구자들은 지능장애가 있는 사람들은 대부분 존처럼 높은 수준의 능력을 가질 수 없다는 사실을 인정하면서도, 개인적 특질에 따라서는 서번트로 하여금 그런 능력을 갖게 하는데 결정적인 역할을 한다고 결론지었다. 따라서 존이 가진 음악 능력에 대한 등식은 다음과 같이 세워질 수 있을 것이다.

'뇌 손상+놀라운 기억력+부호화를 가능하게 하는 신경회로와 음악적 체계를 인식하는 감각+집중적인 연습과 반복=음악 서번트'

네일 오코노 박사는 날짜 계산 능력을 가진 서번트에 대해 이와 유사한 질문을 던진 바 있다. 이런 능력은 수학적인 것일까, 아니면 단순한 암기일까? 그가 얻은 대답은 두 가지 다였다. 그러나 네일 오코노 박사는 이러한 대답 끝에 다음과 같은 말을 첨가하는 걸 잊지 않았다.

"하지만 바로 이런 점이 서번트 신드롬을 더 복잡하게 하고 설명하기 힘들게 만든다."

일곱 살짜리 거장

에디는 일곱 살짜리 소년으로 또 한 사람의 음악 서번트이다. 에디는 1987년 1월에 뉴욕타임스에 보도되면서 세계적인 관심을 끌었는데, 어머니에 따르면 에디가 처음으로 장난감 피아노를 연주하기 시작한 것은 세 살 때였다고 한다.

일곱 살이 된 에디는 지금 진짜 피아노로 수많은 곡들을 연주할 수 있다. 에디의 피아노 선생은 말하기를 에디가 대단한 기억력을 갖고 있으며 멜로디 한 소절을 불러주면 그 멜로디의 패턴에 따라 곡을 계속 진행시킬 수 있고 4부 합창 화음도 넣을 수 있다고 했다.

어린 시절의 에디는 백내장 때문에 앞을 거의 보지 못하다가 여섯 살 때 제거수술을 받았고 그 이후에야 겨우 악보 읽는 법을 익힐 수 있었다. 에디의 음악적 기능이 발달함에 따라 언어도 함께 발달했는데, 한 마디 말도 못하는 상태에서 영어와 스페인어로 문장을 만들 수 있는 수준까지 발전했다. 이는 대단히 고무적인 결과로, 언어를 발달시키는 과정에서 예술적 재능을 상실한 나디아의 경우와 대조적이다.

일리노이 대학의 레온 밀러 박사는 에디의 사례에 대해 자세히 연구한 뒤에 그가 구사하는 멜로디 범위와 음의 구조에 대한 감수성에 대해 다음과 같이 설명했다.

에디의 병력을 살펴보면, 어머니는 임신 초기 3개월 동안 풍진을 앓았으며 에디는 한 살까지 심한 발육부진이었다. 선천적 백내장은 여섯 살 때 제거됐지만 왼쪽 귀는 여전히 들리지 않았다. 다섯 살 때 검사한 바에 따르면 아이의 지능은 상당히 지체된 상태로 사회적 발달은 12개월 수준에 불과했고 일상생활 기능은 40개월 수준이었다.

네 살 무렵부터 걷기 시작했지만, 에디는 유년기 시절에는 자기감정을 말로 거의 표현하지 못했다. 그러다 다섯 살 무렵부터 겨우 단어 몇 개나 단순한 문장만을 사용해 말할 수 있었는데 반향언어증이 있었기 때문에 이마저도 매우 불분명한 수준이었다.

밀러 박사는 에디가 다섯 살 무렵에 특수학교에 다니고 있을 때 연구를 시작했다. 밀러 박사는 24개의 짧은 피아노곡을 이용해서 실험을 진행했다. 이 곡들은 대부분 음악 교재에 실린 것들로 4소절에서 16소절의 멜로디가 화성 반주와 함께 구성되어 있었다. 밀러 박사는 에디의 연주를 테이프에 녹음해서 원곡과 비교 분석한 뒤에 다음과 같은 결론을 내렸다.

'에디는 짧은 악절을 기억해서 연주하는 데는 뛰어난 재능을 보이지만 들은 곡을 그대로 반복하지는 않는다. 이 같은 측면으로 보아 에디가 작곡의 규칙, 특히 온음계의 규칙에 상당히 민감하다는 사실을 알 수 있다.'

밀러 박사는 이 실험이 에디가 음악을 구성하는 구조와 규칙에 대해 알고 있음을 증명한다고 설명했다. 밀러 박사는 에디가 지닌 기억력의 본질과 이런 기억력에 영향을 주는 변수를 확인하기 위해 연구를 계속했다. 밀러 박사는 서번트가 특정한 종류의 음악을 다른 음악보다 더 확실하게 연주할 수 있는 이유가 무엇인지 밝히고자 했다.

첫 번째 연구에서, 피아노로 음의 길이에 변화를 주며 연주했다. 그 결과, 에디의 기억력이 완벽하지 못하다는 사실이 밝혀졌다. 그는 7개 이상의 음으로 구성된 곡은 거의 기억하지 못했다.

에디가 음을 무작위로 들려주는 것보다 곡의 구조를 갖춰 연주하는 것을 더 잘 기억한다는 사실을 확인한 후, 밀러 박사는 에디가 정확하거나 직관적인 기억에 의존하지 않고 음악 구조의 일반적인 특징에 민감하게 반응한다는 결론을 내렸다.

두 번째 연구에서는 음을 하나씩 들려주지 않고 음의 앞뒤에 화음을 넣어 보았다. 몇 번은 음과 같은 조(코드와 음이 일치하는 관계)에 속하는 화음을 넣었고 나머지는 음과 상관없는(코드와 음이 일치하지 않는 관계) 화음을 넣었다.

실험 결과, 화음은 에디가 음을 기억하는데 거의 도움이 되지 않는다는 사실이 밝혀졌다. 음과 상관없는 화음을 넣었을 때 이를 기억하는 수준이 훨씬 떨어졌던 것이다. 밀러 박사는 이런 결과로부터 에디의 재능이 음악의 전체적인 구조를 이해할 수 있는 능력에 의해 좌우된다는 결론을 내렸다.

세 번째 연구에서, 음을 일반적인 빠르기로 하나씩 들려주지 않고 서너 개씩 연이어 들려줬다. 에디는 이 경우에(덩어리로 나누는 전략) 음을 더 잘 기억했다. 그리고 전문적인 음악가 수준까지는 아니지만 음을 몇 개씩 연이어 들려주는 것이 이를 기억하고 연주하는데 전체적으로 도움이 되었다. 이런 실험들을 통해 밀러 박사는 중요한 결론에 도달할 수 있었다.

첫째, 에디는 음의 길이와 조에 대해 전체적으로 민감성을 보였다. 만약 에디의 기억이 직관적인 특성만 갖고 있다면 이런 민감성은 곡을 기억하는데 영향을 미치지 않았을 것이다.

둘째, 에디의 기억력은 음을 부호화할 수 있는 능력을 포함했다. 이는 에디가 각기 다른 음을 통합시키고 연결시켰다는 사실을 의미하는 것으로, 이것은 에디의 기억력이 직관적이거나 정확한 기억만으로는 설명될 수 없다는 점과 연관된다.

에디의 기억력이 음악적 구조와 지식에 접근한다는 사실은 날짜를 계산하는 서번트가 수학적 규칙에 무의식적으로 접근하는 패턴과 매우 흡사하다. 이런 특성이 유전적으로 물려받았거나, 반복적인 연습을 통한 무의식의 알고리즘에 의해 형성된다는 사실은 이미 앞에서 설명했다.

그러나 밀러 박사는 아직도 여전히 아직 풀리지 않은 의문이 남아 있다고 지적했다.

첫째, 부호화 속도와 그 이후 복구 전략에 대해 연구해야 한다. 이유는 이 두 가지 요소가 기억의 범위에서 아주 중요한 역할을 하기 때문이다.

둘째, 에디가 이용한 화성에 대한 절대적인 지식이 어디서 발생하는지 밝혀지지 않았다.

마지막으로, 서번트가 연주하는 곡이 상당히 다양한 반면 특정한 스타일이나 선호하는 곡을 특히 더 잘 연주한다는 사실을 파악해야 한다. 밀러 박사는 이것이 서번트 능력에 대한 본질적인 한계를 드러내는 것인지, 아니면 단순히 경험에 의한 선호도에 불과한 것인지를 물었다.

나는 현재까지 보고된 서번트 신드롬의 양상으로 보아 존과 에디의 능력이 단순히 따라하는 게 아니라고 확신한다. 서번트 신드롬이 무의식적인 부호화 능력을 통해 발현되는 것이라는 사실은 이 책의 결론 부분에서 더 자세히 설명할 것이다.

직관적 이미지나 보상 동기, 또는 유전적 요인만으로는 존과 에디의 사례를 설명할 수는 없다. 그 어떤 것도 서번트가 어떻게 그런 일들을 하는지 설명하지 못하기 때문이다.

우뇌와 좌뇌의 재탐색

내가 의과대학에서 공부할 당시에는 좌뇌와 우뇌의 분화에 대한 개념이 지금처럼 발전되지 않았었다. 그러나 언어 영역을 담당하는 부분이 손상되면 언어를 사용하는데 타격을 입게 된다는 것은 분명한 사실로 인식되고 있었다.

한 환자의 사례를 통해 뇌의 편측 발달에 대한 임상적 개념을 처음 접하게 되었을 때, 나는 이 문제에 대한 중요성을 실감하게 되었다. 환자는 자기 일을 무척이나 사랑하는 작가였다. 오른손잡이인 그는 책을 읽는 걸 좋아했으며 다양한 주제에 대해 넓고 깊이 있는 지식을 가진 엘리트였다.

X선 촬영 결과 우뇌반구에 종양이 발견됐는데, 이는 환자의 나이와 종양의 모양을 고려하면 악성 뇌종양인 듯했다. 하지만 생존을 위한 한 가지 희망은 있었다. 우뇌반구 전체를 제거할 수 있는 가능성이 남아 있었던 것이다.

이 경우, 물론 필연적으로 왼쪽의 운동신경은 마비되겠지만 최소한 언어 기능은 보존될 것이다. 만약 종양이 왼쪽에 있었다면 언어 능력의 상실이 불가피하기 때문에 이런 절차는 고려되지 않았을 것이다.

사람은 살아가면서 때때로 결정하기 힘든 순간에 직면하게 된다. 하지만 이렇게 중요하고도 용기가 필요한 결정을 내려야 할 상황을 맞게 되는 사람이 그리 많지는 않다. 이 환자에게는 두 가지 선택이 있었다. 뇌종양으로 죽거나, 수술을 해서 반신불수 상태로라도 생명을 연장하는 것이었다. 수술을 받으면 몸이 마비될 것을 알고 있는 상태에서, 그는 우뇌반구 절제술을 택했다. 종양은 예상대로 악성이었다.

나는 수술이 운동신경 마비 이외에 전체 기억이나 지적 능력에 어떤 영향을 미칠지 궁금했다. 이 환자는 작가였다. 오로지 읽고 쓰는 능력에 의존하고 있는 사람인 것이다. 수술 후에는 남는 것은 무엇일까?

나는 수술 후 대화를 통해 환자가 전혀 달라진 점이 없다는 사실을 발견하고는 대단히 놀랐다. 예상대로 몸의 왼쪽 운동신경은 마비되었지만 기억과 언어, 그리고 사고 과정은 지극히 정상적이었다.

내가 컴퓨터와 워드 프로세서를 사용하는 법에 대해 배울 때 처음 알게 된 것은 사용 중인 데이터를 저장하기 전에는 항상 백업본(本)을 만들라는 것이었다. 아마도 이 환자의 경우 백업본과 같은 것이 뇌기능에 내장되어 있는 게 아닐까 하는 의문이 들었다. 따라서 나는 이렇게 생각했다.

'대뇌의 반구 편중현상과 특수화는 확고한 개념이 아니다. 그리고 우뇌 기능과 좌뇌 기능이라는 단순 이론으로 간단히 정리될 수도 없다.'

오늘날의 의학계에서는 좌뇌와 우뇌의 기능이 마치 서로 분리되거나 독립적인 것처럼 설명하고 있는데, 나는 이보다는 중추신경계의 복잡성에 관련해서 해석되어야 한다고 생각한다.

노먼 게쉬윈드 박사와 앨버트 가라버다 박사는 『대뇌의 반구 편중현상』이라는 책에서 서번트 신드롬에도 적용될 수 있는 정보를 제시한 바 있다.

이들은 서번트들이 왜 그런 유형의 기능을 소유하게 되었는지, 서번트 신드롬이 여성보다 남성에게 더 높은 빈도로 발생하는 이유가 무엇인지에 대해 이 책을 통해 실마리를 제공했다. 이 책은 서번트 신드롬을 발생시키는 중추신경계 장애와 결함의 유형, 그리고 위치에 대한 단서도 제공한다. 그 내용을 보자.

(1)인간의 두뇌는 태아일 때부터 비대칭이다. 좌뇌반구에 편중된 선천적이고 명백하며 일반적인 불균형이 존재하는 것이다. 특히 측두엽의 불균형은 유전적인 특징이 아니라 인체 해부학상 주어지는 기본적인 것이다.

진화론적 관점으로 이런 현상을 설명한 이론들이 많이 있으며 이와 같은 불균형은 동물계에서도 발견된다. 해부학적으로도 이런 불균형은 쉽게 증명될 수 있는데, 이는 '뇌의 우위성' 이라는 용어로 수년 동안 과학서적들에서 이용되었다(대부분의 저자들은 좌뇌반구가 우세하다고 표현한다).

이런 우위성은 기능적인 면에서도 뚜렷하게 나타난다. 뇌의 우위성은 유전적으로 결정되는 게 아니며 오히려 태아의 뇌에서 이미 반영된 불균형이 되풀이해서 발생하는 것이라고 할 수 있다.

(2)반구의 우위성은, '활동적이고 우세하며 중요한' 반구와 '수동적이고 열세하며 중요하지 않은' 반구가 서로 대립하는 문제가 아니다. 오히려 각각의 반구는 특정한 기능에서 뛰어나다고 할 수 있다. 예컨대 좌뇌반구는 일반적으로 언어와 손을 사용하는 기능에 우세하고 우뇌반구는 공간적이고 음악적인 기능에 우세하다.

(3)우위성은 대뇌피질의 구조에만 제한된 것이 아니라 몇몇 피질하의 구조에서도 나타난다.

(4)태아기에 좌뇌반구는 우뇌반구보다 나중에 발달한다. 따라서 좌뇌반구가 더 오랜 기간 동안 태아기의 영향에 노출되어 있다고 할 수 있다.

(5)이런 태아기의 영향 중 하나가 바로 남성과 관련된 요소로 테스토스테론(남성호르몬의 일종)을 순환시키는 것이다. 과도한 테스토스테론은 대뇌피질의 성장을 둔화시키고 연약한 좌뇌의 뉴런 구조를 손상시킬 수도

있으며, 그 결과 뉴런이 이동하고 우뇌반구가 확대되며 우위성이 우뇌로 이동하게 된다.

자궁 속 남자 태아의 경우, 태아의 생식선은 많은 양의 테스토스테론을 만들어 낸다. 자궁 속에서 지내는 일정 기간 동안 태아의 테스토스테론 양은 성인 남자의 양과 비슷하다.

여자 태아도 어머니의 몸속에서 발생하는 순환 때문에 테스토스테론에 노출되지만 거의 대부분 태반에서 에스트라디올(여성호르몬의 일종)로 변화된다. 따라서 여자 태아의 경우, 테스토스테론이 남자 태아만큼 대뇌피질에 영향을 받지는 않는다.

(6)우위성이 우뇌로 이동할 때 우뇌의 기능(서번트에서 발견할 수 있는 기능들)과 관련된 능력을 뒷받침하는 현상이 발생한다. 이런 이동은 난독증과 언어지체, 자폐증, 말더듬증, 그리고 과동증(활동과다증) 같은 질병에서 남자와 여자의 비율이 다른 것과 관련이 있다. 일반적으로 남성 왼손잡이가 더 많은 이유도 우위성의 이동으로 설명할 수 있다.

(7)뇌의 한 부분(우뇌)에서 다른 부분(좌뇌)의 발달지체나 실제 손상을 보상하려는 발달이 진행될 때 '우수성의 병리학' 현상이 발생한다.

(8)테스토스테론은 몸의 특정 면역 체계를 포함한 다른 여러 조직들의 발달에도 영향을 미친다. 테스토스테론은 남자가 특정 면역 장애에 더 감염되기 쉬운 원인이 되기도 한다.

게쉬윈드 박사와 가라버다 박사 연구팀은 서번트 신드롬에 관련해서 우뇌반구 유형의 재능은 종종 학습장애와 연관되며 많은 자폐아들이 그들의 일반적인 장애와는 극도로 분리된 분야에서 뛰어난 행동을 보인다고 지적한다.

연구자들은 이런 분리된 재능을 '우수성의 병리학'으로 설명하고 있다. 즉 뇌의 한 부분의 발달지체로 인해 다른 부분이 우수하게 발달하게 되는 보상적인 상황이 일어난다는 것이다.

호르몬이 뇌 구조, 그 중에서도 특히 대뇌피질에 영향을 미친다는 사실은 서번트 신드롬이 남성에게서 더 자주 발견되는 현상과 우뇌 기능이 더 우세한 이유를 설명할 수 있을 것이다. 보상적인 발달 때문에 우뇌가 우위성을 가진다는 것은 새로운 이론이 아니지만 이전의 이론들은 이런 손상이 남성에게서 훨씬 더 빈번하게 발생하는 이유를 설명하지 못했다. 게쉬윈드 박사 연구팀은 이를 정확하게 설명하고 있다.

앞서 언급한 사항들을 서번트 신드롬에 적용시킨다면 그 시나리오를 다음과 같이 발전시킬 수 있을 것이다.

태아의 뇌는 좌뇌반구의 기능이 우세한 불균형 상태로서 우뇌반구가 좌뇌반구보다 먼저 완벽하게 발달한다. 좌뇌반구가 우뇌반구보다 나중에 발달하기 때문에 좌뇌반구는 오랜 시간 동안 태아기의 영향에 노출될 위험이 크다.

태아기의 다양한 원인들 때문에 이런 영향에 한 차례만 노출되어도 우리의 뇌는 실제적으로 손상될 수 있다. 이 경우 정상적인 대뇌피질 구조는 방해를 받게 되고, 이를 만회하기 위해 뉴런이 우뇌반구로 이동해서 조직된다.

물론 이런 현상은 남녀 모두에게 발생될 수 있다. 뇌가 손상되지 않은 경우에도 이런 영향이 발생한다. 남성호르몬인 테스토스테론이 좌뇌 피질의 성장을 둔화시키고, 그것에 대한 반작용으로 뉴런이 우뇌로 이동하게 된다. 뉴런이 우뇌로 이동하면 우뇌반구는 확대되며, 이 때 우위성도 함께 이동하게 되는 것은 보편적으로 발생하는 현상이라는 것이다.

이런 설명은 서번트가 갖고 있는 일반적인 능력의 유형(우뇌 우세)과 서번트 신드롬이 남성에게서 더 자주 발견되는 이유를 입증하며, 임상적인 결과와 CAT 스캔, 그리고 좌뇌의 손상과 장애가 발견된 해부 결과와도 일치한다.

잠과 꿈, 그리고 망각의 메커니즘

어렸을 때 갖고 놀던 마술 칠판을 기억하는가? 글씨를 쓰고 난 뒤 칠판을 덮고 있는 비닐 종이를 들어 올리면 써놓은 글씨가 모두 지워지던 마술 칠판 말이다. 그런데 칠판의 글씨를 오랫동안 지우지 않으면 글씨의 흔적이 흐릿하게 남아 서로 구별할 수 없게 되었던 경험이 있을 것이다.

우리의 뇌에는 매일 수천 가지 자극이 입력된다. 이런 뇌의 자극들은 어떻게 비대해지지 않고 서로 구별할 수 없게 흐릿해지지도 않는 것일까?

우리의 뇌는 마술 칠판처럼 비닐 종이를 갖고 있는 것일까? 어떤 학자들은 우리가 자는 동안 우리 머릿속의 칠판이 지워진다고 말한다. 그래서 우리가 꿈을 꾸는 목적은 그 칠판을 지우는 일일 수도 있다고 주장한다.

DNA에 관한 연구로 노벨상을 수상한 프랜시스 크릭 박사는 이 이론을 한층 발전시킨 사람이다. 크릭 박사는 우리가 잠을 자는 동안에 꾸는 꿈의 기능을 가리켜 '역학습(reverse learning)'이라고 정의했다. 그는 역학습

중에는 일부 세포의 집합, 즉 기억의 네트워크가 보강되고(그러므로 저장되고) 어떤 기억은 약화되기도 한다고(그리고 결과적으로 삭제된다고) 밝힌다.

이것은 우리의 뇌가 낮 동안의 기억을 저장하기 위해 통합하고 나머지는 버리기 위해 조각을 내는 방식을 뜻한다. 이런 과정을 통해서 우리가 수면을 취하는 동안 정보는 재분류되고 재정리된다는 것이다.

인간과 동물이 취하는 두 가지 종류의 수면이 있다. 인간의 '급속안구운동(REM)'은 수면 주기 중 약 1시간에서 1시간 반 동안 발생한다. REM 수면은 비 REM 수면과 번갈아가며 발생하는데 비 REM 수면은 4단계로 점점 깊숙해지면서 일어난다.

우리가 꾸는 거의 모든 꿈은 REM 수면 동안에 발생한다. 만약 REM 수면이 일어나지 않으면 그 이후의 수면은 REM 주기를 계속 만회하고자 하는데, 이는 인간 활동을 위해서는 REM 수면 상태가 반드시 필요하다는 사실을 의미한다.

REM 수면을 취하는 동안 외부 자극의 투입은 거의 배제된다. 이때 뇌간에 대한 충격이 일어나 대뇌피질과 다른 전뇌 영역을 주기적이고 광범위하게 자극한다. REM 수면의 시작 단계에서 아래쪽 뇌간의 세포들, 특히 뇌교(腦橋)는 뇌의 위쪽 중앙으로 신호를 보내기 시작하고 이런 신호들은 대뇌피질 전체에 넓게 퍼지게 된다.

크릭 박사에 따르면, 이런 뇌간 충격은 '임의적이고 무의식적이며 불특정한' 네트워크로 '유기적으로 조직되고 확립된' 세포 조직과는 대조를 이룬다.

크릭 박사는 우리가 잠에서 깨어난 후에 기억하는 대부분의 기괴하고 무작위적인 꿈들은 상대적으로 연결되지 않은 회로들의 임의적인 자극으로 설명될 수 있다고 설명한다. 크릭 박사는 '우리는 REM 수면 동안 무의식적인 꿈을 꾸게 되는데, 그들 대부분은 낮 동안 일어난 일들을 잊기 위한 작용'이라고 말했다.

크릭 박사는 REM 수면이 이처럼 망각의 기능을 갖고 있지 않았더라면 대뇌피질이 과도하게 커졌거나 원치 않는 행동과 연결되어 혼돈 상태에 빠짐으로써 결국엔 두뇌 작용을 멈추게 되었을 것이라고 주장한다.

인간을 포함한 대부분의 포유동물은 REM 수면을 취하는데, 예외도 있다. 오스트레일리아에서 발견된 바늘두더지의 대뇌피질은 불균형적으로 거대한데, 그 이유는 바늘두더지가 역학습 과정을 통해 이를 조정할 수 없기 때문에 이처럼 거대한 대뇌피질이 필요했던 것으로 설명된다.

REM 활동이 태아기에 더 자주 발생하고, 어린아이나 어른보다 신생아에게서 더 자주 발생한다는 사실에 대해서는 설명이 필요할 것이다. 만약 꿈을 꾸는 행위가 하루의 경험을 제거하는 것과 관계가 있다면, 태아기에 REM 수면이 덜 발생하는 것이 타당할 것이기 때문이다. 이에 대해서는 두 가지 설명이 가능하다.

첫째, 태아기에 REM 상태가 증가하는 것은 출생 직전에 다수의 뉴런이 자연 소멸하기 전 상당히 많은 수의 뉴런이 증가했기 때문이다.

둘째, 태아기와 신생아기의 뇌간에 대한 자극은 성년기와는 다른 기능을 수행한다. 즉, 이 때의 자극은 뉴런의 성장과 분열 증식, 그리고 뉴런의 활동을 자극하는 역할을 수행하는 것이다.

하지만 꿈의 영역에 대한 다른 연구자들의 이론은 이 개념만으로는 REM 수면을 설명하기에는 부족하다고 지적한다. 예를 들어, 이 이론은 우리가 잠을 자는 동안 이따금 새로운 학습이나 몰랐던 사실을 깨닫는 경험이 발생하는 것을 설명하지 못한다.

그리고 반복적으로 꾸게 되는 꿈이나 때때로 기억에 남는 논리적이고 의미 있는 꿈에 대해서도 설명하지 못한다. 따라서 이런 이론을 반박하거나 수정하는 연구가 계속되어야 할 것이다.

그러나 이러한 설명들은 서번트 연구와 관련되어 여전히 흥미롭다. 앞서 지적했듯이 서번트의 굉장한 기억력이 무엇인가를 저장하고 복구하는 독특한 능력이라기보다 그것을 잊어버리는 능력이 없어서인지 모르기 때문이다.

마술 칠판에서 비닐 종이를 들어 올리는 것처럼 어떤 시점에서 대뇌피질에 정리와 제거 과정이 필요하다는 점에 대해서는 의심의 여지가 없다. 그렇지 않으면 우리의 대뇌피질은 바늘두더지의 그것처럼 굉장히 거대해질 것이다.

지금까지 설명된 모든 내용들을 살펴보면, REM 수면이 앞서 언급한 역할을 일정 부분 수행하고 있는 것은 사실인 듯하다. 잊기 위해, 제거하기 위해 꿈을 꿀 가능성이 있는 것이다.

수면은 우리의 원기를 회복시키는 기능 이상의 역할을 수행할 수도 있다. 특히 REM 수면 덕분에 우리는 제정신으로 생활할 수 있을지도 모른다. 꿈을 꾸는 행위에 관한 이러한 관점은, 꿈을 꾸는 행위가 생리학적이라기보다 심리학적으로 필요하다고 설명하는 프로이드의 정신분석학 이론과는 확실히 차이가 있다.

우리 모두에게 보편적인 상식으로 받아들여지고 있는 프로이드의 꿈에 대한 이론은, 꿈의 내용이 임의적인 것이 아니라 매우 의도적이며 상징적이고 감정적으로 강렬한 것이라는 내용을 담고 있다.

프로이드는 꿈을 기억하기 힘든 이유는 과정의 특징 때문이 아니라 우리 자신이 심리적 이유들로 인해 꿈의 내용을 의도적으로 억압하기 때문이라고 주장한다.

프로이드는 꿈이란 의미가 없거나 혼란스럽기는커녕 특정한 메시지를 전달하는 것으로 해석될 수도 있다고 말한다. 꿈은 대뇌피질에 저장된 삶의 경험과 기억에서 나오는 것으로, 기억 기능과 관련해서 분류하고 버리는 과정이 결코 아니라는 것이다. 오히려 기억은 어떤 부분(이드)에 대해 성격적 부분(초자아)이 적극적인 검열을 실시하는 과정이라고 프로이드는 말했다.

그러나 앞서 설명한 새로운 이론들은 꿈이 상당히 다른 신체적 유지 기능을 담당한다고 설명한다. 꿈의 내용은 중요하지 않으며 매우 우발적이라는 것이다. 그리고 자극은 피질하 부분에서부터 발생하는 것으로 심리적 의미와 별 관계가 없다고 그들은 말한다.

이런 관점에서 보면, 우리가 지난밤의 꿈을 기억하지 못하는 이유는 높은 수준의 검열 기능 때문이 아니라 꿈이 정리되는 동안 단순히 감각의 투입과 산출이 잠시 동안 닫히기 때문임을 알 수 있다. 따라서 의식·무의식의 싸움은 존재하지 않으며 피질하의 의도적인 충동에 의한 대뇌피질의 정리만 있을 뿐이다.

과연 어느 관점이 옳을까? 부분적으로는 모두 맞는다고 할 수 있다. 심리학적 모델을 지지하는 사람들의 이론으로는 REM 상태의 균일성과 규칙성을 설명하기 힘들다. 또한 태아와 신생아가 증가된 REM 활동 상태를 보인다는 보고와 동물에게도 REM 활동이 존재한다는 사실을 전혀 설명하지 못한다.

반면에 생리학적 모델을 지지하는 사람들은 우리 모두가 의미와 통찰력을 갖고 있으며 일상생활과 관련된 꿈을 꿔본 경험이 있다는 사실을 설명하지 못한다. 우리는 지난밤에 꾼 꿈 중에서 일부를 기억할 수 있다. 그리고 이런 꿈들 중 어떤 것은 이상하기도 하지만 어떤 것은 상당히 주목할 만하다.

이렇게 상반된 두 관점을 조화시키기 위해서는 더 많은 연구가 필요할 것이다. 수면에 대해 계속 연구하고 정상적인 지능을 가진 사람과 서번트의 수면을 비교한다면, 뇌의 기본적인 기능에 대해 가치 있는 정보를 얻을 수 있을 것이다. 정상인과 서번트의 수면을 비교하면 서번트의 기억 기능이 지닌 매우 독특한 특성과, 그 기억 기능에서 REM 수면이 맡는 역할을 알 수 있기 때문이다.

시각장애, 정신박약, 그리고 음악 천재

앞서 설명한 톰과 레슬리, 엘렌, 존과 같이 음악적 재능을 가진 사람들의 공통점은 모두 정신박약, 시각장애, 그리고 비상한 음악적 재능을 지녔다는 것이다. 이렇게 서로 전혀 어울리지 않는 세 가지 특성이 동시에 발생하는 현상은 혹시 이들이 상호작용을 통해 함께 일어나는 게 아닐까 하는 의문을 품게 한다.

15명의 음악적 재능을 가진 서번트들을 자세히 관찰한 후에, 차니스 박사는 이 중 6명의 사례에서 정신박약과 시각장애가 함께 발견됐다고 지적했다. 시각장애와 서번트 신드롬이 흔하지 않다는 사실을 고려하면 이는 매우 비범한 비율이라고 할 수 있다.

정신박약과 시각장애의 특성이 서로 빈번하게 연관되고, 이 두 가지 요소가 음악적 재능과 함께 발견되는 현상은 이 세 가지 특성을 다시 한 번 주목하게 한다. 무엇이 이 유사하지 않은 세 가지 특성을 함께 발생하도록 만드는 것일까?

이 세 가지 특성을 동시에 지니고 있는 사례들을 살펴보면 두 가지 추가적인 요소가 있음을 알게 된다. 첫째는 시각장애의 원인이 주로 후수정체 섬유증식증이고, 둘째는 이들이 거의 미숙아로 태어난다는 사실이다.

후수정체 섬유증식증은 1942년에 처음 설명되고 이름 붙여졌다. 정상적인 태아가 발달할 때 태아 망막의 일부분은 혈관이 잘 발달되지만 어떤 부분은 임신 30주나 31주가 되어서야 부분적으로만 발달한다. 따라서 태아가 31주가 되기 전에 태어나면 망막의 일부분은 발달된 혈관과 모세혈관을 포함하고는 있지만 일부분은 아직 발달이 덜 된 맥관(脈管) 구조를 갖게 된다.

후수정체 섬유증식증은 발달이 덜 된 부분에 있는 혈관 그물이 출생할 때까지 계속 발달하고, 이 혈관 그물이 출생 직후 광범위하게 급격히 확대되는 현상이다. 따라서 후수정체 섬유증식증을 앓는 대부분의 환자는 미숙아들이다.

이 통제할 수 없게 부자연스레 발달된 모세혈관은 안구의 유리체 안에서 부식되고, 결국 안구의 뒷면에서 망막을 분리시키는 섬유질 조직을 형성함으로써 완전히 앞을 볼 수 없게 만든다. 레슬리의 사례와 같은 몇 가지 예에서는 녹내장이 함께 발생했는데 이는 수술을 통해 제거되어야 한다.

아날 파츠 박사는 후수정체 섬유증식증의 과정과 그 파괴적인 결과에 대해 가장 자세하게 설명한 사람이다. 파츠 박사에 의하면, 후수정체 섬유증식증이 발병하는 대상은 대부분 체중 1.2kg 이하의 6개월 정도 미숙아로 제한된다. 바로 이 무렵에 미숙아의 망막은 손상되기 쉬우며 출생 3주에서 5주 사이에 후수정체 섬유증식증이 급속도로 발병하게 된다고 파츠 박사는 말하고 있다.

후수정체 섬유증식증의 원인은 오랫동안 알려지지 않았었다. 그러다가 1951년에 신생아, 특히 미숙아 육아실에서 이용되는 고농도의 산소가 후수정체 섬유증식증을 유발한다는 사실이 밝혀졌다. 즉시 신생아 육아실의 산소 농도가 세심하게 통제되기 시작했고, 이후 후수정체 섬유증식증은 급격히 감소했다.

하지만 미숙아의 경우에 산소를 주의해서 사용해야 한다는 연구 결과가 보고되기 전에 태어난 미숙아들은 불행하게도 후수정체 섬유증식증을 앓게 되었으며, 결국 시각을 잃었다.

후수정체 섬유증식증 때문에 시각을 잃게 된 아이들에 대해 연구한 많은 학자들은 정신지체와 행동장애, 그 중에서도 특히 유아자폐증이 후수정체 섬유증식증과 함께 발생하는 일이 빈번하다는 사실을 보고했다.

로레타 벤더 박사는 24명의 후수정체 섬유증식증 환자 중 22명이 정신적으로 장애가 있다는 사실을 발견했다. 또한 R. 키러 박사는 후수정체 섬유증식증으로 앞을 볼 수 없는 경우 아이가 유아자폐증을 앓는 경우가 많다는 점을 지적했다. 그는 또한 망막에서 발생하는 것과 유사한 과정이 뇌의 다른 부분에서도 발생하며, 이것이 자폐증의 원인일 수도 있다고 언급했다.

바로 여기서 시각장애아에게 정신적 결함이 자주 발생하는 원인이 후수정체 섬유증식증과 직접 관련이 있는지, 아니면 이런 정신적 결함이 조산 때문에 부수적으로 발생하는 장애로써 단순히 미숙아들의 공통적인 변수에 불과한지에 대한 의문이 발생한다.

사이릴 윌리엄 박사는 미숙아 중 심각한 정신지체를 가진 비율이 약 4%에서 10% 사이인 반면에 후수정체 섬유증식증을 지닌 아동이 정신적 장애를 지닌 비율은 약 10%에서 40% 사이라는 점을 지적했다. 그는 이러한 결과를 토대로, 후수정체 섬유증식증과 정신지체가 매우 밀접하게 연결되어 있다는 결론을 내렸다.

음악적 능력과 같은 서번트적 재능이 시각적 결함을 보상하기 위해 발전하는지의 여부는 보다 면밀히 살펴봐야 하지만, 이 주장은 다음과 같은 이유로 그리 타당하지 않은 듯하다.

첫째, 대다수의 시각장애 아동들이 이런 보상적 능력을 발달시키는 건 아니기 때문에 이것으로 전체적인 설명이 될 수 없다.

둘째, 키러 박사는 후수정체 섬유증식증을 앓았던 대다수 아이들이 자폐증을 앓고 있다는 사실을 발견했다(이런 증상을 보이는 아이들은 공통적으로 서번트 능력을 지니고 있는 경우가 많다). 반면에 다른 원인 때문에 앞을 보지 못하는 18명의 대조군 환자들에게서는 자폐증이 발병되지 않았다.

만약 다른 원인에 의한 시각장애가 단독으로 서번트 능력을 발생시키는 원인이 된다면 모든 시각장애인들에게서 같은 비율로 서번트 능력이 나타나야 한다. 하지만 서번트 신드롬에 대한 여러 사례들을 살펴볼 때 이는 사실이 아니다.

후수정체 섬유증식증 때문에 앞을 볼 수 없게 된 사람들은 서번트 능력을 보이는 경우가 많다. 이런 결과는 후수정체 섬유증식증과 유아자폐증의 원인이 같기 때문에 두 질병이 서로 직접적으로 연결되며 각각의 질병이 중추신경계의 다른 부분에 영향을 미침으로써 서버트 능력이 일어난다는 사실을 말해준다.

이로써 후수정체 섬유증식증과 유아자폐증이 다른 원인에 의해 발생하지만, 후수정체 섬유증식증이 최소한 자폐증의 생물학적 정보를 제공한다는 사실은 분명해 보인다.

림랜드 박사는 미숙아 출생 시의 산소 과다와 자폐증, 그리고 높은 산소 농도와 후수정체 섬유증식증이 직간접적으로 연관이 있을 것이라는 가능성을 제시한다. 그에 따르면 시각장애자가 아닌 자폐아의 경우도 출생 직후나 유아기 초기에 높은 산소 농도에 노출된 경우가 비정상적으로 높았다.

그렇다면 고농도의 산소가 특히 미숙아와 망막에 해로운 이유는 무엇일까? 그리고 이런 높은 산소 농도와 정신적인 장애, 특히 서번트 신드롬은 어떤 관련이 있는 것일까?

미숙아가 고도로 농축된 산소를 호흡하면 발달하고 있던 미성숙 망막의 모세혈관이 두드러지게 수축된다. 이유는 아직 불분명하지만 발달이 막 끝난 망막의 혈관이 이러한 수축으로 인해 거의 손상되고 만다.

요컨대 이러한 혈관 수축이 아직 발달되지 않아 상처입기 쉬운 망막 부분에 상대적인 영양 부족과 손상을 가져오고, 이에 따른 부차적 증식이나 보상적인 과성장이 발생함으로써 망막이 분리되거나 소멸하여 결국 앞을 볼 수 없게 되는 것이다.

림랜드 박사는 발달 중인 태아의 뇌에서 상처입기 쉬운 부분들도 망막처럼 혈관 수축과 상대적 산소 결핍, 그리고 산소 결핍의 결과인 뇌 손상과 뇌기능 장애를 경험하게 되는 것일지도 모른다고 설명한다.

림랜드 박사는 이런 영향을 가장 많이 받는 부분이 망상활동형성체일 가능성을 제시한다. 오늘날까지 이 부분이 관련되었다는 명확한 증거는 발견되지 않았지만, 동물을 대상으로 연구한 결과 고밀도의 산소가 대뇌피질 같은 뇌의 특정 부분에 해로운 영향을 미친다는 사실은 확인되었다.

이러한 손상 과정은 검안경을 사용하면 발달 중인 사람과 동물의 망막 내에서 쉽게 관찰할 수 있지만 불행하게도 뇌는 검안경을 통해 관찰할 수 없다.

나는 시각장애와 정신장애, 그리고 음악적 재능이라는 세 가지 특성이 뇌 구조의 일부분에 있는 특정한 뉴런이 손상되었기 때문에 발생하는 것은 아닐까 생각한다. 즉 망막의 후수정체 섬유증식증과 동등한 뉴런의 손상이 뇌 구조에서도 동시에 발생했을 가능성이 있다는 것이다.

이렇게 손상된 부분들은 해마나 시상 같은 피질하 구조들일 것이다. 미숙아 출생 시 사용하는 산소가 망막에서 혈관 수축을 일으키는 것처럼 이 손상되기 쉬운 부분들에서도 혈관 수축을 일으켜 뉴런을 손상시킬 것이다.

하지만 간혹 산소가 사용되지 않은 사례도 있다는 점을 고려하면 산소가 유일한 원인은 아닌 것을 알 수 있다. 시각장애와 정신장애, 그리고 음악적 재능이라는 세 가지 특성을 가진 환자의 뇌 손상이 훨씬 더 광범위하여 해마나 시상이 음악적 능력과 기억에 중요한 역할을 했을 가능성도 있다.

산소의 밀도와 조산, 그리고 후수정체 섬유증식증이 서로 밀접하게 관련되어 있다는 사실은 이미 밝혀졌기 때문에 신생아 육아실에서 산소의 밀도는 엄격하게 통제되기 시작했고, 따라서 후수정체 섬유증식증은 급격히 감소했다(후수정체 섬유증식증과 서번트 신드롬은 밀접하게 연관되어 있기 때문에 서번트 신드롬도 감소했을 것이다).

오늘날 의학의 발달로 신생아 중환자실에서 저체중으로 출생한 미숙아들이 살아날 가능성도 훨씬 더 커졌다. 고농도의 산소는 더 이상 미숙아에게 공급되지 않지만, 위험성을 인정하면서도 호흡곤란증후군을 앓는 미숙아에게는 여전히 산소가 공급되고 있다. 이로 인해 후수정체 섬유증식증이 다시 발병하고 있는 것이다.

하지만 고농도의 산소가 장애의 원인이 된다는 사실이 이미 밝혀졌기 때문에 현재는 망막을 세심하게 확인함으로써 시각장애가 발생하는 것을 방지하고 있는 추세이다.

그렇더라도 후수정체 섬유증식증과 서번트 신드롬의 관계에 대한 연구는 계속되어야 한다. 나는 이것이 서번트에 관한 다른 어떤 연구보다 더 유용한 정보를 제공할 것으로 확신한다. 후수정체 섬유증식증과 서번트 신드롬의 관련성을 밝히는 연구가 서번트 신드롬에 관한 의문을 풀어 줄 수 있는 통로가 될 것이기 때문이다.

14장

그들은 어떻게 그런 일을 할 수 있을까?

레슬리 렘키의 피아노 연주, 알론조 클레먼스의 조각, 그리고 조지와 찰스 형제의 계산 능력을 지켜본 사람들의 첫 번째 반응은 경악 그 자체이고 그 다음에 이어지는 반응은 대부분 이것이다.

"그들은 어떻게 그런 일을 할 수 있을까?"

심리학에서는 서번트가 재능을 발휘하는 광경을 보고 듣는 일을 '인지적 불협화'라고 부른다. 지성의 일부는 눈앞에서 명백히 일어나고 있는 현상을 목도하고 있지만 다른 일부분은 이전의 경험에 근거하여 그것이 불가능하다고 규정하는 것이다.

어떤 사람들은 서번트의 능력은 굳이 설명할 필요가 없다고 말한다. 능력이 곧 기적이기 때문이다. 기적을 '널리 알려진 자연의 법칙을 넘어서 일어나는 불가사의한 일'이라고 정의한다면, 서번트 연구의 목적은 이 현상을 설명할 수 있는 자연의 법칙을 밝혀내려고 노력하는 일일 것이다.

기적을 이해한다고 해서 그것을 지켜볼 때의 놀라움이 사라지는 것은 아니다. 예컨대 세상에 처음 등장했을 때 마치 기적과도 같았던 약품이 많다. 페니실린이 등장하면서 치명적인 전염병이 사라졌을 때 사람들은 그 것을 기적이라고 불렀다. 소아마비 백신도, 토라진(Thorazine) 같은 항정 신치료 약물도 마찬가지였다.

그러나 그 약물들은 삶과 죽음처럼 자연의 법칙 안에서 작용하는 것일 뿐이다. 그 모든 기적들을 그대로 내버려 둔다거나 페니실린과 토라진이 어떻게 작용하는지 더 진지하게 연구하지 않는다면, 그래서 이 약물들을 통해 더 많은 질병을 정복하려고 시도하지 않는다면 더 이상의 기적은 일 어나지 않을 것이다.

어떤 사람들은 서번트 신드롬이라는 비범한 현상을 그냥 내버려 둬야 한다고 말한다. 서번트 신드롬은 기적이기 때문에 기적은 기적으로 남아 야 가치가 있는 법이라는 것이다.

나는 한 사람의 의사로서 환자를 치료하는 과정에서 자주 기적을 경험 한다. 환자를 치료하다 보면 의학적으로 결코 회복될 수 없는 환자가 의사 의 판단을 비웃듯 힘차게 회복되는 경우가 많다.

이러한 기적이 다른 환자들을 도울 수 있도록 그들의 방식을 이해하는 일, 또는 기적 자체를 자연의 법칙 내에서 이해하려고 노력하는 일은 결코 신성을 모독하는 행위가 아니다.

서번트 신드롬을 연구한다고 해서 서번트가 더 이상 신비롭지 않게 느껴 지는 것도 아니다. 사실 나는 서번트 신드롬을 연구하면서 그들에 대해 더 많은 경외감을 갖게 되었다. 동시에 나의 '인지적 불협화'는 더욱 커져 갔으며, 이는 내가 서번트를 계속 연구하는 데 있어 강력한 추진력이 되었다.

기적이 중요한 이유 중 하나는, 우리로 하여금 신비롭고 난해한 자연의 법칙들을 계속 연구하도록 자극하기 때문이다. 과학은 신성을 모독하지 않는다. 과학은 오히려 사물의 거대한 구조와 그 구조가 어떻게 인간 삶에 영향을 끼치는지에 대해 더 많은 이해력을 제공한다. 따라서 서번트 현상을 단순한 기적으로 여기면서 연구를 포기하는 태도는 결코 옳지 않다.

이제 이 복잡하고 기이한 현상에 대해, 현재 우리가 이해하고 있는 것을 바탕으로 서번트 신드롬에 더 가까이 다가서 보기로 하자.

인간 능력의 스펙트럼

서번트의 능력들이 상당히 제한된 분야에만 국한되어 있다고 생각할지도 모르지만, 인간이 발휘할 수 있는 재능의 스펙트럼을 고려해 볼 때 그들의 능력과 범위는 상당하다고 할 수 있다. 심각한 장애를 가진 아이가 어떤 재능을 발휘하는 것은 정상적인 아이가 여러 가지 재능을 갖고 있는 것만큼이나 놀라운 일이기 때문이다.

예를 들어, 위너베이고 주립병원의 소아병동에서조차 서번트들이 드러내는 능력의 범위는 참으로 복잡하고 다양했다. 복잡한 조각그림 퍼즐을 맞출 수 있는 한 가지 능력에서 도시 전체의 버스 노선과 백과사전의 지식을 모조리 암기하는 재능까지 이들이 보여주는 능력의 범위는 참으로 광범위했다.

나는 이 두 가지 재능을 구분하기 위해 '재능이 있는 서번트'와 '비범한 서번트'라는 용어를 사용한다. 물론 능력의 수준은 내 임의대로 판단했고, 둘 사이에 명확한 구분도 존재하지 않는다. 즉 재능이 있는 서번트와 비범한 서번트를 완벽하게 구별할 수 있는 리트머스 실험 같은 것은 없다.

일반적으로 재능이 있는 서번트의 능력은 이들이 지닌 장애에 비하면 뛰어나지만 정상인이라고 한다면 그다지 놀랍지 않은 정도의 수준으로, 재능이 있는 서번트의 수는 비범한 서번트의 수보다 훨씬 많다.

재능이 있는 서번트의 능력이 한 가지 이상인 경우도 있는데, 현재까지 드러난 케이스로는 음악적 재능이 가장 흔하다. 음악적 재능을 가진 서번트들의 기억력은 일반적으로 상당히 많은 곡들을 암기하는 일과 관련이 있는데, 이들의 기억력은 매우 좋은 편에 속하기는 하지만 비범한 서번트에 비할 정도는 아니다.

재능이 있는 서번트들은 발달장애자를 위한 시설이나 프로그램이 다양한 교육기관들이 관리하고 있기 때문에 의학 관련 자료에 자주 보고되고 있다.

비범한 서번트 역시 그들이 지닌 장애에 비해 뛰어난 능력을 갖고 있는데, 이들의 능력은 정상인과 비교해도 놀라울 정도라는 면에서 재능 있는 서번트와 구별된다. 비범한 서번트는 재능이 있는 서번트에 비해 그 수가 훨씬 적은데, 사실은 굉장히 드물다고 해야 옳을 것이다.

서번트에 관해 언급하는 의학 보고서에서는 흔히 재능이 있는 서번트와 비범한 서번트를 구분하지는 않고 이들을 포괄해서 서번트, 또는 이디엇 서번트라는 용어로 자유롭게 혼용하고 있다. 그리고 서번트의 IQ를 특정 수준으로 제한하지 않고 능력의 수준에 대해서도 자세한 기준이 없다. 바로 이런 일들이 각각의 사례들을 비교하기 어렵게 만드는 요인이 된다.

지난 100년 동안 전 세계적으로 보고된 약 100명의 비범한 서번트에 대한 자료를 검토해본 결과, 나는 서번트가 갖고 있는 능력의 범위에 명확한 구분이 없다는 사실을 알게 되었다. 내가 정상인의 관점에서도 뛰어난 능력을 지닌 서번트를 '비범한 서번트'라는 용어를 사용하여 이들에 대한 자료를 정리하는 이유는 이 때문이다.

비범한 서번트의 자격 조건은 충족되기가 매우 힘들다. 앞서 언급한 정의에 따라 조사한 결과 현재 전 세계에 살아 있는 비범한 서번트는 극소수(50명 내외)에 불과하다. 이들에 대해서는 대부분 이 책에 설명되어 있다. 생존하고 있지만 보고되지 않은 비범한 서번트가 존재할 가능성도 있지만 나는 그 수가 그리 많지는 않을 것이라고 생각한다.

하지만 서번트에 대한 보고서가 대부분 미국, 영국, 프랑스, 일본, 독일 등에서 제출된 점을 고려하면 비슷한 장애를 갖고 동일한 영역에서 놀라운 재능을 보이는 사람이 다른 나라에도 존재할 가능성은 충분히 있다.

아직 발견되지 않은 재능이 있는 서번트가 수백 명 더 있을지도 모른다는 의문은 종종 제기된다. 어쩌면 단순히 장애 때문에 천재성이 발견되지 않았거나 교육되지 않았기 때문에 겉으로 드러나지 않았을 수도 있다.

재능이 있는 서번트에 관해서는, 그런 재능이 후천적으로 만들어질 수 있다는 게 어느 정도 사실일 수도 있다. 그러나 내가 연구한 바에 따르면 장애를 가진 사람이 서번트 능력을 가질 확률은 일반인이 음악에 재능을 보일 확률보다 훨씬 더 낮다. 그러나 아직 발견되지 않은 재능 있는 서번트들은 분명히 존재하며 끈기 있는 노력과 이들을 보살피는 사람들의 애정 어린 관심을 통해 얼마든지 외부로 모습을 드러낼 수 있을 것이다.

하지만 비범한 서번트의 경우는 좀 다르다. 이들의 재능이 아직 발견되지 않은 사례는 거의 없을 것이라고 생각한다. 비범한 서번트의 재능과 영향력은 매우 강력해서 이를 발견해주는 사람이 없어도 자기 스스로 모습을 드러내기 때문이다.

수용시설의 직원들이 알론조 클레먼스에게서 진흙을 빼앗았을 때조차 그는 계속 조각을 해야만 했다. 마찬가지로 레슬리는 연주를 해야만 했으며 조지는 계산을 해야만 했다. 밖으로 표출되지 않고는 견딜 수 없는 강력한 추진력이 그들 안에 내재되어 있기 때문이다. 바로 이것이 비범한 서번트와 그냥 재능이 있는 서번트의 다른 점이다.

비범한 서번트의 능력은 어느 날 갑자기 등장할 수도 있는데 그들이 갖고 있는 심각한 장애를 생각하면 이는 대단히 놀라운 일이다. 비범한 서번트의 주변 조건들은 이들의 재능을 보강하고 촉진하며 형성되는 것을 돕는데, 이런 주변 조건들 때문에 이들의 재능이 생기거나 사라지는 것은 결코 아니다.

학문은 사물에 올바른 이름을 붙이는 것에서부터 시작된다. 그렇기 때문에 '재능이 있는 서번트'와 '비범한 서번트'를 구별하는 일이 중요한 것이다. 재능이 있는 서번트와 비범한 서번트의 능력과, 이들의 조건이 충족되는 방법에는 큰 차이가 있기 때문에 지금부터 이 둘을 구별해 부르기로 하겠다.

재능이 있는 서번트

재능이 있는 서번트의 능력은 이들이 갖고 있는 정신적 장애와 비교해 보면 무척 뛰어나지만 정상인과 비교하면 그리 놀라운 일이 아니다. 재능이 있는 서번트 집단에 대한 초기 이론들은 앞서 유전학이나 심리학적 요인들과 깊은 관련이 있는 것으로 보인다.

오하이오 주립대학 동물학과의 데이비드 리페 교수 연구팀도 1931년에 미국의 여러 수용시설에서 수집한 33가지 사례들을 통해 재능이 있는 서번트를 분석했다.

이들이 상대한 서번트들의 음악적 재능, 수학적 능력, 그리고 그림을 그리는 기술은 뛰어난 수준이었지만 깜짝 놀랄 정도까지는 아니었다. 서번트의 가족 중에서 관련된 재능을 가진 사람이 많다는 사실에서 유전적 요인이 강하다는 사실을 이 연구를 통해 확인할 수 있었다.

재능 있는 서번트들이 자신의 재능과 관련된 교육을 받은 적이 없다는 사실을 통해서, 리페 교수 연구팀은 인간은 자신이 갖고 있는 지능과는 독립적으로 특별한 재능을 물려받을 수 있다는 결론을 내렸다. 요컨대 지능이 떨어지는 사람도 그 지능과는 관계없이 어떤 특별한 능력을 가질 수 있다는 것이고, 더 쉽게 말하자면 지능이 한 사람의 모든 능력을 대변하는 건 아니라는 것이다.

나는 이 결론이 이치에 맞고 논리적이라고 생각한다. 정상인 중에서도 다른 분야에서는 낙제점을 변치 못하지만 운동이나 예술, 혹은 수학에 두드러진 재능을 가진 사람들이 많기 때문이다.

지능이나 정신에 장애가 있으면서도 특별한 재능을 유전적으로 물려받은 사람들의 사례는 굉장히 많다. 내 환자 중 한 명은 양손으로 각각 한 단어의 절반씩 동시에 쓸 수 있는 능력이 있다. 예를 들면 그는 'California'라는 단어를 한손으로는 'Calif', 다른 한 손으로는 'ornia'라고 동시에 쓸 수 있었다.

또 다른 환자는 양손으로 동시에 한 가지 그림을 그릴 수 있었다. 심각한 정신지체와 자폐증상에도 불구하고 그의 그림 실력은 어느 손을 이용해도 동일하고 어디에 내놔도 손색이 없었다. 이들 두 환자의 능력은 선천적인 듯하고, 마치 장애의 바다에 둘러싸인 섬처럼 전체 지능과 분리되어 존재한다.

리페 교수, 스나이더 교수, 림랜드 박사, 그리고 제인 두켓 박사의 연구는 서번트 신드롬의 유전적 메커니즘을 지지한다. 이들은 오랜 연구를 통해 서번트들이 갖고 있는 재능이 그들의 가족들에게서도 공통적으로 발견된다는 사실을 확인하고 있다.

또 다른 사례에서는 보상이나 강화 같은 심리적 요소들이 등장된다. 관심과 긍정적 반응, 그리고 특별한 재능 덕분에 얻게 된 명성과 그에 대한 찬사 등이 서번트가 갖고 있는 재능을 더욱 보강시킨다는 사실은 의심의 여지가 없는 것으로 보인다.

이런 점에서 미루어볼 때 서번트가 특별한 재능을 발휘한 후에 타인으로부터 칭찬을 받고 기뻐하는 모습은 정상적인 사람들과 전혀 다르지 않다. 많은 연구자들이 사랑의 추구와 자존심, 모방에 대한 시도, 승인의 추구, 장애에 대한 보상심리 같은 특정한 정신영역에 대해 언급하는 이유는 바로 이 때문이다.

라폰테인 박사와 호프만 박사, 그리고 제인 두켓 박사는 이러한 심리적 요소와 환경적 요인에 주목한다. 위너베이고 주립병원의 소아병동 사례를 보면, 병원 관계자와 방문객들이 이런 재능에 특별한 관심을 기울였다는 사실을 확인할 수 있다. 타격 연습용 투구기처럼 정확하게 자유투를 던지던 아이는 이 능력을 병원을 방문하는 수많은 방문객들 앞에서 정기적으로 보여줬고 이로 인해 특별한 관심을 받았다.

사소한 역사적 사건까지 모조리 꿰뚫고 있던 한 아이는 자신의 능력에 대단한 자부심을 갖고 있었다. 이 아이는 매일 우리에게 그 날 일어난 역사적 사실에 대해 자신이 외우고 있는 내용들을 알려주는 것으로 유명했다. 주위사람들의 관심과 칭찬, 그리고 긍정적인 보강은 이 소년이 자존심을 구축하는 데 큰 도움이 되었다.

서번트 신드롬을 설명할 수 있는 생물학적 요인도 있다. 그들의 손상된 추상적 사고 체계가 그것으로, 이와 관련하여 서번트들이 보이는 굉장히 제한된 범위에서의 비정상적인 집중력은 앞에서 자세히 설명했다.

서번트는 똑같은 행동을 계속해서 반복하거나 버스시간표나 스포츠 통계, 연감 같은 문서 자료에 집중하는 행동을 보인다. 대부분의 사람들은 이런 행동에 싫증을 내거나 얼마 동안 인내하다가 곧 집중력을 잃어버리지만 서번트들은 그렇지 않다.

특히 자폐증 환자가 이 경우에 속하는데, 이들은 바람개비 같이 단순하게 회전하는 물체 같은 것에 몇 시간씩 흥미를 느끼거나 한 장의 사진이나 인쇄물에 하루 종일 집중하기도 한다. 따라서 재능이 있는 서번트들을 상대로 '그들은 어떻게 그런 일을 할 수 있을까?' 라는 질문을 던진다면, 그

대답은 다음과 같을 것이다.

이들의 능력에는 여러 요소들이 영향을 미친다. 유전적 재능이거나 지능의 손상과는 관계없이 독립적으로 존재하는 특별한 능력일 수도 있다. 특별한 능력이 장애에 대한 보상이거나 칭찬과 가치를 얻기 위한 심리적 메커니즘으로 작동되는 사례도 있다. 손상된 추상적 사고 체계에 대한 반대급부로 제한된 영역에서 강력한 집중력을 발휘하는 경우도 있다.

이런 요소들은 동시에, 또는 분리된 형태로 나타날 수 있다. 긍정적인 보강은 계속적인 연습을 통해 남들에게 보여주게 하는 동기를 부여한다. 그들의 기억력은 종종 한정된 영역 안에서 보강을 거듭할 수도 있지만 비범한 서번트의 기억력만큼 광범위하지는 않다.

비범한 서번트

유전된 재능, 자신이 갖고 있는 신체적 또는 정신적 결함을 상쇄시키기 위한 보상, 인정받기 위한 노력, 그리고 칭찬에 의한 강화는 재능이 있는 서번트와 마찬가지로 비범한 서번트에게도 중요한 요소가 되지만 비범한 서번트에게 영향을 미치는 특별한 요인들이 추가적으로 존재한다.

첫째 요소로 '우수성의 병리학'이다. 이것은 좌뇌반구의 손상이 불완전한 세포 조직체를 형성하고, 그에 대한 보상으로 뉴런이 이동하여 우뇌의 우위성이 확보되는 과정을 말한다.

좌뇌반구의 손상은 출생 전후의 상처가 원인이 될 수도 있고, 남아인 경우에는 테스토스테론의 영향으로 대뇌피질의 손상이나 지체가 원인이 될 수도 있다. 테스토스테론은 스테로이드계의 남성호르몬으로 남성 생식기를 발육시키고 기능을 유지시키는 역할을 한다.

비범한 서번트에 대한 기체조영뇌도, CAT 스캔, 그리고 다른 신경심리학적 연구를 통해 중추신경계의 손상된 위치를 확인할 수 있다. 특히 비범한 서번트들이 우뇌의 우위성을 갖고 있다는 사실 또한 이러한 검사를 통해 확인할 수 있다.

두 번째 요소로는 그들의 평범하지 않은 기억회로이다. 비범한 서번트들은 정상적인 사람들이 일상적으로 사용하는 인식적 기억이 존재하지 않기 때문에 이를 보상하기 위한 대체 방법으로 고도로 발달된 습관적 기억체계를 사용하게 된다.

이렇게 비정상적인 기억 기능은 자기 의지에 의해서가 아니라 매우 자동적인 방법에 의해 작동이 되는데 기억과 관련한 감정이 완전히 결핍되어 있다는 특징을 갖는다.

서번트들의 기억은 비슷한 것끼리 연관되어 있지도 않고, 그것들이 결합되어 나타나는 추상적인 이미지도 전혀 없다. 또한 깊이 몰두하지만 매우 제한된 범위 안에서만 존재하고, 원본에 대한 충실도가 매우 높다. 이런 현상들이 대뇌피질뿐만 아니라 피질하 영역, 특히 해마와 편도체가 손상되었음을 나타낸다는 사실은 앞에서 설명했다.

세 번째 요소로는 재능이 있는 서번트는 무의식적인 연산을 발달시키기 위해 꾸준히 반복하고 연습하여 이를 부호화하지만(물론 그들 자신은 그런 부호화를 전혀 이해하지 못하지만), 비범한 서번트가 음악이나 수학의 규칙에 접근하는 것은 대단히 광범위한 방법에 의존하기 때문에 이것을 이루기 위해서는 전체 지능과는 별도로 유지되는 유전적 기능 체계를 갖고 있어야 한다.

비범한 서번트들은 일단 재능이 생성되면 고도의 집중력과 강박적인 반복을 통해 특별한 재능을 보인다. 이후에 강력한 보강과 누구도 막을 수 없는 동기에 의해 본격적으로 능력을 발휘하게 된다.

비범한 서번트의 경우 대부분 시각장애, 정신지체, 음악적 재능 등 세 가지 특징이 함께 발견되는 현상은 인체에 아주 특별한 신경병리학적 특징이 숨어 있을 가능성을 암시한다. 여기서 말하는 신경병리학적 문제는 뇌의 특정한 부위나 미숙아의 망막에 발생하는 손상을 의미한다.

미숙아로 태어난 아이에게 산소를 지나치게 많이 공급하면 아이의 망막에서 치명적인 손상이 발생한다는 사실은 이미 널리 알려진 일이다. 그러나 시각장애를 갖고 있지 않은 비범한 서번트도 존재하고, 미숙아에게 일상적으로 산소를 사용하기 전에 태어난 시각장애자 서번트도 분명히 존재한다.

따라서 시각장애와 서번트 신드롬을 지나치게 연관시키는 것은 서번트 신드롬을 바라보는 시각치곤 너무 단순하다고 할 수 있을 것이다. 비범한 서번트와 관련해서 '그들은 어떻게 그런 일을 할 수 있을까?' 라는 질문에는 다음과 같은 대답을 할 수 있을 것이다.

비범한 서번트는 전형적으로 좌뇌반구 기능에 혼란이 존재한다. 이런 혼란은 특히 태아의 테스토스테론이 순환하는 과정에서 일어나는데, 이런 비정상적인 순환은 해마·편도체·전뇌의 회로에도 영향을 끼치게 된다. 이 모든 것들이 비범한 서번트에게서 발견되는 특징적 징후, 치명적인 결함과는 상반되는 놀라운 능력, 그리고 특별한 암기력의 원인이 된다.

서번트들이 대부분 우뇌 기능에서 우세를 보이는 것은 보상적인 성격의 대뇌피질 이동과 뉴런의 보충을 의미한다. 서번트들의 자동적이고 원본에 충실한 기억 기능은 그들 내부에서 인식적 기억력이 결손된 상황을 상쇄하기 위한 보상 의지의 산물이라는 것이다.

흥미로운 점은, 재능 있는 서번트와 비범한 서번트 모두 구체성과 추론 능력이 매우 제한되어 있다는 것이다. 하지만 그들은 계속적인 반복과 연습을 통해 비인식적 구조나 무의식적인 연산에 접근하는 일이 자동적으로 가능할 수 있도록 부호를 만들 수 있다.

비범한 서번트는 유전적 요소도 영향을 받았을 수 있다. 단지 연습만으로는 광범위한 영역의 음악 규칙이나 수학의 법칙에 접근하는 것을 설명할 수 없는데, 비범한 서번트들은 이런 능력을 천부적으로 갖고 있는 것 같다.

일단 재능과 기억이 확립되면 고도의 집중력과 연습, 그리고 강화가 그것을 더욱 발전시키는데 중요한 역할을 한다는 면에서는 재능 있는 서번트와 비범한 서번트 공히 갖고 있는 특징이지만 비범한 서번트들은 여기서 폭발적인 성장을 이룬다는 점에서 다르다.

이들의 두뇌 장애에 생리적이고 유전적이며 심리적인 요인들이 혼재돼 있을 것이라는 가정은 이제 더 이상 새롭지 않다. 그러나 미래의 과학자들은 더 많은 정보와 더 진지한 연구를 통해 이러한 장애의 실제 구성요소, 그 중에서도 특히 신경생리학적 요인들을 파헤쳐야 할 것이다.

복잡하고도 놀라운 방정식

결론적으로 말해서, 서번트 신드롬은 다음 세 가지 요소로 구성된다고 할 수 있다.

(1)독특한 뇌기능과 회로

(2)습득되거나 때로는 유전된 재능

(3)자극과 보강

재능이 있는 서번트의 경우, 우뇌 기능이 우세하고 기억력이 뛰어나다고 해도 그를 진심으로 아끼고 응원하는 사람의 자극과 관심, 그리고 칭찬에 의한 보강이 매우 중요하다고 할 수 있다.

그러나 비범한 서번트의 경우는 좌뇌에서 일어난 명백한 손상과 그에 대한 보상 차원의 우뇌 우위성을 통해 자동적이고 비범한 기억력, 상대적인 감정의 결핍, 그리고 굉장히 몰두하지만 대단히 제한된 유형에의 집착을 보인다.

그럼에도 재능을 가진 서번트의 경우와 마찬가지로, 그들 역시 자신을 믿어주는 사람들의 자극이 대단히 중요하다. 그것을 통한 보강이 그의 재능을 무한대로 확장시킬 수 있기 때문이다.

서번트 신드롬이 예술적 재능 중에서도 음악적 재능의 형태로 가장 자주 등장하는 것은 무엇을 의미할까? 서번트의 특별한 재능이 음악과 수학(날짜 계산 능력 포함), 그리고 뛰어난 암기력 영역에서 가장 빈번하게 발생하는 것은 결코 우연이 아니다.

대부분의 음악은 반복적인 구조로 이루어지기 때문에 다음에 전개될 부분을 무의식적으로 알 수 있다. 바로 이 점이 음악과 수학의 연관관계를 설명해 줄 수 있을 것이다. 수학 역시 목표에 접근하는 절차가 반복적이고 체계적인 경로를 밟아야 하기 때문이다.

암기력과 수학적·음악적 재능이 밀접한 연관을 맺고 있다는 것은 비범한 서번트들이 공통으로 갖고 있는 중추신경계 장애로 보아 이것들이 두 뇌 안에서 밀접하게 관련되어 있다는 사실을 의미한다.

서번트들의 중추신경계 장애에 대한 연구는 단지 그들의 뇌기능을 이해하는 단서만 제공하는 게 아니다. 나는 서번트들이 어떻게 그런 능력을 발휘할 수 있는지 알게 된다면 우리 자신의 뇌 활동에 대해서도 더 잘 이해할 수 있을 것이라고 믿는다.

현대과학은 뇌의 구조를 굉장히 정밀하게 관찰할 수 있게 하지만, 그럼에도 불구하고 극히 간접적인 방법을 제외하고는 최근까지도 뇌기능에 대해 여전히 세밀하게 접근할 수 없다. 단순히 서번트들의 뇌 손상을 확인하고, 그것이 서번트 신드롬의 전부라고 말할 수 없는 이유는 이 때문이다.

그러나 과학기술의 한계에도 불구하고 우리는 '서번트들은 어떻게 그런 일을 할 수 있을까?'라는 질문에 이제 조금은 답변할 수 있게 되었다. 지금까지의 설명을 통해 당신도 서번트 신드롬의 비밀을 조금은 이해하게 되었을 것이다.

그러나 이제 비로소 시작이다. 새로운 기술과 새로운 연구를 통해 앞으로 훨씬 더 많은 정보를 얻게 될 것이다. 그렇다면 앞으로의 연구는 어떻게 진행되어야 할까? 그 연구가 서번트뿐만 아니라 우리들에게 던지는 의미는 무엇일까? 바로 이런 문제들이 다음 장에 이어질 내용이다.

15장

그렇다면 앞으로 어떻게 될까?

우리는 질병을 연구함으로써 건강에 관한 포괄적인 지식을 얻는다. 그와 마찬가지로 서번트 신드롬과 뇌기능 장애를 주의 깊게 연구하면 정상적인 뇌기능과 중추신경계, 더 나아가 기억 기능에 대해 지금까지 우리가 알아 왔던 것보다 훨씬 더 많은 정보를 접할 수 있을 것이다.

이 장에서는 서번트 신드롬과 그것이 인간 존재에 어떤 의미를 던지는지에 대해 살펴볼 것이다. 서번트들은 대안적 회로, 또는 대안적 경로를 이용해서 독특하고 뛰어난 기억 기능을 수행한다. 나는 이러한 기억 기능을 연구함으로써 정상적인 사람들의 기억 시스템에 관해 더 자세히 이해할 수 있을 것으로 보고 있다.

요컨대 나는 서번트 연구를 통해 얻는 지식들이 인간의 두뇌 기능을 개발하거나 확장하는데 사용될 수 있고 손상된 뇌기능을 보완하는 일에도 유용하게 사용될 것으로 확신한다.

두뇌의 신경조정장치

보통사람들은 서번트와 마찬가지로 일상생활에서 일어나는 수많은 일들을 머릿속에 저장하지만 시간이 경과하면 대부분 잊어버리고 만다. 그러나 과학자들은 우리가 무엇인가를 잊어버린다는 것은 기억을 잃는 게 아니라 그것이 저장된 곳을 찾지 못하는 것이라고 말한다.

앞서 언급한 펜필드 박사의 실험을 떠올려 보자. 그는 작은 전기 탐침을 대뇌의 측두엽과 해마에 접촉하는 실험을 통해 환자의 뇌 안에 분명히 저장되어 있지만 평상시에는 접근할 수 없었던 생생한 기억들을 일깨우는데 성공했다.

내 환자 중 한 사람은 마취제인 나트륨 아미탈 정맥주사 후에 행한 인터뷰 기법을 통해 특정 기억의 일부분이 자극되자 수년 전에 다녀왔던 여행에 대해 굉장히 자세하게 기억해냈다. 여행 중 목격했던 신호등의 정지신호까지도 기억할 수 있는 정도였다.

다른 환자들도 나트륨 아미탈을 통해 탈(脫) 억제를 체험했다. 이들은 까맣게 잊고 있던 수많은 이미지와 인상들을 삽시간에 기억해냈으며, 깨어났을 때는 이러한 갑작스런 기억의 회복으로 굉장히 기뻐하거나 놀라워했다.

숨겨져 있거나 접근할 수 없었던 기억들이 최면상태에서 깨어난다는 사실은 인체 안에 저장된 모든 기억에 관한 실마리를 제공한다. 우리는 하루의 일과를 시작하기 위해 집을 나설 때 열쇠를 놓아둔 장소를 기억해내지 못할 때가 있다. 계속 달력을 확인하지 않으면 그 날의 날짜를 기억하지 못할 때도 있다. 과거에 여러 번 편지를 보낸 친구 집의 주소를 기억하지 못하는 경우도 많다.

그런데도 우리는 생각하고 창조하고 추리하는 과정을 통해서 매우 복잡한 문제를 해결할 수 있다. 그런 때 우리는 머릿속 여기저기에서 정보를 골라내어 새로운 방식으로 그것들을 조합한다. 마치 내가 머릿속 이곳저곳에서 단어들을 골라 지금 이 책의 문장들을 쓰고 있는 것처럼 말이다.

그런 의미에서 본다면 우리의 기억은 수평적으로는 방대하지만 수직적으로는 그 깊이가 매우 얕다고 할 수 있을 것이다. 하지만 서번트들의 기억력은 우리와는 다르다. 조지가 성인이 된 이후의 날씨를 모두 기억하는 것처럼 나 역시 평생 동안 머릿속에 수없이 많은 사건과 자료들을 충실하게 기록한다 해도 그 정보 중 극소수에라도 접근할 수 있을지 의심스럽다.

우리의 기억은 수많은 책들로 가득한 거대한 도서관과 같다. 대부분의 책들이 대출 불가능하거나 거의 대출되지 않으며 엉뚱하게 정리되어 있는 도서관과 흡사하다. 책들은 손상되거나 버려지지 않고 어딘가에 분명히 존재한다. 문제는 그 책들을 어떻게 찾느냐 하는 것이다.

이런 때 서번트들은 다른 방법으로 접근한다. 이들은 우리가 어떤 책에 접근하는 방식보다 훨씬 더 빠르고 정확하게 접근할 수 있는 대안적 분류 체계를 사용한다. 그들은 도서관에 들어서기도 전에 어떤 특정한 서가에 어떤 책이 꽂혀 있는지를 거의 습관적으로 알고 있다. 그들이 지닌 기억력은 우리가 한계가 분명한 인식적 기억에 의존한다는 면에서 볼 때 대단한 것이라 할 수 있다.

그들이 특정한 두뇌 회로를 이용한다는 말은 처음에는 이상한 소리로 들린다. 나는 50년대 후반에 툴레인 대학에서 로버트 히스 박사의 연구 과정을 지켜보았던 일을 기억하고 있다. 이 연구는 윤리적인 문제로 인해 중단되었는데 심각한 분노에 의한 발작으로 고통 받는 환자의 뇌에 전선을 잇는 실험이었다.

이 실험은 환자의 동의하에 이루어졌는데, 전선이 억제할 수 없는 분노를 유발하는 것으로 추측되는 뇌의 어느 부위에 부착되었다. 분노가 발작하기 전에 환자가 이상한 감정을 느끼면 벨트에 붙어 있는 버튼을 눌렀고, 이 버튼이 분노를 분출하는 뇌의 특정 영역에 부착된 전선과 연결되어 있었다.

그 결과, 환자가 버튼을 누르면 소량의 전류가 발생하는 현상을 분명히 목격할 수 있었다. 그러다 분노가 중지되면, 즉 환자가 안정되면 전류의 흐름도 즉시 멈췄다.

로버트 히스 박사는 이 같은 실험이 간질병을 치료하는데 응용될 수 있을 것으로 보았다. 간질 발작은 뇌 안에서 발생하는 전기적인 폭발이기 때문에 이런 실험을 통해 전류의 흐름을 억제할 수 있는 방법을 찾으려 했던 것이다.

오늘날 간질환자들에게 중추신경계를 진정시키는 약물치료법이 흔히 사용되는 이유는 바로 이 때문이다. 중추신경계의 안정이 전기 발생을 억제하기 때문이다.

전선이 부착되는 부분은 두뇌의 신경조정장치이다. 이 장치를 이해하려면 심장박동 조절장치를 생각하면 된다. 심장병 중 가장 치명적인 질병으로 여겨지는 '심실 세동'을 치료할 때 심장에 부착한 전극봉(電極棒)을 통해 심장 박동의 속도에 맞추거나 심장에서 일어나는 전기적 폭발을 조정하도록 하는 게 바로 심장박동 조절장치이다.

이것을 이용하면 소량의 전류로 뇌에서 발생하는 전기적 폭발을 중지시킬 수 있는 것처럼 심장에서도 같은 일이 가능해진다. 심장 박동기는 오늘날 심장병 환자들에게 매우 효과적이고 보편적인 치료법으로 등장하고 있는데, 나는 가까운 미래에는 두뇌 신경조정장치도 이 기구처럼 일반화될 것으로 보고 있다.

뇌는 기본적으로 전기적인 기관으로 끊임없이 전기적인 활동이 일어난다. 이렇게 해서 생성된 신경 전달물질을 통해 뇌 안에서 각종 화학반응이 일어나는 것이다. 이와 흡사한 메커니즘을 전기장치인 배터리에서 발견할 수 있다. 배터리에서도 우리의 뇌에서처럼 전류가 각종 화학적 반응을 통해 생산된다.

뇌의 특정한 부위에 직접적으로 전기를 흐르게 하는 치료법은 우리의 뇌가 전기적인 기관이기 때문에 매우 설득력이 있는 치료 방법이다. 이는 약물에 의한 치료보다 더 효과적이며 목표가 분명하다.

서번트들이 기억을 위해 특별한 대안적 회로를 사용하는 걸 이해할 수 있다면 우리는 인간의 두뇌 속 기억회로에 보다 쉽게 접근할 수 있을 것이고, 그 결과에 따라 분명히 소유하고는 있지만 아직 깨우지 못한 방대한 정보를 복구해낼 수 있을 것이다.

나는 현재 기술만으로도 이런 일이 충분히 가능할 것이라고 믿는다. 기억회로와 두뇌 신경조정장치를 이용한다는 얘기가 먼 미래의 일처럼 들리겠지만 나는 이것이 심실 세동을 방지하거나 간질 발작을 중지시키는 일보다 불가능하다고는 생각하지 않는다.

서번트들의 기억회로를 연구하는 일은 이런 목표를 달성하는 문제에도 충분히 가치 있는 기여를 하게 될 것이다. 나는 인류가 이러한 기술을 습득함으로써 과거에는 용이하게 접근할 수 없었던 수많은 일들을 아주 쉽게 기억해낼 수 있는 날을 상상해 본다. 학창시절에 우리가 굉장히 힘들게 암기했던 과학이론들을 몇 년 후에 다시 공부하지 않고도 기억해낼 수만 있다면 얼마나 멋진 일일까?

우리 머릿속으로 들어온 정보는 제각기 적당한 저장소로 이동하고 분류되고 처리된다. 따라서 예전의 기억이 언제나 그 자리를 지키는 일은 없을 것이다. 하지만 몇 년 전에 읽은 책의 제목을 기억하거나 단순히 표지만 보고도 읽었다는 사실을 알게 된다면 수시로 그것을 빼내어 눈앞에 100% 완벽하게 펼쳐 보일 수 있다.

이런 일은 마치 10년이나 20년 이상 가지 않았던 먼 도시의 쇼핑센터를 다시 방문하는 것과 같을 것이다. 만약 그곳에 다시 찾아가기 전에 누군가 쇼핑센터 안에 있는 어느 상점의 위치를 설명해달라고 한다면 우리는 설명해 줄 수 없을 것이다.

하지만 쇼핑센터 안으로 들어서는 순간, 우리는 분명히 저장되었지만 꽁꽁 숨겨져 있는 기억들을 자극하는 단서들을 얻게 된다. 천천히, 그리고 정확하게 전에 이곳에 와 본 경험이 있다는 사실을 기억해내고는 마치 어제 왔던 것처럼 상점의 위치를 찾아낼 수 있게 된다.

과거에 공부했던 사실들을 지금 기억할 수 있다면 우리는 시간을 절약할 수 있게 된다. 같은 내용을 다시 공부하면 더 쉬울 수도 있다. 우리는 이렇게 절약된 시간을 이용해 새로운 일들을 더 많이 배울 수 있을 것이다. 나는 서번트들의 기억 기능을 이해하게 되면, 이런 일들은 얼마든지 일어날 수 있으며 누구나 그 혜택을 누릴 수 있으리라고 믿는다.

서번트 신드롬 정복을 위한 새로운 기술들

최근까지도 뇌기능에 관한 연구들은 매우 간접적이었으며 뇌의 구조를 알아내는 연구만큼 세밀하지도 않았다. 뇌의 구조를 연구하는 방법 중 하나가 CAT 스캔을 이용하는 것이다. CAT 스캔은 해상도가 매우 선명하고 중추신경계의 해부도를 굉장히 잘 보여준다.

CAT 스캔은 과거의 두개골 X선 촬영보다 확실히 진보한 기술이지만 여전히 뇌 구조를 촬영하는 사진에 불과하며 그것만으로는 뇌기능에 대해 아무것도 알아낼 수 없다. 예를 들어 심각한 기억상실증이나 정신병은 해부학적으로 아무 이상이 없을 수도 있다. 이 같은 일은 우리 몸의 다른 기관에도 적용된다. 간은 CAT 스캔 분석으로는 정상으로 보여도 심각한 기능장애를 일으킬 수 있다.

자기공명영상법(MRI)은 강력한 자기장을 이용해 뇌 구조의 표면과 심층을 굉장히 자세하게 촬영한다. 자기공명영상법의 해상도는 CAT 스캔보다 훨씬 높기 때문에 뇌의 회백색 물질의 다양한 층들을 훨씬 선명하게 구별할 수 있다.

이런 점을 고려한다면 MRI가 CAT 스캔보다 확실히 진보한 기술이라고 할 수 있지만, 아직도 뇌 구조의 윤곽만 파악할 뿐 뇌기능을 측정하거나 평가하는데 이용되지 못한다.

CAT 스캔과 MRI 기술은 안전성과 시술의 용이성 때문에 기뇌조영술 (PEG) 대신 사용되고 있다. 기뇌조영술이 피질하의 구조를 상당히 잘 드러내기 때문에 자폐증 환자나 서번트의 피질하 영역에 대한 유용한 정보를 제공하는 것은 사실이지만, 아직도 중추신경계의 구조적 변화만을 겨우 확인할 수 있을 뿐이다.

한편 PET(positive emission tomography) 스캔은 뇌 구조보다는 뇌기능을 평가하는 데 사용되는 최신 기술이다. PET 스캔은 인체 내에서 어떤 특정한 상황의 위치를 추적하기 위해 글루코오스 같은 물질을 환자에게 주입시킨 뒤에 관찰한다.

PET 스캔은 뇌의 활동에 따라 역동적인 뇌 지도를 얻을 수 있다는 면에서 비교적 선진적인 기술이다. 환자가 다양한 과제를 수행하면서 그때마다 다양한 종류의 자극에 반응할 때 육안으로 확인 가능한 사진 또는 그래픽을 얻을 수 있다.

따라서 PET 스캔은 뇌의 물질대사와 중추신경계 장애를 환자 별로 비교할 수 있을 뿐만 아니라 뇌의 다양한 영역에서 수행되는 기능들을 자료로 만들어 비교할 수도 있다. 이는 뇌의 표면에만 국한되는 게 아니라 피질하 활동을 대뇌피질의 변화에 따라 기록할 수도 있기 때문에 매우 광범위한 정보를 얻을 수 있다.

또한 PET 스캔은 두뇌가 활동할 때 뇌 안에서 직접 촬영되기 때문에 특정한 반응과 표준화된 과제에 반응하는 다른 부분들까지 살펴 이들 사이의 상호작용도 확인할 수 있다.

서번트의 PET 스캔은 아직 촬영된 전례가 없다. 촬영하는데 비용이 많이 들고 절차상 완벽한 고지에 입각한 환자 측의 동의가 필요하기 때문이다. 또한 시간이 너무 많이 걸리고 체내에 삽입해야 하는 번거로움 탓에 환자 측의 이해와 협조가 필수적이다.

마지막으로, 컴퓨터 뇌파검사(C-EEG)도 있다. 이 기술은 아직은 대뇌피질의 활동을 관찰하는 일에만 제한되어 있지만 복합적 EEG파(波)를 컴퓨터로 분석함으로써 파형의 다양한 형태에 대해 통계적인 확률을 제공한다.

C-EEG는 단순히 펜이나 잉크로 기록되지 않고 PET 스캔처럼 뇌의 지도 형태로 나타나며 뇌의 각 부위들 사이의 통계적 변화를 보여준다. 게다가 C-EEG 분석은 실험 대상이 휴식을 취하고 있거나 다양한 과제를 수행하는 동안 발생되는 뇌의 전기적 활동도 측정할 수 있다.

이때 기능장애와 정상의 차이를 말해주는 각각의 이미지들이 다양한 색으로 구분되어 나타난다. 이 기술은 현재 빠른 속도로 확산되어 신경학적, 또는 정신의학적 연구 조사에서 이용되고 있다.

C-EEG는 새로운 기술이기 때문에 서번트에 대해서는 아직 기록된 바가 없다. PET 스캔과 비교했을 때 C-EEG의 장점은 체내에 삽입하지 않아도 되고 방사성물질을 사용하지 않으며 비용이 절감되고 훨씬 간단하게 시술된다는 점이다. C-EEG를 이용해서 얻은 서번트에 관한 기록들이 곧 의학계에 보고되어 새로운 정보를 제공할 것이다.

피질하 활동이 의미하는 것

기억회로를 이해하는 데 있어 피질하 활동에 대한 연구는 필수적이다. UCLA 의과대학기 존 마지오타 박사는 다음 보고서에서 서번트의 경우 피질하 활동과 대뇌 활동이 보통사람들과 매우 다르다는 사실을 강조하는 연구 결과를 발표했다.

마지오타 박사는 시각적 자극(백색광)과 청각 자극에 대한 PET 스캔을 통해 이 실험을 수행했다. 이 연구는 정상인이 청각을 통한 정보와 언어 정보를 처리하는 과정에 피질하 구조가 참여한다는 사실을 최초로 설명한 것이기 때문에 매우 중요하다.

실험 결과, 말하기 자극에 대해 좌우 양측의 활성화가 나타났지만 연속된 음을 구분하는 방법으로 시각적 이미지를 사용할 때는 좌측 미상핵(尾狀核 : 대뇌반구의 아랫부분에 있는 회백질 덩어리)의 앞부분이 확연하게 활성화되는 현상을 발견할 수 있었다. 따라서 뇌는 구어적 이미지와 음과 관련된 시각적 이미지를 동일하게 처리하지 않고 서로 다른 경로를 이용한다는 사실을 알 수 있었다.

이런 결과 외에도 마지오타 박사의 연구는 대뇌와 피질하 구조를 연구할 수 있는 기술이 존재한다는 것을 알렸다는 점에서 커다란 의미가 있다. 이런 기술을 통해 정상인 실험 대상자가 표준화된 과제를 수행하는 동안 이들의 대뇌와 피질하 구조를 연구할 수 있다는 점에서도 매우 중요하다. 마지오타 박사는 다음과 같이 말한다.

"현재 우리가 알고 있는 뇌기능에 대한 지식은 대부분 뉴런기관이 손상된 장애를 연구해서 얻은 것들이다. 따라서 이에 따른 결론은 정상적인 두

뇌생리학을 반영하지 못한다. 생리학적 자극을 사용하는 비주입식 양전자 단층촬영(Positron CT)은 정상적인 뇌기능을 탐구하는 데 완전히 새로운 규칙을 만들어낼 수 있을 것이다."

양전자 단층촬영의 결과는 병리·임상학적 자료와 다소간의 차이가 있지만 이 방법이 인간의 두뇌 구조의 생화학적이고 생리학적인 기초에 대해 과거엔 알 수 없던 정보들을 제공할 것이다.

서번트의 PET 스캔은 아직 존재하지 않지만, 소아자폐증으로 진단받은 성인 환자들을 대상으로 PET 스캔이 촬영된 적은 있다. 그 결과, 뇌의 전체적인 부분에서 글루코오스 물질대사율이 높은 편이었으며 전뇌 일부분에서는 우측의 물질대사율이 정상보다 낮았고 대뇌 일부분과 기저 신경절에서 상대적으로 물질대사율이 분산된 부분이 보였다. 그러나 단 한 가지의 결함도 일관되게 발견되지는 않았기 때문에 이를 통해 전체를 평가할 수는 없었다.

캘리포니아 어바인 대학의 몬테 부시바움 박사도 어린 시절에 소아자폐증이라고 진단받은 성인들을 대상으로 PET 스캔을 실시한 바 있다. 그 결과, 좌측보다 우측이 더 많이 손상된 대뇌와 시상의 불균형을 발견할 수 있었다. 특히 실험대상 7명의 자폐증 환자들의 PET 스캔을 보면 뇌 영역에서 정상 수치와 상당한 편차를 보였고, 그 중 6명이 전두엽 부분에서 편차가 심하게 나타났다.

부시바움 박사를 비롯한 대부분의 연구자들은 자폐증 환자들이 대뇌 기능장애와 관련이 있는 피질하 부분에 이상이 있다고 주장한다. 소아자폐증은 대뇌의 손상만으로는 발생하지 않기 때문이다.

자폐증 환자의 발달된 암기력으로 미루어 보아 서번트 신드롬과 관련해서 아주 흥미로운 사실은, 자폐증 환자들이 해마 부위에서는 보통사람들과 별다른 차이를 보이지 않는다는 점이다. 따라서 연구자들은 '이런 결과는 자폐증 환자의 기억력은 기억이 처리되는 동안 물질대사의 상승을 유발하는 다른 구조에 의해 중개된다는 사실을 말해준다'는 결론을 내린다.

나는 여기서 언급되는 '다른 구조'가 앞서 설명한 대안적 기억의 경로이며 특히 습관적 기억과 관련이 있다고 생각한다. 여러 과학 자료에서 애매하게 '자폐증'이라고만 언급되는 사람들을 좀 더 정확하게 정리해서 분류하면 동일한 병인을 기준으로 각각의 집단으로 분류할 수 있을 것이다.

또한 PET 스캔은 피질하와 대뇌피질의 기능을 측정하고 분류하는 과정에 큰 도움이 될 것이다. 표본의 범위는 점점 좁아지고 PET 스캔 기술은 훨씬 더 정교해지고 있기 때문이다.

나는 PET 스캔 자료를 이용해 서번트를 이런 집단 중 하나로 분류될 수 있게 되기를 바란다. 비범한 서번트의 병인은 한 개의 집단으로 분류할 수 있을 정도로 동일하기 때문에 이에 일치하는 PET 스캔 결과가 충분히 발견될 수 있을 것이다.

미래에 개발될 PET 스캔은 특히 피질하의 손상과 기능장애를 촉발시킨 좌측 대뇌피질의 손상을 명확하게 보여 줄 것이다. 그렇게 되면 서번트의 기억회로는 정상인에 비해 훨씬 두드러지고 일관되게 차이를 보일 테고, 이는 서번트적인 특징이 보이지 않는 다른 뇌 손상 환자의 기억회로와도 구별될 것이다.

그렇게 되면 서번트가 공통적으로 갖고 있는 중추신경계 이상과 그들만의 독특한 기억회로는 정상적인 기억회로와 대비되는 유용한 네트워크를 알려 줄 것이며, 당연히 우리의 지식을 상당한 수준으로 끌어올릴 것이다. 또한 우리가 기억이 작동하는 원리에 대해 알게 되면, 이를 보강시킬 수 있는 방법도 알 수 있을 것이다.

기억력 증진에 도움을 주는 것들

기억력을 증진시키는 약을 찾는 일은 완벽한 최음제를 찾는 것만큼이나 어렵다. 사람들은 지난 세기 동안 다양한 약초와 약물, 그리고 합성물들을 통해 두뇌의 원기회복과 복원을 꿈꿔 왔다.

어린 시절에 어머니가 생선이 머리에 좋은 음식이기 때문에 반드시 먹어야 한다고 말씀하시던 일을 기억할 것이다. 1860년대의 강장제부터 1960년대의 기억확장제까지 기억력 보강에 도움이 된다고 믿었던 물질들은 수없이 많다.

이들을 자세히 설명하기엔 지면이 부족하지만, 우리의 현재 위치와 앞으로 나아가야 할 방향을 확인하기 위해 이런 물질들에 대해 간단히 살펴보는 것도 도움이 될 것이다.

돌이켜보면, 인간은 기억을 보강시키는 일보다 감정을 변화시키는 물질을 찾는데 더 심혈을 기울여 왔다. 기억에 유용한 영향을 미친다고 믿었던 대부분의 물질들이 기분을 바꾸거나 주의 집중, 또는 신경을 흥분시키는 기능에 치우쳐 있었던 것만 봐도 그렇다.

1917년, K. 라쉴리 박사는 쥐를 대상으로 기억을 증진시킬 수 있는 약이 존재할 수 있는지 알아보는 실험에서 적은 양의 스트리키니네(신경흥분제)와 카페인이 학습과 기억을 증진시킨다는 사실을 알아낼 수 있었다.

하지만 이 실험을 전후해서 다른 물질이 사용되었기 때문에 스트리키니네와 카페인의 진정한 효능을 알 수 있는 수준은 아니었다. 다만 그러한 약물들이 흥분이나 집중력, 또는 예민한 감각을 유발하면 학습과 기억 증진에 도움이 된다는 사실만은 확인할 수 있었다.

그러다 알츠하이머병의 치료에 관심이 증폭되면서 라쉴리 박사의 연구와 비슷한 탐색들이 활발하게 진행되었다. 그 결과, 손상된 기억의 회복은 물론이고 정상적인 기억을 확대시킬 수 있는 약물치료법이 개발되기 시작했다.

가장 대표적으로, 뇌신경 보강제는 정상인의 기억력과 인식력을 증진시킬 뿐만 아니라 알츠하이머병 환자들의 기억력 증진이나 최소한 기억 손실을 지연시키는 약으로 개발되었다.

그러나 뇌신경 보강제는 유럽에서는 상당히 오랫동안 사용된 반면에 미국에서는 오늘날까지도 단순히 연구 목적으로만 사용되고 있다. 뇌신경 보강제가 뇌의 생리작용에 지대한 영향을 미치는 것으로 판명되었기 때문이다.

이런 화학적 접근법은 대부분 기억의 회복이나 보강을 위해 신경 전달 물질에 초점을 맞춘다. 앞서 언급한 전기를 통한 접근법은 신경 전달이 아니라 회로에 초점을 맞춘다는 점에서 차이가 있다.

의료계에서 화학적 접근법과 전기를 이용한 접근법이 동시에 이용된다는 사실은 그다지 놀랍지 않다. 앞서 지적한 바와 같이 뇌는 전기적인 활동과 화학적 반응을 통해 이미지를 전달하는 기관이기 때문이다.

화학적 반응의 기본적인 단위는 신경 전달물질이다. 뇌에는 이런 신경 전달물질이 무수히 많지만 이 중 몇 가지가 기억력과 기억 보강에 관련이 있다. 그 중 하나인 아세틸콜린은 가장 주목을 끄는 신경 전달물질이다. 이 물질이 기억 기능에 결정적인 역할을 한다는 사실은 이미 수차례 보고되었다.

인간의 뇌는 나이가 들면서 아세틸콜린을 합성할 수 있는 능력이 현저히 감소되며, 이것이 기억력의 감퇴를 동반한다. 예를 들어 알츠하이머병은 뇌 손상과 더불어 아세틸콜린을 생산하는 능력이 떨어졌을 때 발생하는 질병으로 보고되고 있다.

최근에는 기억력에 문제가 있는 환자는 물론이고 정상인의 기억을 증진시키기 위해서도 곧잘 아세틸콜린을 증가시키는 물질을 투여한다. 콜린과 아레콜린, 피라세탐 등이 이런 물질에 속한다.

한편 레시틴도 기억을 보강시키는 물질로 알려져 있는데, 콜린과 마찬가지로 레시틴은 혈액에서 뇌로 효과적으로 전달되지 않고 다량을 복용했을 때 부작용이 발생할 수 있다는 보고가 있다.

피소스티그민은 레시틴과 결합되었을 때 알츠하이머병 환자의 기억을 증진시키는 것으로 알려져 있는데, 특히 이 물질은 알츠하이머병에 영향을 받은 뇌에서 아세틸콜린이 자연 소멸하는 현상을 지연시키는 역할을 한다.

바소프레신도 뇌질환이 있는 환자에게 유용하다는 사실이 밝혀졌지만 기억에 직접적인 영향을 미친다기보다는 흥분감이나 주의력을 증가시켜 기억 기능에 영향을 미칠 가능성이 크다고 한다.

최근 들어 선풍적인 관심을 불러일으키고 있는 두 가지 기억 보강 물질이 있다. 이 물질은 THA로, 알츠하이머병 환자 17명 중에서 16명에게 효과가 있는 것으로 밝혀졌다.

한때 THA가 간에 치명적이라는 사실이 밝혀져 실험이 일시 중단되기도 했지만, 관련 합성물인 HP-029가 간을 손상시키지 않고 THA 본래의 효과를 내는 것으로 밝혀짐으로써 연구개발에 박차를 가하게 되었다. HP-029는 기억 손상이 수반되는 발작 증세를 일으키는 치매에 가장 효과적인 치료제로, 미국의 유명한 의료센터에서 집중 연구 중에 있다.

그런가 하면 비포세틴은 일본과 유럽, 라틴아메리카 등에서 이미 사용 중인 기억 보강물질로 기억 강화는 물론이고 인식력을 활성화시키는데 상당한 효과가 있다는 사실이 동물 실험을 통해 입증되었다. 연구자들은 이 물질이 알츠하이머병에도 큰 효과가 있다고 말하고 있다.

의학계에서는 이따금 약물에 의한 부작용이 특정한 질병의 원인과 병리 생리학을 이해할 수 있는 실마리를 제공하는 경우가 있다. 예컨대 어떤 항정신병 약물에는 파킨슨병과 유사한 증상의 부작용이 수반된다. 이때 의사들은 실수 때문에 발생한 부작용을 오히려 더 집중 연구함으로써 파킨슨병의 발생 원인에 대해 알아낼 수 있었다.

또 다른 예로 수면제의 일종인 트리아졸람이라는 약물이 있다. 29세의 한 젊은 의사가 잠자리에 들기 전에 트리아졸람을 소량 복용했는데 다음 날 먼 도시로 가기 위해 3시간 동안 기차를 탄 뒤에 일을 마치고 집으로 돌아왔음에도 하루 동안 일어난 일을 전혀 기억하지 못했다.

44세의 한 교수는 잠자기 전에 트리아졸람 1회분을 복용한 뒤에 다음 날 아침 학교로 가서 200명의 학생을 대상으로 2시간 동안 강연을 했다. 그리고 오후 12시 20분, 자신이 웬 낯선 사람들과 점심식사를 하고 있다는 사실을 깨닫고는 깜짝 놀랐다. 수면제를 복용한 시간에서부터 다음 날 오후 12시 20분 사이에 일어난 일을 아무것도 기억하지 못했던 것이다.

이런 흥미로운 상황들을 일컬어 '전향적 기억상실증'이라 하는데, 앞서 자세히 설명한 H와 R의 해마와 관련된 기억상실과 놀라울 정도로 유사하다. H와 R은 중추신경계 손상으로 전향적 기억상실증을 갖게 되었는데 트리아졸람의 장애가 화학적으로 발생한 일시적 현상인 반면에 H와 R은 반영구적인 뇌 손상이라는 점이 다르다.

가장 보편적인 전향적 기억상실증은 술과 관련된 일시적 기억상실이다. 사람은 술에 취하면 어떤 시점 이후로는 자기가 어디서 누구와 함께 있었는지, 무슨 일이 일어났었는지, 자동차는 어디에 세워놨는지를 기억하지 못할 때가 있다. 마치 트리아졸람을 먹은 후에 일시적으로 기억상실을 경험하는 것과 같다.

그렇다면 이제 이런 질문을 던질 때이다. 전향적 기억상실을 유발하는 약물은 뇌 안의 어느 부위에 충격을 가하기에 이러한 부작용을 낳게 되는 것일까? 해마가 기억의 손상을 일으키는 부분이라고 설명했는데, 단지 해마만이 이런 기능을 갖고 있는 것일까? 아니면 해마 외에도 이런 작용을 하는 부위가 더 있을까?

서번트들이 놀랄 만한 기억력을 갖고 있다는 사실과 일부 환자들의 수술 후유증으로 기억을 상실하는 경우가 있다는 사실은 서로 맥이 닿아 있는 게 분명하다고 서번트 신드롬을 연구하는 과학자들은 이구동성으로 말한다. 그렇다면 서번트 신드롬의 비밀을 알기 위해서는 무엇보다도 먼저 이 문제에 대한 답을 찾아야 할 것이다.

뇌 조직을 이식하다

지금까지의 설명으로 당신은 손상된 뇌기능을 회복하기 위한 새로운 접근법이 기억력을 회복하거나 보강하는데 이용될 수 있다는 사실을 알게 되었다.

예컨대 파킨슨병은 간뇌의 변성이나 동맥경화적인 변화에 의해 중추신경계가 퇴행하는 질병인데, 이 질병은 처음에는 운동장애가 서서히 나타나다가 근육의 긴장이 증가하고 뒤이어 손과 목, 입술 등이 마비되어 음식섭취나 언어구사가 원활하지 않고 심할 경우에는 일상적인 동작이 불가능해진다.

파킨슨병은 뇌의 피질하 부분에 있는 세포가 죽어 도파민이라는 신경전달물질을 생산하지 않을 때 발병한다. 피질하 부분에 있는 세포들이 죽어서 제 기능을 할 수 없기 때문에 환자는 몸의 떨림과 특유의 걸음걸이, 그리고 마지막으로 심각한 신경쇠약 증상을 나타낸다.

파킨슨병을 치료하는 방법의 하나로 뇌의 손상된 부분에 새로운 세포를 이식한 뒤에 이 세포로 하여금 죽어버린 뉴런의 역할을 대행하게 만드는 방법이 있다. 여기서는 뇌 조직의 일부를 교체하기 때문에 이런 기술을 '뇌 조직 이식법'이라 한다.

동물 실험에서, 태아의 뇌 조직에서 도파민을 분비하는 뉴런을 추출하여 뇌에 이식하자 파킨슨병이 역행되었다. 이식된 세포가 새로운 섬유를 자라게 하고 원래 세포의 신경생리학적 활동을 수행했으며 실제로 도파민을 분비했던 것이다.

이 결과는 손상된 부분에서 뇌세포 기능을 회복할 수 있는 방법을 추출했다는 데 커다란 의미를 찾을 수 있지만, 인간의 태아에서 뇌 조직을 추출해서 다른 사람에게 이식하는 것은 심각한 윤리적 문제를 일으키기 때문에 이를 대체할 수 있는 뇌 이식 방법이 파킨슨병을 치료하기 위해 개발되었다.

이 방법이 바로 '부신-두뇌 자가 이식법'으로, 부신(副腎 : 좌우 신장 위에 있는 한 쌍의 내분비기관) 안에 있는 특정한 세포가 파킨슨병 환자에게 부족한 신경 전달물질인 도파민을 생산한다는 것에 기초한다.

이 연구는 스웨덴이나 멕시코에서 매우 활발하게 진척되어 파킨슨병 환자들의 주목을 받았지만 두 가지 중요한 수술을 동시에 진행해야 한다는 문제점이 있다. 부신의 조직을 추출하기 위한 복부 수술과 추출한 조직을 이식하는 뇌수술(머리를 여는 수술)이 동시에 진행되어야만 하는 것이다.

이는 파킨슨병을 앓는 대부분의 환자가 노인이라는 점을 고려하면 매우 복잡한 윤리적인 문제가 발생한다. 환자의 연령이 높기 때문에 상대적으로 수술 성공률이 낮다는 점도 문제이다.

쥐를 대상으로 한 실험에서 태아기의 신경조직을 이식하자 인간에게 나타나는 헌팅턴무도병(유전성 중추신경 질환)과 흡사한 증상이 나타났다. 헌팅턴무도병은 특정한 뇌 영역이 손상되어 심각한 떨림 증상이 나타나는 병이다.

그러나 의사들은 인간과 동물을 대상으로 한 뇌 이식 수술을 통해 희망적인 결과를 확인할 수 있었다. 의사들은 태아의 조직을 뇌 이식에 사용하면 알츠하이머병을 비롯한 뇌질환을 치료할 수 있을 것으로 믿고 있다. 뇌이식에 필요한 태아 조직을 조직 배양기술을 통해 얻는 과정에서의 윤리적 문제만 해결될 수 있다면 난치병으로 알려진 알츠하이머병이나 파킨슨병을 점령하는 날도 멀지 않을 것으로 보기 때문이다.

물론 해결해야 할 중요한 문제들도 있다. 거부 반응에 대처하는 문제도 그렇지만 이식에 필요한 뉴런 세포를 어디서 추출할 것인지 결정하는 문제도 있다. 따라서 조직 이식 자체보다 그 이면의 문제점들을 고민하고 이에 대한 해결책을 강구하는 게 필요할 것이다.

최근까지 뉴런 조직은 재생되지 않는다는 의견이 지배적이었다. 일단세포가 죽으면 이를 회복하거나 되돌릴 수 있는 방법은 없다는 것이 일반적인 견해였다. 하지만 동물 실험을 통해 뉴런 조직이 재생된다는 사실이밝혀졌다.

태아기에 있는 쥐의 일부 조직을 어른 쥐의 홍채에 이식하는 실험에서, 이식된 조직에서 새로운 섬유가 자랄 뿐만 아니라 주변부로 확산되어 매우 활기차게 활동하는 뉴런들을 확인할 수 있었다.

특히 이 조직을 다른 뉴런 조직 옆에 이식하면 일단 이식된 조직이 자리를 잡고 난 뒤에는 빠른 분열 증식이 진행되면서 성장이 가속화되었다. 이식된 세포와 이 세포에서 새로 성장한 조직이 이식된 장소에서 원래 뉴런처럼 효과적으로 활동했던 것이다.

시력을 잃은 쥐의 눈에 망막 조직을 이식하면 이 조직은 성장을 거듭할 뿐만 아니라 원래 망막 조직이 있던 방향으로 성장한다. 다른 부분에 연결되지 않고 뇌의 시각중추에 연결되면서 성장하는 것이다. 이 실험은 서번트 신드롬의 전개 과정과 정확히 일치한다. 좌뇌가 손상되면 우뇌 영역이 보충되면서 적절한 경로를 확립한다는 사실은 이미 설명한 바 있다.

뉴런 조직을 이식함으로써 뇌의 손상된 부분을 정상적으로 복구할 수 있다는 사실은 기억의 손실을 극복할 수 있을 뿐만 아니라 각종 뇌질환을 치료할 수 있다는 희망을 보여준다.

과거엔 뇌의 손상된 부분은 결코 회복될 수 없다고 생각했다. 그러나 죽은 뇌 조직이 재생될 수 없다는 것은 사실일지 모르지만 의사들은 효과적으로 교체될 수 있고 특정 기능을 회복할 수도 있다는 사실을 알아냈다. 아직 연구되어야 할 부분이 많이 남아 있지만 뇌 이식의 장래는 밝다.

새로운 경로로 이동하다

중추신경계의 손상과 기능장애 치료법으로 조직 이식을 대체할 수 있는 다른 방법들도 있다. 이 방식은 중추신경계 일부에서만 세포가 손상되었거나 죽었을 경우에 모든 세포가 반드시 죽는 것은 아니라는 사실을 기초로 한다.

시력을 잃은 쥐의 눈에 망막 조직을 이식하면, 이 조직은 성장을 거듭할 뿐만 아니라 원래 망막 조직이 있던 방향으로 성장한다는 사실을 앞서 설명했다. 이 같은 원리는 이식된 태아의 대뇌피질 조직에서도 마찬가지로 일어난다.

손상된 일부 중추신경계 조직이 성장할 수 있다는 사실은 뇌가 이런 과정을 통해 스스로 손상된 부분에 대한 보상을 할 수도 있다는 논리가 성립된다. 의사들은 이러한 중추신경계 조직 능력을 '두뇌의 적응성'이라고 말한다.

과거에는 일단 뉴런 조직이 손상되면 이를 대체할 수 없으며 더구나 중추신경계는 이런 손상을 기능적으로 보상할 수 있는 능력이 없다고 굳게 믿었지만 지금은 발작이나 손상, 또는 장애에 의해 뇌의 상당 부분이 파괴된 뒤에도 빠르게 회복하는 환자들이 많다.

이때 환자는 서번트가 자신의 재능을 개발할 때처럼 지루할 정도로 계속적이고 동일한 과정을 반복해야 한다. 강력한 동기와 피드백도 회복 과정에 지대한 영향을 미친다. 회복 과정이 진행되는 속도는 대단히 느리지만 동기부여와 연습이 계속된다면 환자는 상당히 회복될 수 있다.

52세 여성이 좌뇌 손상과 우측 마비, 언어장애를 동반하는 심각한 상태에 빠져 있었다. 의사는 그녀가 나머지 삶을 병상에서 누운 채로 보내게 될 것이라고 말했다. 그녀는 말은 고사하고 눈을 깜빡이는 것만으로 의사소통을 할 정도였다.

아무런 회복 기미 없이 1년을 병원에서 보낸 뒤에 가족은 환자를 집으로 데려오기로 결정했다. 그런데 집으로 돌아온 뒤 물리치료사가 그녀를 치료하기 시작했고, 가족들은 그녀를 매일 운동시켰다.

다시 1년의 시간이 흐른 뒤, 환자는 서거나 걷지는 못했지만 기어 다닐 수 있었다. 가족들은 환자에게 알파벳을 처음부터 가르치기 시작했고 숫자를 세는 방법도 가르쳤다. 3년 후에 그녀는 절룩거리기는 했지만 걸을 수 있었다. 이 환자는 75세에 사망하기 전까지 집에서 남편과 함께 살며 요리와 집안일을 할 수 있었다. 정신적 활동과 언어기능도 그리 크게 손상되지 않은 채였다.

이런 식의 두뇌 복구 사례는 두뇌의 적응성을 말해주는 것인데, 의학적으로는 더 이상 희귀한 일이 아니다. 중추신경계 손상으로 장애가 발생한 일부 환자들도 이 여성처럼 회복될 수 있기 때문이다.

물론 처음에는 진행 경과를 알 수 없기 때문에 환자의 신경과 근육에 부착된 전기 측정 장치로 환자의 반응을 알아본다. 그렇지만 손상되지 않은 뉴런으로부터 새로운 성장이 발생함으로써 차츰 과거와 같은 몸 상태로 회복될 수 있다.

여기서도 당연히 강력한 동기 부여와 피드백, 그리고 스스로의 강화가 환자의 회복 과정에서 중요한 역할을 한다. 이런 과정은 서번트들이 밟아나가는 방식과 매우 흡사하다. 비록 발병 원인이 다르고 연령층이 판이해도 인체 내에서 두뇌의 유연성과 신경의 재활을 통해 놀라운 결과를 가져온다는 면에서 공통점을 갖는 것이다.

인간의 두뇌는 완전히 재생되거나 스스로 복구될 수 없을지는 모르지만 뇌의 재조직 능력은 우리가 예상하는 것보다 훨씬 강력하다. 오늘의 과학은 우리의 뇌가 매우 분화된 것은 사실이지만 이런 분화는 결코 고정된 것이 아니기 때문에 어떤 방법으로든 대체되고 보상될 수 있다는 사실을 알아냈다.

이는 서번트 신드롬의 비밀을 열 수 있는 열쇠가 될 뿐만 아니라 정상적

인 사람들의 기억을 확장하거나 보강하는 일에도 희망을 제공하는 일이
아닐 수 없다.

16장

매끄러운 조약돌

"세상 사람들이 나에 대해 어떻게 생각할지 모르지만, 나는 나 자신이 해변의 어린 소년처럼 느껴진다. 아직 아무것도 밝혀지지 않은 진실의 바다가 내 앞에 광대하게 펼쳐져 있다. 나는 그 바다 속으로 뛰어들어 다른 것보다 더 매끄러운 조약돌이나 예쁜 조개껍질을 찾아다닌다."

25년 동안 서번트를 연구하고, 지난 100년 동안 서번트에 대해 연구한 자료들을 조사해 오면서 나 역시 아이작 뉴턴이 말했던 것처럼 해변의 매끄러운 조약돌에 매력을 느끼는 소년과 같았다.

나는 말하자면 서번트 신드롬의 세계에서 여느 조약돌과는 다른 조약돌을 찾는 소년이나 마찬가지였던 것이다. 서번트의 해변에는 서로 비슷해 보이는 다른 조약돌들이 많이 있다. 그리고 진실의 바다는 자신의 비밀이 풀리기를 기다리며 무한대로 펼쳐져 있다.

지금까지 나는 해변에서 일어나는 일들과, 우리가 어떻게 하면 바다의 비밀을 밝혀낼 수 있는지에 대해 설명했다. 그렇다면 이번 장에서는 조약돌 자체에 대해 살펴볼 것이다. 조약돌이 가진 특별함에 대해서 말이다.

조약돌들은 몇 가지 힘에 의해 제각기 독특한 모양을 갖게 되었다. 우리는 어떻게 하면 이 돌들이 지닌 개별성을 잃지 않으면서 그 하나하나의 생성과정을 연구할 수 있을까? 세상의 모든 조약돌의 모양을 똑같이 만들려는 사람들 틈에서 우리가 조약돌들이 지니고 있는 특별하고도 독특한 모양을 존중하려면 어떻게 해야 할까?

나의 환자 중 하나는 다른 사람들처럼 되기를 바라는 부모와 사회로부터 느끼는 압박감에 대해 토로했다. 그는 자기 자신을 표현하기를 '원형의 행성에서 살고 있는 타원형'이라고 말했다. 그는 자기가 처한 곤란한 상황에 대해 이렇게 묘사했다.

"우리 모두는 원형의 행성에 살고 있다. 그래서 우리는 모든 행성이 우리가 살고 있는 행성처럼 둥글다고 생각한다. 하지만 신은 우주 안에 있는 원형, 사각형, 직사각형, 타원형 등 수많은 종류의 모양을 가진 행성을 전부 내려다볼 수 있다. 이 행성들은 내가 과학시간에 배운 것처럼 모두 둥글지는 않다. 신은 우리가 태어나기 전에 우리의 영혼을 각 행성에 따라 정리한다. 원형의 영혼을 가진 사람은 원형 행성에, 사각형 영혼은 사각형 행성에, 그리고 타원형 영혼은 타원형 행성으로 보낸다. 신은 내 영혼을 행성으로 보내는 과정에서 실수를 저질렀다. 타원형의 영혼을 가진 나를 원형의 행성으로 보낸 것이다. 내가 학교에서 배우는 것, 사회로부터 요구받는 것들은 아무 소용이 없다. 그럼에도 학교와 부모님, 그리고 의사인 당신도 내 영혼을 다른 사람들과 같은 원형으로 만들려고 노력한다."

그 길로 이 환자의 영혼을 정리하고 다듬으려는 시도는 중단되었다. 그는 부모가 원하는 방향과는 조금 다른 방향을 택했지만 지금은 부모들도 만족하고 있다. 나는 이 환자가 끝내 자기 영혼의 모습을 지켜내어 사회에 공헌하는 사람으로 성장하고 있다는 사실을 매우 기쁘게 생각한다.

서번트 신드롬을 연구하면서 갖는 가장 큰 유혹은 이들을 우리와 똑같은 인간으로 만들고자 하는 것이다. 하지만 그러한 노력이 좋은 의도에서 비롯된 것일지라도, 그로 인해 나디아는 치료 과정에서 서번트 능력을 잃어버리고 말았음을 기억해야 한다.

레슬리와 알론조와 엘렌의 가족들을 지켜보면서, 그리고 서번트가 지닌 특별함과 상호작용하는 주변사람들을 지켜보면서, 나는 서번트가 반드시 우리와 똑같이 되도록 노력할 필요는 없다는 사실을 절실히 깨달았다.

서번트의 가족이 그 아이에게 자전거 타는 법을 세심하게 가르쳤듯이, 이제 우리는 그들을 상대하면서 언제 손을 내밀고 언제 그냥 가게 내버려 둬야 할지를 세심하게 결정해야 한다. 그들을 보통사람의 잣대로 평가하고 상대하는 대신에 그들만의 잣대로 세상을 볼 수 있게 하는 일이 바로 서번트들에게 줄 수 있는 존중과 사랑의 전부라고 나는 믿는다.

메이 여사가 레슬리에 대해 강한 자부심을 갖는 모습, 엘렌이 노래 부를 때 엄마인 바바라가 조용히 바라보며 미소 짓는 모습, 알론조가 조각할 때 엄마의 눈에서 보이는 칭찬의 눈빛, 나는 그런 모습들에서 서번트들을 대하는 진정한 방식을 발견한다.

우리의 사랑은 대부분 조건적이어서 상대방보다는 상대방이 하는 일에 의해 그것을 결정하는 경우가 많다. 서번트가 하는 일에만 초점을 맞추어 바라보기 때문에 이들의 특별함을 못 보고 지나치는 경우도 많다.

하지만 서번트 능력을 키워준 가족들을 보면, 이들이 서번트의 특별한 재능만이 아니라 존재 그 자체를 있는 그대로 받아들이고 있다는 사실을 발견할 수 있다.

알론조와 그의 아버지는 매번 작품이 완성될 때마다 맨 처음 작품을 완성했을 때와 똑같은 자부심과 열정을 보인다. 단순히 또 하나의 위대한 예술작품을 끝냈다는 사실을 기뻐하는 게 아니라 알로조라는 존재 자체를 무조건적으로 받아들이며 기뻐하는 것이다.

메이 여사는 레슬리의 장애를 넘어 그의 장점과 단점 등 모든 것을 받아들였다. 레슬리가 하는 일에만 관심을 두는 게 아니라 레슬리 자체에 관심을 둔다는 것은 그를 한 사람의 인격체로 본다는 뜻이고, 그것이 레슬리를 하나의 매끄러운 조약돌로 만들었다. 아름답고 독특한, 이 세상에 단 하나뿐인 조약돌로 말이다.

서번트를 관찰하면서 우리가 해결할 수 있는 과학의 본질이 무엇이든 서번트와 그 가족들이 우리에게 가르쳐주는 믿음과 결단력, 존중과 용인은 평범한 우리들에게 가르쳐주는 바가 너무 크고 넓다.

있는 그대로의 서번트

나는 서번트를 내세워 콘서트나 전시회를 여는 일, 또는 이들의 특별한 능력을 사람들에게 보여주는 일이 일종의 이기적인 이용이 아니냐는 질문을 종종 받는다. 결론적으로 말하자면 나는 결코 그렇게 생각하지 않는다.

시각장애인 톰은 노예의 아들로, 그의 주인은 베툰 대령이었다. 베툰은 톰을 전 세계 이곳저곳으로 데리고 다니면서 '앞을 보지 못하는 천재'라고 선전하며 공연을 했다. 가는 곳마다 톰의 공연은 예술적인 업적으로 극찬을 받았고, 베툰은 이런 공연을 통해 거금을 벌어들였다.

그러나 베툰 대령이 죽고 난 후 톰은 공연을 그만뒀으며, 몇 년 후에 외롭게 사망했다. 겉으로 보면 이 이야기는 베툰이 톰의 재능을 이기적으로 이용한 것 같지만 톰의 공연에 관한 당시의 보도와 증언을 살펴보면 그가 공연에 임할 때 생기와 사명감, 열의에 불탔다는 사실을 알 수 있다. 자신이 가진 장애 여부에 관계없이 과거의 많은 연주자들과 오늘날의 많은 서번트들처럼 대외적인 공연은 톰에게 매우 중요한 일이었던 것이다.

톰이 연주를 좋아했다는 사실은 확실하다. 나는 톰으로 하여금 연주에 몰두하게 만든 것은 시합을 원하는 프로선수를 대회에 출전시키는 일과 비슷했으리라고 생각한다. 베툰 대령이 벌어들인 돈을 어디에 썼고 그 중 얼마를 톰을 위해 사용했는지에 대한 질문은 적절한 물음이지만, 우리는 이 부분에 대해서는 전혀 알 길이 없다.

다만 톰이 베툰 대령의 사망 후에 혼자 외롭게 살다 죽었다는 사실과 베툰 대령이 죽자 공연을 그만뒀다는 사실은 그 일이 결코 구속이나 착취가 아니었음을 말해준다. 나는 톰과 베툰 대령의 삶은 애착과 애정, 그리고 상실에 관한 이야기라고 생각한다.

레슬리는 관객이 두 명이든 이천 명이든, 혹은 단 한 명도 없을 때조차도 연주하기를 좋아한다. 알론조는 조각을 너무 좋아하기 때문에 그것 없이는 하루도 살아갈 수가 없다. 엘렌은 노래를 좋아한다. 그녀는 노래가 삶의 목표이자 전부이기 때문에 공연은 착취가 아닌 것이다.

『신동들에게 도대체 무슨 일이 일어났을까?』라는 책의 저자 루스 펠드먼은 남다른 재능을 가지고 태어나고 자란다는 것의 장점과 위험에 대해 경고하고 있다. 그는 이 책에서 신동이 일곱 살에는 최고지만 서른아홉 살이 되면 도망자가 된다고 묘사하고 있다.

'사람들이 그 아이를 빙 둘러싸고 쿡쿡 찌르며 말도 안 되는 질문을 던진다. 아이들은 이런 상황에 대처할 수 있는 능력이 전혀 없다. 그리하여 아이들은 점점 더 자신은 착취당하고 있으며, 자기를 착취한 사람들을 용서할 수 없다고 생각하게 된다.'

상처받기 쉬운 성장기에 대중의 관심과 칭찬을 한몸에 받는 아이들의 절망스런 이야기를 통해 저자가 말하려는 바는 아이 자체가 아니라 오히려 그 아이를 둘러싸고 있는 어른들의 문제이다. 아이의 부모와 가족들이 그 아이를 어떤 관점에서 바라보느냐에 따라 아이의 삶은 변하게 된다는 것이다.

펠드먼은 단지 아이가 갖고 있는 특별한 재능이 아니라 그 아이에 대한 근본적인 존중, 그리고 그 아이가 할 수 있는 일이 아니라 그 아이의 존재 자체에 대한 인정이 필요하다고 주장한다. 펠드먼의 책에 등장하는 16명의 어렸을 적 신동들은, 그들이 가진 특별한 잠재력과 발생 가능한 문제들을 어른들이 어떻게 다뤄야 하는지에 대해서 다음과 같이 요구하고 있다.

'아이들과 되도록 시간을 많이 보내라. 돈과 선물은 친구가 될 수 없다. 아이들을 칭찬하되 비판은 가급적 피하라. 아이들을 정형화시키지 마라.

기회를 주되 강요하지 마라. 아이들을 있는 그대로 기쁘게 받아들여라. 재능이 부모의 것이 아니라 아이의 것이라는 사실을 잊지 마라. 아이들이 어떻게 재능을 발휘할 것인가에 부모의 욕심을 개입시키지 마라. 독립심을 갖출 기회를 제공하라. 자유 시간을 주어라. 아이들이 스스로 선택한 일을 하게 하라. 아이들의 만족을 위해 용기를 북돋워 주어라. 항상 섬세하게 행동하라.'

이 모든 것들은 착취와는 정반대되는 충고들이다. 이런 충고들은 아이를 양육하는 일에 대한 일반적인 충고와 똑같지만 신동이나 서번트를 양육할 때 발생할 수 있는 잠재적인 위험을 다루는 데 특히 더 절실하다. 아이들의 특별한 능력이 항상 대중적인 관심과 주목을 끌기 때문이다.

내가 관찰한 바에 따르면 서번트의 가족들은 크게 두 가지로 나뉜다. 어떤 가족들은 서번트의 능력을 세상에 알리지 않는다. 그것이 그들의 방식이기 때문이다. 반면에 어떤 가족들은 아이가 가진 능력을 좀 더 많은 사람들과 나누고자 한다. 후자는 아이가 드러낸 재능과 그 재능으로 빚어낸 아름다운 예술품을 공유하기 위해 이들의 능력을 알린다.

이렇게 서번트의 능력을 나누고자 하는 노력에 대한 보수와 보상은 착취와는 전혀 무관하다. 내가 만나본 몇몇 가족들과 내게 편지를 보낸 많은 사람들은 이런 보수나 보상을 보호자가 더 이상 아이 곁에 있어 줄 수 없는 상황에 대비한 수단으로 생각하고 있었다.

어떤 사람은 이것이 장애를 가진 사람이 홀로서기를 할 수 있는 방법이라고 생각하기도 하고, 어떤 가족은 이 돈을 병원이나 수용시설에 들어가는 비용으로 쓰기도 한다.

나는 가족들이 서번트를 이기적으로 이용하는 사례를 본 적이 없다. 이는 그런 일이 절대 일어나지 않았을 것이라든지, 절대 일어나서는 안 된다는 의미가 아니다. 레슬리는 라스베이거스에서 서커스 같은 공연을 해달라는 제안을 받은 적이 있는데 가족들은 이런 일이 완벽하게 잘못된 일이라며 거절했다. 레슬리의 가족뿐만 아니라 모든 서번트 가족들이 이런 제안에 머리를 흔든다.

레슬리는 지금도 콘서트에 출연하면 약간의 보수를 받거나 아예 받지 않는다. 레슬리는 학교나 교도소, 요양소 같은 곳에서 공연을 해왔지만 전부 무료였다. 교회에서 공연을 하면 가끔 자발적인 헌금을 받기도 하는데 이 돈으로는 여행비와 식비, 숙박비조차 충당할 수 없다.

가끔 자선단체들이 레슬리를 위해 피아노나 훈련용 자전거 등을 기부할 때가 있다. 그러면 레슬리의 가족은 고맙게 받는다. 레슬리는 콘서트 티켓을 판매해 그 수익금을 장애인을 위한 단체에 기부하기도 한다. 그래도 돈이 남는 경우에는 더 불우한 사람들을 돕는 데 쓴다.

알론조도 덴버의 드리스콜 갤러리가 관리하는 조각 작품을 통해 수입을 얻는다. 그중 어떤 작품은 45,000달러에 팔리기도 했다. 그러나 구입자는 조각가가 장애를 가졌기 때문이 아니라 작품이 너무도 아름답기 때문에 구입한 것이라고 말한다.

그렇다. 알론조는 다른 뛰어난 예술가들처럼 자신의 예술작품에 대해 보상을 받아야 한다. 500개쯤 되는 그의 작품을 판매해서 얻는 수익금은 집 옆에 있는 개인 작업실을 구입하고 꾸미는 데 사용될 수 있을 것이다.

장애를 가진 사람들을 사회의 주류에 편입시키기 위해 노력하는 사람들에게 알론조는 정신적으로 장애가 있는 사람들의 삶이 어떻게 정상화될 수 있는지를 보여주는 훌륭한 사례로, 이는 결코 착취라고 할 수 없다.

요약하자면, 서번트로 하여금 자기의 특별한 재능을 사용하게 하는 것은 그가 이것들을 펼쳐 보이기를 원하는 이상 절대 착취가 아니라는 것이다. 그 장소가 거실이 됐든, 병원이 됐든, 무대나 카메라 앞이 됐든 결코 착취가 아니다.

펠트먼이 언급했듯이 '아이들을 있는 그대로 기쁘게 받아들여라' 라는 대목은 착취를 해결할 수 있는 방법 중 하나일 것이다. 내가 지켜본 바에 의하면, 서번트의 가족들은 물론이고 심지어 서번트를 연구하는 전문 연구가조차도 서번트의 재능을 그가 지닌 특별함의 일부로만 받아들인다. 이래서는 안 된다.

서번트의 재능은 끊임없는 반복과 긍정적인 보강을 통해 만들어지고 발전하는 것이다. 내가 만나본 서번트들은 우리와 마찬가지로 성취감과 자신감, 그리고 만족감을 얻기 위해 자기들의 능력을 발휘하고 싶어 했다. 이들이 자기 능력을 맘껏 발휘하면서 스스로 즐기고 다른 사람들까지 기쁘게 만들 수 있다면 더욱 좋을 것이다. 왜 이들에게서 그런 기쁨을 빼앗아야 하는가?

서번트의 창의성

대부분의 서번트들은 일부 제한된 분야에서는 매우 뛰어난 재능을 보이지만 다른 분야에서는 상당한 낙오를 면치 못한다는 특성이 있다. 그런데 그들을 유심히 지켜보면 한 가지 뚜렷한 공통점이 있다. 그들이 어떤 분야에서 비상한 능력을 과시한다 해도 그것이 창의력의 결과는 아니라는 사실이다.

내가 경험한 바로는 서번트는 결코 창의적이지 않다. 서번트들이 거의 모든 사례에서 창조보다는 모방을 한다는 사실은 대부분의 연구자들도 익히 경험한 일이다.

그러나 나는 서번트가 창의력을 가졌는지 여부는 별로 중요하지 않다고 생각한다. 서번트의 놀라운 재능을 옆에서 지켜보는 사람들은 이것이 단순히 모방에 불과하다는 사실에 그다지 신경을 쓰지 않는다. 하지만 이 같은 사실은 지능과 창의력의 관계, 그리고 창의력과 기억의 경계에 관한 몇 가지 흥미로운 질문을 던지게 한다.

창의력에 대한 일반적인 정의는 없다. 철학자와 심리학자들은 진정한 창의력이란 무엇인지에 대해 계속 논쟁 중이다. 아직 정확하게 정의된 바는 없다 해도, 사실은 창의력이 무엇인지에 대해서는 상당히 쉽게 설명할 수 있을 것이다.

대부분의 사람들이 하나의 과정으로서의 창의력, 혹은 개인적 특성으로서의 창의성이 다음과 같은 요소로 구성돼 있다는 사실에 동의하기 때문이다.

'독창성, 적응성, 유창함, 변화와 새로운 방식에 개방적인 태도, 시각화, 개념화, 추상화 능력, 감수성, 자기 인식과 자기 공개, 그리고 원래 상태와 평범하고 일상적인 것을 참지 못하는 성질.'

이는 대부분의 서번트가 갖지 못한 특성들로 서번트는 오히려 적응력이 상당히 뒤떨어지고 추상화와 개념화할 수 있는 능력도 부족하다. 그들은 감정이 극히 제한되어 있고 일상적이고 반복적인 것에 강한 경향이 있다.

더 간단히 말하자면 창의력이란 새로운 무엇을 만들어낼 수 있는 능력을 말하는데, 지금까지 발표된 서번트의 창의력에 관한 공식적인 연구는 단 두 개뿐이다. 하나는 장애를 가진 비 서번트와 서번트를 비교한 실험이고, 다른 하나는 서번트를 정상적인 지능을 가진 대조군과 비교한 실험이다.

텍사스 대학의 제인 두켓 박사는 25명의 서번트를 장애를 가진 비 서번트 대조군과 비교한 창의력 측정 실험에서 서번트가 장애를 가진 대조군과 별반 차이를 보이지 않는다는 결론을 내렸다. 제인 두켓 박사는 이 실험 결과를 통해 발달지체자도 최소한의 창의력을 갖고 있다는 사실을 알아냈지만 두 집단의 점수는 모두 매우 낮았다.

이러한 결과는 창의력이 사람이 갖고 있는 전체적인 지능과 밀접한 관계가 있기 때문에 '창의력=지능' 이라는 등식이 성립할 수 있다는 일반적인 의견과 일치한다. 따라서 지능지수가 낮은 사람들이 창의력 점수가 낮다는 결과는 그리 놀라운 일이 아니다.

두 번째 연구는 런던교육연구소의 네일 오코노 박사 연구팀이 실행한 실험이다. 이 실험에서는 5명의 음악 서번트들을 대상으로, 6명의 작곡과 즉흥 연주 능력이 있는 정상아들이 비교되었다.

이들은 평균 연령이 열세 살로 2년 이상 정규 음악교육을 받은 아이들인데, 5명의 음악 서번트 모두가 남자였고 그 중 3명이 시각장애자였으며 IQ 범위는 50에서 69까지였다. 이들을 대상으로 음악적 창의력을 측정하기 위해 5개의 과제가 주어졌고, 각각의 과제의 점수는 1점부터 5점까지였다. 과제는 다음과 같았다.

1)알지 못하는 곡의 일부를 들려준 후 그 곡을 계속 이어가기

2)새로운 곡의 작곡

3)새로운 곡을 듣고, 그 곡의 반주 만들기

4)새로운 멜로디와 반주를 동시에 만들기

5)12소절 이상의 블루스 즉흥곡을 연주하기

한편 음악 능력을 측정하기 위해 다른 3가지의 과제도 주어졌다.

1)빠르기 조절과 리듬에 관한 일반적인 감각은 어느 정도인가?

2)음악적 창의력에서 어느 정도 복잡성을 갖고 있나?

3)보통 길이의 악절을 변화시키거나 만드는 것과 관련해서 균형 잡힌 음악을 반복 진행하는 능력은 얼마인가?

음악적 창의력을 측정하는 실험에서 서번트들은 대조군과 대등한 능력을 보였다. 이와 함께 음악 능력 실험에서도 서번트들이 대조군보다 우수했다. 심지어 빠르기 조절 감각과 균형 감각, 복잡성 능력도 뛰어났다.

연구자들은 이런 차이는 서번트가 오직 음악에만 몰두해 왔기 때문에 가능한 것이라는 결론을 얻었다. 왜냐하면 대조군에게 있어 음악은 단지 일상의 수많은 활동 중 하나에 불과했던 것이다. 여기서 내릴 수 있는 결론은 서번트들이 갖고 있는 음악에 대한 이해와 능력이 그들 자신의 동기 부여와 주변의 관심으로 보강되고 강화된 것이라는 사실이다.

흥미로운 점은 서번트들에게도 음악을 작곡하고 즉흥 연주를 할 수 있는 능력이 있다는 것이다. 이는 음악에 대한 상당히 높은 수준의 지식을 갖고 있다는 사실을 반증한다. 이 능력은 음악을 듣고 단순히 재생산하거

나 모방하는 것 이상을 의미한다.

네일 오코노 박사 연구팀은 이 연구가 자신이 이전에 실시했던 연구 결과를 입증하고 있다는 결론을 내렸다. 인간의 지능은 제각각 분리되어 존재하지만 그 중에서 음악적 지능만은 인간이 구사할 수 있는 모든 재능에 영향을 끼치는 일관된 요인이라는 것이다.

따라서 오코노 박사는 음악적 지능은 다른 영역이 심각하게 손상되더라도 여전히 존재할 수 있지만 창의력은 그렇지 못하다고 주장했다. 창의력은 그 자체로 독립적일 뿐 전 영역에 영향력을 행사하지 못한다는 것이다.

서번트 신드롬에 관한 나의 연구 경험을 통해서 볼 때, 그들은 완전히 새로운 곡을 창조하기보다는 제한적인 범주 안에서 모방에 가까운 방법으로 즉흥 연주를 한다. 따라서 데이비드 비스코트 박사의 환자였던 헤리엇처럼 높은 수준의 창의력을 보여주는 서번트도 간혹 있지만, 대부분의 서번트는 창의력이 거의 없거나 아예 없다고 할 수 있다.

네일 오코노 박사는 작곡과 즉흥 연주를 상당히 명확하게 분류하고 있다. 이미 존재하는 음악을 재생산하는 행위와 새로운 음악을 생산하는 것은 확실히 다르다. 완전히 새로운 음악을 연주하는 것과 이미 존재하는 곡에 즉흥 연주를 추가하는 것에도 명백한 차이가 있다. 그런데 서번트들의 즉흥 연주는 대개 주어진 음악의 구조적 특징을 크게 변화시키지 않으면서 화성과 멜로디 부분을 추가적으로 보태는 것이었다.

즉흥 연주가 가장 많이 활용되는 장르는 바로 재즈이다. 재즈 자체의 자유로운 리듬 때문인지는 몰라도 대부분의 서번트들이 즉흥 연주를 한다면 반드시 재즈에서 나타난다. 네일 오코노 박사는 이런 점을 충분히 감안한 상태에서 서번트의 즉흥 연주 실력을 자세히 분석해 보았다.

오코노 박사는 레슬리를 대상으로 한 실험에서, 정상적인 지능을 가진 전문 음악가를 대조군으로 하여 동일한 2곡의 음악을 들려준 후 즉흥 연주를 하게 했는데 그 결과는 의외였다.

레슬리의 즉흥 연주가 전문 연주가의 능력에 버금할 정도로 상당한 정도의 뛰어난 연주 실력을 보여주었던 것이다. 레슬리가 전문 음악가와 마찬가지로 원곡의 음계와 박자를 유지했지만 풍부한 기교를 부리면서도 음악의 규칙에서 벗어나지 않는 능력을 보여주었던 것이다.

네일 오코노 박사는, 레슬리가 이토록 많은 양의 음악적 지식을 소유하고 갖고 있다는 사실은 서번트들에게 독립적인 음악 재능이 존재한다는 것을 웅변하는 증거라고 결론지었다.

일반적으로 서번트가 창조한다기보다는 반복하고, 창작한다기보다 모방한다는 사실을 부인할 수는 없지만 이것이 서번트 능력의 위대함을 손상시키지는 못한다는 게 오코노 박사의 최종 결론이었다.

레슬리는 녹음기 이상의 기억력을 통해서 광범위한 즉흥 연주 실력을 발휘할 수 있다. 그러나 그는 창의력의 일반적인 정의에 입각하면 완전히 새로운 것을 창조하지 못한다. 단지 존재하는 것의 변형을 추구할 뿐이다. 알론조의 조각 작품은 인체 근육을 정밀하게 표현하는데 모든 작품은 그의 뛰어난 기억력에 바탕을 둔 재생산물일 뿐이다.

이는 서번트들이 충실도가 높은 기억 기능에 바탕을 둔 정확한 암기력과 복구력을 갖고 있음을 반증한다. 비록 독창성은 떨어질지 모르지만 그에 상응하는 암기력으로 창조에 가까운 실력을 발휘하는 것이다.

서번트들의 이러한 암기력은 백과사전적 지식을 갖고 있다든지 방대한 양의 수학적 계산을 해낼 때도 여지없이 발휘된다. 이런 사실은 창의력과 지능, 기억의 경계를 연구하는 사람들에게 행운의 기회를 제공한다. 창의력과 지능은 동일한 맥락으로 해석될 수 있지만 기억은 그렇지 않다는 사실을 말해주는 객관적 자료를 레슬리를 비롯한 서번트들이 제공해주기 때문이다.

이런 결론을 통해 우리는 서번트의 현재 방식에 만족해야 하며 이들에게 변화를 요구하거나 더 많은 것을 바라서는 안 된다는 결론에 이르게 된다. 서번트가 뛰어난 능력을 갖고 있다는 사실만으로도 충분하기 때문이다.

서번트에게 더 이상의 창의력을 기대해서도 안 된다. 서번트가 가진 영혼의 형태를 바꾸기 위해 그것을 정리하거나 다듬으려고 해서도 안 된다. 있는 그대로의 존재를 인정하는 것, 서번트 신드롬을 연구하면서 내린 결론은 이렇듯 간단하다.

서번트의 감정

서번트들은 전형적으로 감정이 제한되어 있다. 이들의 행동이나 말에는 흥미나 열정이 거의 없는 듯하다. 앞서 지적했듯이 창의력이라는 개념은 새로운 것을 만들어내는 것을 넘어서 여기에 융통성과 새로운 방법, 그리고 변화에 마음을 열며 현상 유지를 참지 못하는 것과 같은 개인적 특성을 구체화한다.

서번트는 행동이나 생산에서 창의력이 제한되기 때문에 같은 식의 제한

이 감정을 포함한 개인적 특성에도 적용된다. 대부분의 연구자들은 서번트가 창의력이 부족하기 때문에 감정이 제한적인 것은 그리 놀라운 일이 아니라고 지적한다.

우리는 사랑의 따뜻함을 느끼지 않고는 상실의 고통을 느낄 수 없다. 누군가에게 혹독한 비난을 받아 눈물을 흘릴 때의 감수성이 있기 때문에 어느 날 오후 아름다운 일몰에도 감동하게 된다. 비난받은 것에 슬퍼하지 못한다면 일몰의 아름다움에도 기뻐할 수 없는 것이다. 소외감은 소속감을 경험해야 느낄 수 있고, 멀다고 느끼려면 가깝다고 느낀 경험이 필요한 것이다.

그러나 서번트들은 이 두 가지 감정의 극단을 치닫는다. 레슬리는 울기는 하지만 거의 울지 않는 편에 속한다. 알론조는 자기 능력을 자랑스러워하지만 결코 심하게 기분이 들뜨는 법이 없다.

서번트에 대한 거의 모든 설명에는 특정 단어들이 반복적으로 사용된다. 무딘 감정과 자발성 부족, 동일성에 대한 집착과 강박관념, 피상적인 사고와 거리감, 적은 말수와 수동성⋯⋯.

물론 예외도 있다. 얼스우드 병동의 천재들을 묘사하는 글들에는 열정의 분출과 상대에게 퇴짜를 맞았을 때 무뚝뚝함으로 변해 버리는 그들의 성격에 대해 자세히 기술되어 있다.

하지만 데이비드 비스코트 박사의 설명에 따르면, 좌절과 큰 기쁨을 동시에 분출할 줄 알았던 해리엇조차도 전체적으로는 무감각하며 방어적인 성격이었다. 해리엇은 음악을 연주할 때는 비로소 감정을 표현할 수 있는 듯했는데, 비스코트 박사는 이때의 음악에 대해 다음과 같이 설명하고 있다.

"분명한 것은 해리엇의 연주가 음악에 몰두하는 사람에게 기대될 수 있는 감정의 풍부함과 공명이 결여되어 있다는 사실이다. 그녀가 연주하는 많은 곡들이 그녀 자신과 감정과 일치한 것 같지만 그때 표출되는 감정조차 대부분 어린아이 같이 단순한 것이었다."

서번트가 느끼는 감정의 범위 역시 창의력의 범위처럼 상당히 제한적이다. 이는 서번트의 본질적인 특성이라기보다는 지능의 결함에서 비롯된다. 질투나 죄책감, 의심, 자기만족, 자부심, 감정의 고양, 절망 등은 특정한 인식적 자각을 통해 느낄 수 있는 부분인데 서번트의 감정은 이러한 경로가 아예 없거나 현저히 부족하다.

나는 이러한 현상이 서번트들이 갖고 있는 특정한 기억 기능 탓이라고 생각한다. 요컨대 서번트의 창의력을 제한하는 중추신경계의 어떤 요소가 감정까지 제한한다는 것이다.

이렇게 감정이 무딘 것은 장단점을 모두 갖고 있다. 나는 서번트들이 공연이나 전시회 전에 긴장하는 모습을 본 적이 없다. 서번트는 비판에 대해 상처를 받지 않는다. 사실은 서번트들은 다른 이들이 자기 작품을 어떻게 생각하는지 관심조차 없다. 자기 작품을 있는 그대로 좋아하기 때문이다.

나는 서번트들이 절망하거나 비관하거나 회의하는 것을 본 적이 없다. 혹은 부적당한 감정이나 스스로 예민하게 반응해서 감정을 쌓아두는 경우도 본 적이 없다. 대부분의 서번트들은 자신의 재능을 자랑한다. 이들은 자신이 이룩한 성공에 대한 자신감을 표현하는데 부끄러워하지 않는다.

왜 그럴까? 대답은 간단하다. 그들은 우리 사회가 보편적으로 강요하는 겸손 따위를 갖고 있지 않기 때문이다. 서번트들이 지닌 꾸밈없는 만족감,

부끄러움을 모르는 자신감, 그리고 무조건적으로 상냥한 태도는 다른 이들을 무한히 기분 좋게 하는 요소들이기에 때로는 부럽기까지 하다.

백악관을 방문해서 대통령 앞에서 연주하는 것은 레슬리에게 있어서는 어느 요양소의 환자들 앞에서 연주하는 것 이상도 이하도 아니다. 서번트들은 TV 저녁뉴스의 논평자를 보고 기뻐하는 만큼이나 자기의 조각 작품을 보고 감탄하는 사람들을 보며 기뻐한다. 왜 이런 일이 가능할까? 이유는, 그들이 아무에게도 위협당하지 않고 아무도 두려워하지 않기 때문이다. 감정이 결핍됐지만 그만큼 백지와도 같이 순수한 감정을 갖고 있는 것이다.

알론조는 내가 평생 동안 만난 사람 중에서 가장 명랑하다고 해도 과언이 아니다. 그의 상냥한 미소는 다른 사람에게 전염된다. 그런 때마다 사람들은 그가 전혀 때 묻지 않았다는 사실을 알게 된다. 알론조가 단어를 선택하고 사용하는 데는 부족할지 모르지만 그것을 맑은 정신과 눈빛으로 만회한다.

레슬리도 연주할 때를 제외하면 대부분 조용하다. 가끔은 신경질적이기도 하지만 이는 피곤하거나 서둘러서 일을 해야 할 때뿐이다. 연주를 할때, 그가 느끼는 기쁨과 힘과 열정은 보는 이들로 하여금 행복의 의미를 곱씹게 한다. 자기 앞의 생에 만족하는 한 행복은 언제나 내 안에 있다는 사실을 말이다.

엘렌은 레슬리가 그런 것처럼 절대 연습하지 않는다. 그럼에도 모든 음악은 그 자체로 새롭고 다채롭다. 대부분의 음악가들은 완벽을 위해 연습을 하지만, 그들은 부담감이 없기 때문에 굳이 연습을 하지 않더라도 새롭고 아름다운 음악을 연주할 수 있다. 남을 위한 음악이 아니라 자기 자신을 위한 음악이기에 설령 연주를 하다 실수를 하더라도 주눅이 들지 않는다.

그러나 그렇게 되기 위해서 서번트들은 많은 부분을 포기해야 한다. 이들은 일몰을 보며 눈물을 흘리거나 축구 결승전을 보며 소리 지르지 않는다. 하지만 보통사람들이 갖고 있는 기분과 거기서 생기는 기쁘거나 슬픈 감정을 포기했기 때문에 오히려 자유로운 영혼을 갖고 있다고 봐야 할 것이다.

이들은 자기보다 능력이 뛰어난 사람에게 질투를 느끼지 않는다. 그들은 황홀경의 절정을 느끼지는 못하지만 그렇다고 의기소침해지지도 않는다. 우리처럼 영광을 추구하거나 즐기지 못하는 반면에 겉치레도 없다.

나는 이런 모든 것들이 결코 손해 보는 장사라고는 생각하지 않는다. 우리들의 다양한 감정보다 서번트의 변화 없는 감정을 더 좋아하는 사람은 없을 테지만 그들은 우리가 잃어버린 순수와 만족에 대해 많은 것을 가르쳐주고 있다.

제거할 것인가, 육성할 것인가?

서번트 신드롬의 비밀을 규명하려는 수많은 움직임들이 있는 것처럼 서번트들로 하여금 장애를 극복하고 생산적이고 독립적인 삶을 살게 만들기 위한 교육 방법 또한 많다.

아더 필립스 박사는 이런 논쟁의 중심에서 가장 기본이 되는 질문을 압축적으로 던지고 있다. 미국에서 서번트를 비롯한 특수장애인 교육에 평생을 바쳤던 필립스 박사는 『재능이 있는 정신박약아』라는 책에서 다음과 같이 말하고 있다.

'결함을 제거하는 방식과 재능을 훈련시키는 방식 중 어느 것을 선택하는 것이 옳은 것일까? 이 문제는 이론상으로 아직 해결되지 않았다. 어떤 교육자들은 아이가 싫어하는 것을 주고 좋아하는 걸 멀리해야 한다고 생각한다. 만약 아이가 예술적인 재능을 갖고 있고 계산을 좋아하지 않는다면 아이에게 최우선적으로 계산을 시키라는 것이다.'

필립스 박사는 또 한 사람의 서번트인 얼을 예로 들면서 이 질문에 답하고 있다. 얼은 기계수리와 조립에 남다른 능력을 갖고 있는 서번트였다.

'얼은 독서와 계산을 좋아하지 않고 재능도 없다. 그는 학문적인 분야에는 훈련 가능성이 전혀 없다. 따라서 얼의 개인적인 재능을 개발하는 방법 이외에 다른 대안이 없다고 생각한다.'

나는 필립스 박사의 말이 전적으로 옳다고 생각한다. 그것은 재능을 훈련시킬 것인가, 아니면 결함을 제거할 것인가에 대한 문제가 아니라 오히려 어느 방면에 먼저 집중해야 할지에 대한 문제이기 때문이다.

필립스가 이런 말을 한 지도 어언 50년이 지난 지금, 나는 그 문제에 대해서는 충분한 증거가 발견되었다고 생각한다. 서번트의 재능은 이해와 인내에 의해 훈련될 수 있는데, 이러한 훈련 과정의 결과로 다른 결함들이 비록 전부 제거되지는 않는다 해도 최소한 약화될 것이다. 이 책에 보고되고 있는 여러 사례들이 이 점을 충분히 입증한다.

병원 직원들은 처음에는 진흙이 알론조가 좀 더 유용한 일에 집중하는 걸 방해한다고 믿었기 때문에 흙에 대한 집념을 막으려고 무진 애를 썼었다. 하지만 조각이 알론조로 하여금 유용한 일을 하는 걸 방해한다기보다 그가 좀 더 사회적으로 변할 수 있는 동인이 된다는 사실을 알고 적극 후원해 주었다.

메이 여사가 레슬리로 하여금 음악에 열중하도록 배려했기 때문에, 음악은 그에게 자기 삶에 열중할 수 있게 만드는 도구가 되었다. 레슬리의 장애는 명백했지만, 음악에 대한 그의 집념과 주변의 도움에 의해 오히려 장애가 약화될 수밖에 없었다.

나는 바로 이 점이 서번트 신드롬을 이해하는 데 있어 결정적인 단서를 제공한다고 생각한다. 대부분의 서번트들처럼 다른 일에 그가 가진 능력을 탕진하도록 방치했더라면 그는 절대 그럴 수 없었을 것이다.

서번트의 재능을 훈련시키는 일에 대한 설득력 있는 사례로 템플 그래딘이라는 여성을 들 수 있을 것이다. 그녀는 『자폐증이란 무엇인가?』라는 자서전에서 유아자폐증 시절부터 현재까지의 삶을 자세히 설명한다.

그래딘은 서번트 능력자는 아니었지만(그녀의 IQ는 평균 이상이다) 어린 시절의 자폐 증상은 매우 심각했다. 한 가지 일에 대한 과도한 집착은 그녀를 지적으로 한 발짝도 성장하지 못하게 만들었는데, 세 살이 될 때까지 거의 말을 하지 못했고 일곱 살 무렵까지 타인과의 신체적 접촉을 죽기보다 싫어했다고 한다.

대부분의 서번트들이 그렇듯이 그녀 역시 추상적인 사고를 하는데 심각한 장애가 있었다. 그래딘은 어린 시절에 가축들이 이동하는 비탈진 수로에 유난히 집착했던 자신을 기억한다. 이 수로는 성난 가축들을 진정시킬 때 주로 사용되는 공간으로, 그래딘은 이곳에만 기어 들어가면 편안함을 느끼곤 했다.

이런 괴상한 집착을 제거하려는 주위의 방해가 전혀 없었기 때문에, 즉 그녀의 자폐증을 손가락질하거나 수치로 여기는 사람들이 아무도 없었기 때문에 그녀는 성장한 후에 가축 기구설계 분야에서 일하기 시작했고, 지금은 이 분야에서 가장 유명한 권위자가 되었다. 그녀는 지금 자기 회사를 운영 중이며, 시카고 대학에서 동물학 박사학위를 받기도 했다.

유아자폐증 분야의 세계 최고 권위자인 버나드 림랜드 박사는 처음에는 그래딘이 어린 시절의 장애에도 불구하고 박사학위 과정을 무사히 마치고 자신의 영역에서 세계적으로 인정받을 수 있을지에 대해 회의적이었다고 고백한다. 림랜드 박사는 그래딘을 만났을 때를 이렇게 회상하고 있다.

"나는 그녀의 밝은 음성과 적극적인 태도 때문에 그녀가 자폐증에서 완전히 회복되었다고 생각했다. 하지만 키가 무척 크고 수척한 모습의 그래딘이 지금도 여전히 압축 기계와 가축의 수로에 집착하고 있다는 사실을 알고, 그녀가 자폐증에서 벗어나지 못했다는 사실을 확인하게 되었다."

그래딘의 사례를 통해 우리는 장애와 결함을 제거할 것인지, 아니면 재능을 훈련시킬 것인지에 대한 교훈을 얻을 수 있다. 그녀는 다음과 같이 직접적인 체험에서 우러나온 충고를 한다.

'많은 사람들이 아이가 병적으로 집착하는 걸 탐닉하도록 그냥 내버려 두면 돌이킬 수 없는 문제가 발생할 거라고 믿지만 나는 그렇게 생각하지 않는다. 어떤 특성들은 그대로 놔두었을 때, 그것이 아무리 큰 장애라 할지라도 때로는 매우 유익한 결과를 가져오기도 한다.'

그래딘이 바로 그 증거라고 할 수 있을 것이다. 그래딘의 스승인 윌리엄

캐록 박사는 그래딘 같은 사람들을 가르치고 치료하는 비결은 단순히 재능을 훈련시키는 길뿐이라고 단정 지었다.

"그래딘은 자폐아에게도 희망이 있다는 사실을 증명한다. 아이가 가장 잘하는 것을 세심하게 보살피고 이해하며 인정해야 한다. 그리고 적절한 기대치를 제시하고 지지하며 격려해야 한다. 이를 기초로 아이는 자신의 잠재력을 키워나갈 수 있다."

재능을 훈련시킬 것인지, 아니면 결함을 제거할 것인지에 대한 질문에 더 깊은 통찰력을 제공하는 사례가 있다. 미국 캘리포니아 대학 내에 '희망대학'이라는 이름의 특별한 과정이 있다. 이곳은 정신적인 장애가 있지만 분명한 재능을 가진 청소년들을 가르치는 세계 유일의 예술학교로, 유니코 내셔널(UNICO National)이라는 이탈리아계 자선단체의 기부금에 의해 운영된다.

이 학교 안에는 장애학생들을 주축으로 해서 만들어진 '안녕, 희망'이라는 서클이 있는데, 학교는 그들의 활동을 적극적으로 지원하고 있다.

'안녕, 희망'은 9명으로 구성되어 있다. 설립 멤버 중 한 사람인 폴은 시각장애와 발달장애를 가진 서번트로 매력적인 바리톤 목소리를 통해 5개 국어로 자유자재로 노래할 수 있으며, 탁월한 드럼 연주 실력에다 엄청난 암기력까지 보인다. 그런가 하면 또 다른 회원인 팀은 뇌성마비 환자지만 '안녕, 희망'에 합류하기 전에 이미 미국과 유럽에서 순회 연주회를 가진 피아니스트였다.

이 단체의 다른 멤버들 역시 건반악기와 현악기에 뛰어난 재능을 보인다. 이들은 대부분의 곡을 기억에 의존해서 연주하는데 그럴 때면 각자의 영감에 본능적으로 상호 반응하는 것처럼 보인다.

나는 이들과 함께 '안녕, 희망 콘서트'를 열 기회가 있었다. 나는 그들의 성실함과 열정, 음악적 재능, 그리고 그들이 성취할 수 있었던 것에 대한 무한한 자신감에 큰 감동을 받았다.

이 학교의 직원들은 예술이라는 매개체를 통해 그들에게 삶의 가치를 재정립하게 만들어주는 일이 얼마나 중요한지를 깨달았다고 고백한다. 그래서 예술은 이 학교 커리큘럼의 전부이자 학생들의 삶을 격려하는 도구의 전부가 되었고, 학생들은 각종 예술 활동을 통해 깨우친 이미지를 바탕으로 자기 삶을 키워나가는 데 활용하고 있다.

이 학교의 교직원들은, 장애아가 갖고 있는 장점은 장점대로 가치가 있고 단점은 또 그것대로 가치가 있다는 사실을 잘 알고 있다. 특히 서번트들의 기괴하고 단조롭고 비실용적인 재능을 대할 때는, 그것으로 최고가 될 수 있게 격려하고 응원함으로써 그들 스스로 살아갈 가치가 있는 존재라는 자긍심을 느끼게 한다.

'안녕, 희망'이라는 특이한 이름이 우리에게 주는 메시지는 간단하면서도 명확하다. 희망은 신체적으로 또는 정신적으로 아무 문제가 없는 사람들의 전유물이 아니라 장애와 결함을 숙명처럼 짊어지고 사는 사람들의 것이기도 하다는 사실이다.

예술을 통해 혹은 서번트가 갖고 있는 다른 재능(그것이 설령 커다란 결함일지라도)을 통해 그가 희망을 손에 넣을 수 있는 방법을 찾는 것, 그 모든 의미가 '안녕, 희망'이란 말 속에 포함되어 있다.

최후의 교환

서번트 신드롬을 연구하면서 갖게 되는 가장 큰 두려움은 이들을 상대하는 과정에서 특별한 재능을 잃게 할지도 모른다는 점이다. 나디아가 그랬듯이 어떤 능력을 갖게 된 순간 지금까지 갖고 있던 능력이 상실된다면 그것은 그에게 또 다른 불행일 것이다.

서번트와 더불어 작업을 한다는 것은 그들을 양육하고 돌보고 격려한다는 걸 의미한다. 그리고 그것은 서번트들을 위해 어떤 결정을 내린다기보다 그들에게 선택권을 주는 걸 의미한다. 강점을 보완하고 결함을 최소화시키는 것을 뜻하기도 한다.

그러나 대부분의 서번트들은 바라기보다 요구하고, 제안이 아니라 명령하고, 인도하는 것 대신에 강요하는 사람들에 의해 포위되어 있다. 사람들은 서번트를 우리 자신과 비슷하게 만들려고 하고, 그들 특유의 독특함을 빼앗기 위해 이들의 영혼을 정리하고 다듬으려 하고 있다. 일본인 서번트 예술가인 쇼이치로 야마무라의 재능과 잠재력을 일깨우는 데 크게 기여했던 아키라 모리시마 박사는 이런 글을 남겼다.

'그는 그림을 그리고 예술품을 만들어내는 걸 즐긴다. 그는 다른 사람들의 비판을 상관하지 않는다. 그는 왜 그림을 그리고 예술품을 만드는가? 그것이 그의 인생이고 영혼이기 때문이다. 그의 재능을 개발하는 비밀의 열쇠는 우리가 그의 영혼을 공유하는 데 있다.'

이렇게 서번트와 영혼을 함께 나누고, 그것을 구체화하는 작업은 전혀 다른 두 가지 모험을 해야 한다. 나디아의 천재적 재능은 아주 짧은 순간에 불과했다. 이 같은 일은 서번트뿐만 아니라 심지어 정상아들에게서도 일어날 수 있다.

어떤 사람은 어린 시절에 뛰어난 재능이 잠깐 나타났다 사라졌다는 사실을 기억하고 있거나, 가족들에게 들은 적이 있다고 말한다. 혹은 자녀에게 비범한 음악적 재능이나 미술 실력이 잠깐 나타났다가 갑자기 사라져 버리는 현상을 경험했을 수도 있다.

이런 재능은 나중에 시도하더라도 절대 되찾을 수 없다는 특징이 있다. 따라서 나디아가 잃은 재능에 대해서는 여러 가지 방식으로 설명이 가능할 것이다. 누군가가 지적한 것처럼 언어 능력을 획득한 대신 서번트 재능을 잃게 되었는지도 모른다. 또는 교육이나 치료와는 무관하게 특별한 재능이 등장했을 때와 똑같이 갑자기 사라졌을 수도 있다. 아니면 어머니의 죽음이라는 비극 때문에 재능이 사라졌을 수도 있다.

나는 나디아의 서번트 능력 상실의 원인은 단순한 우연의 일치로 특별한 재능이 나타났다가 사라졌을 뿐이라고 생각한다. 다른 서번트에게 재능이 갑자기 사라졌듯이, 또는 어린 시절의 정상아들에게 잠깐 나타났다 사라진 재능처럼 그렇게 사라졌을 뿐이라는 것이다.

이에 비해 레슬리는 전혀 다른 모습을 보여준다. 음악 기술의 발전뿐만 아니라 어휘와 사회적 기술, 그리고 화장실에 가거나 옷을 입고 밥을 먹는 등의 일상적인 능력도 함께 발전했다. 레슬리는 아주 세련된 연주가가 되었으며 날로 생기가 넘치고 재치 있는 사람이 되었다. 더 잘 웃고, 더 잘 걷고, 그리고 전보다 더 좋은 시간을 보낸다.

이런 사실로 미루어 보아, 레슬리에 대한 모든 교육과 치료가 그의 특별한 재능을 방해하지 않았다는 사실을 알 수 있다. 심지어 그의 재능은 퇴화되지도 않았다. 사실 레슬리의 재능은 레슬리 그 자체처럼 나날이 성장하고 있다.

알론조도 한 사람의 성숙한 인간으로 성장했다. 그 역시 훨씬 생기가 넘치고, 더 자발적이며, 언어구사 능력도 크게 발전했다. 알론조의 성공은 그를 망치지 않았고, 엘렌도 귀중한 서번트 능력을 상실하지 않은 채 성장을 거듭하고 있다.

이들은 이 책에 등장하는 많은 사례들과 마찬가지로 발전의 대가로 서번트 능력이 상실하는 게 아님을 보여준다. 따라서 우리는 나디아가 그녀를 도우려는 노력 때문이 아니라 그런 노력에도 불구하고 그림 실력을 잃었다는 사실을 알게 된다.

나디아의 기록은 우리가 서번트를 격려하고, 보강하고, 기회와 가능성을 제시하고, 응원하고, 교육시키려는 노력을 주저하게 만든다는 점에서 주목할 필요가 있다. 나디아의 경우는 서번트에게 무엇을 요구하지 말아야 하고, 이들의 영혼을 함께 나누고 보강시켜 주기 위해서는 무엇을 해야 하는지를 가르쳐 준다. 서번트에게 어서 말하라고 다그치기 전에 차근차근 설명해야 하며, 어리석다고 비판하기보다는 순수함을 칭찬해야 한다는 사실 또한 가르쳐준다.

이들의 모든 재능은 부모의 것이 아니라 서번트 자신의 것이라는 점을 분명히 기억해야 한다. 나는 이것이 바로 최고의 교육법이라고 생각한다. 서번트가 하는 일에서가 아니라 서번트 자체를 특별하고 독특한 인간으로 존중한다면, 서번트가 지닌 모든 잠재력을 구체화하는 과정에서 그들을 파괴할 위험 요소는 없을 것이다.

이제 우리는 서번트가 가진 조건뿐만 아니라 서번트 자체에 대해서도 상세히 관찰하기 위해 잠시 멈춰 설 필요가 있다. 우리는 서번트를 통해 두뇌와 그것의 엄청난 복잡성에 대해 많은 것을 배울 수 있다. 이런 지식으로부터 우리는 인간의 기억 영역에서 우리 모두가 갖고 있다고 믿고 있는, 그러나 묻힌 채 그대로인 재능을 일깨울 수 있는 방법을 찾을 수 있을 것이다.

우리는 지금까지의 설명을 통해서 장애가 희망을 사라지게 하는 요인이 결코 아니라는 사실을 깨달았다. 오히려 그것을 정형화하고 분류하는 것이 그들이 가진 강점을 파괴한다는 사실도 알게 되었다.

그리고 서번트의 가족들과 교육자, 그리고 의사들이 단순히 장애가 있는 사람들을 돌보는 것만으로는 충분하지 않으며 이들에게 무한대에 가까운 관심과 사랑을 가져야 한다는 사실 또한 깨달을 수 있었다. 영혼을 공유하는 것과 영혼의 모양을 다듬는 것의 차이점에 대해서도, 우리와 다른 모양을 지닌 영혼의 독특함을 존중하는 방법에 대해서도 배울 수 있었다.

서번트들은 어떤 과학적인 방식이나 말이나 글에 의한 방식으로도 절대 바보가 아니라는 사실을, 우리는 이 책을 통해 알았다. 이는 모두 '백치'라는 용어 때문에 잘못 이해된 고정관념일 뿐이라는 사실도 알았다.

나는 단지 몇 개의 문장으로 서번트 신드롬을 요약하고 싶지 않다. 서번트에 관한 저녁뉴스의 1분짜리 기사나 일요판 신문의 2단짜리 기사는 이미 넘치도록 많기 때문이다. 나는 과학적이고 인간적인 관점에서 서번트와 그들이 지닌 눈부신 조건들을 공평하게 보여주기 위해 이 책을 썼다. 1866년에, 에드워드 세퀸 박사는 서번트에 대해 말하면서 다음과 같이 적고 있다.

'그들의 신체적이고 생리적인 미스터리를 설명하는 것은 현재의 과학으로는 부족하다.'

비슷한 시기인 1873년에 위너베이고 정신병원의 최초 원장이었던 월터 캠스터 박사는 이렇게 말했다.

'서번트에 관해 지난 100년 동안 이룩한 결과들은 확실히 만족스러우며 우리가 계속 올바르게 연구할 수 있도록 자극한다. 100년 후에, 그 시대의 과학자들은 이러한 기록을 통해서 과거의 과학자들이 그리 무지했던 것은 아니었다며 우리들을 언급할 것이다. 혹은 우리의 연구에 의해 서번트들을 이해할 수 있는 기회가 한 계단 더 발전되었다고 언급할 것이다."

나는 100년 후의 과학자들이 서번트 신드롬을 이해하고자 했던 우리 시대 과학자들의 노력을 언급하면서 우리가 그리 무지했던 것은 아니며, 우리의 연구에 의해 서번트들을 이해할 수 있는 기회가 한 계단 더 발전되었다고 말할 수 있기를 기대한다.

17장

레인맨, 그리고 레인맨

영화 「레인맨」의 실제 주인공인 레이몬드 바비는 서번트 장애자를 실감나게 연기한 더스틴 호프만 덕분에 세상에서 가장 유명한 서번트가 되었다. 이 영화는 1988년에 개봉해서 101일 만에 지난 101년 동안의 서번트에 대한 대중적 관심보다 더 많은 주목을 이끌어내는 데 성공했다. 영화 「레인맨」은 기억력이 남다른 서번트의 삶을 그린 작품으로 더스틴 호프만의 남우주연상과 1988년 최고영화상을 포함해 아카데미 4개 부문에서 수상의 영광을 안았다.

나는 이 영화에서 자문 역할을 맡았다. 영화 「레인맨」이 많은 사람들에게 서번트를 소개하는 역할을 했기 때문에 이 영화의 신뢰성과 영화를 성공으로 이끈 노력에 대해 살펴보는 것도 가치가 있을 것이다.

영화는 찰리와 레이몬드라는 두 형제 이야기로 형인 레이몬드는 자폐증 서번트이다. 아버지가 죽으면서 레이몬드가 머물고 있는 수용시설에 그의 보호를 위한 신탁기금 명목으로 300만 달러를 남기는 것으로 영화는 시작된다.

이 돈에 욕심을 내고 수용시설로 형을 찾아간 찰리는 그가 자기를 기억하지 못한다는 사실을 알아챈다. 두 형제는 찰리가 두 살이고 레이몬드가 열여덟 살일 때, 형이 수용시설에 들어가면서 헤어졌던 것이다.

그 당시 찰리는 매우 어렸기 때문에 어린애다운 사고방식으로 형을 '레인맨'이라고 부른다. 레이몬드가 자기 이름을 발음할 때 '레인맨'으로 말하는 것처럼 들렸기 때문이다.

병원에서 재회한 후, 형제는 엿새 동안 다양한 모험을 하며 대륙을 횡단한다. 이 여행 중에 레이몬드의 자폐증적인 기질과 서번트 재능은 영화의 테마임과 동시에 두 형제의 갈등을 유발하는 장애물이다. 그러나 영화 마지막에 찰리는 레이몬드를 이상한 사람, 또는 바보로 부르는 것에서 형이 자신과 다르지만 여러 면에서 매우 특별한 사람이라는 사실을 인식하게 된다.

당연한 일이지만, 6일 동안에 자폐증은 치료되지 않는다. 레이몬드는 영화 마지막 장면에 시설로 돌아가지만 레이몬드와 찰리가 모두 변했다는 사실은 분명해 보인다.

레이몬드는 조금 더 자부심이 강해지고 참을성을 길렀다. 찰리는 형을 무조건 억누르려고 하지 않고 그의 이상한 행동을 이해하면서 조절시키려고 노력한다.

레이몬드의 자폐증의 벽이 조금 허물어진 것처럼 찰리의 냉정함의 벽도 조금씩 허물어지게 되었던 것이다. 영화는 두 사람이 가진 벽은 실은 단지 조금 다른 종류의 벽일 뿐이라는 사실을 강력하게 암시하고 있다.

영화 「레인맨」의 첫 번째 버전은 극작가인 배리 모로우가 썼다. 「레인맨」의 대본은 킴 픽이라는 이름의 정신지체를 앓는 젊은 남자로부터 영감을 얻은 것이었는데, 모로우는 그를 솔트레이크 시티에서 알게 되었다고 한다.

킴 픽은 놀라운 서번트 능력을 갖고 있었는데, 그의 삶을 취재한 모로우가 이 이야기를 할리우드로 보냈다. 대본이 완성되고 주인공의 한 사람인 더스틴 호프만에게 도착했을 때, 사실 그는 처음엔 동생 찰리 역을 맡기로 되어 있었다.

하지만 더스틴 호프만은 예전에 TV 프로그램인 「60분」에 출연한 레슬리를 보고 깊은 감동을 받은 적이 있었다. 그는 실제로 감동의 눈물을 흘렸다고 한다. 이런 경험을 토대로 더스틴 호프만은 동생 찰리역이 아니라 서번트인 형 역할을 맡고 싶어 했다. 그렇게 되어 톰 크루즈가 동생 역으로 캐스팅되었고, 이것은 결과적으로 훌륭한 캐스팅이었다는 게 증명되었다.

영화의 보조 연출가인 게일 머트럭스가 내게 영화의 초고를 보내온 것은 1986년 10월이었다. 대본에 대한 나의 비평을 원했던 것이다. 당시의 초고는 나중에 완성된 것과는 매우 달랐다.

첫째, 처음 버전에서는 레이몬드의 정신적 장애를 자폐증보다는 지능장애 쪽으로 더 강하게 묘사했는데, 이것이 바뀌었다. 이유는 더스틴 호프만이 지능장애보다는 자폐증 환자를 보여주는 게 레이몬드의 성격을 더 흥미롭게 전달할 수 있을 것으로 판단했기 때문이다. 영화를 통해서 자폐증 환자를 본 적이 없는 영화팬들에게 이런 모습은 신선한 충격이 될 것이라고 판단했던 것이다.

둘째, 서번트 신드롬이 미화되고 과장되어서는 신뢰성이 없는 이야기가 되기 때문에 좀 더 현실적인 스토리가 가미되었다. 서번트 신드롬은 그 자체로 평가되어야지 미화될 필요가 전혀 없다는 게 내 생각이었고, 이것이 제작자들에 의해 받아들여졌다.

첫 번째 대본에는 전형적인 할리우드 장면도 많았다. 마피아 단원들이 등장하여 활극을 펼치거나 레이몬드가 자신이 만든 오토바이를 타고 불타는 건물에서 탈출하는 장면도 있었다. 다행히 이런 장면들은 최종 대본에서 자폐증 자체를 나타내는 내용으로 교체되었다.

셋째, 가장 중요한 변화는 영화의 결말 부분이었다. 원래 대본에서 영화는 해피엔딩이었다. 레이몬드는 상태가 호전되어 수용시설로 돌아가지 않게 되고 동생의 집으로 이사해서 형제가 함께 운동을 하며 행복하게 산다.

이런 엔딩은 행복한 얘기이긴 하지만 전혀 사실적이지 않다. 그래서 선택한 최종 대본의 결말은 레이몬드의 상태가 조금 호전되는 것인데, 이 같은 내용은 언젠가는 그가 수용시설 밖에서 생활할 수 있을 거라는 가능성을 알리는 것이어서 설득력이 있었다.

사실 이런 결말이 훨씬 더 희망적이면서도 실제적이다. 엿새의 시간 동안에 서번트에게 기대할 수 있는 것은 새로운 희망이지 완쾌가 아니기 때문이다.

레인맨의 실제 생활

영화 제작에 들어가기에 앞서, 더스틴 호프만은 그토록 맡기를 원했던 역할에 대해 세심하게 분석했다. 자폐증과 정신지체 서번트에 관한 책을 읽고 유사한 내용을 담은 영화와 비디오도 유심히 살폈다. 수용시설을 직접 방문하여 서번트와 그 가족들과 함께 시간을 보내기도 하고 전문가들과 만나 밤새 토론을 하기도 했다.

더스틴 호프만이 만난 자폐증 서번트 중에 조셉 설리반이라는 스물아홉 살의 청년이 있었다. 부모와 함께 버지니아 주에 살고 있던 그에 관해서는 다큐멘터리 영화가 2편이나 있을 정도로 유명했다. 설리번은 특히 숫자에 집착하는 서번트였다. 자동차 번호판에 매혹 당했던 그는 몇 년 전에 그저 흘낏 본 숫자들을 전부 기억할 수 있었다. 그는 36개의 숫자로 이루어진 숫자판을 잠시 동안 훑어보고 정확하게 기억하기도 했다.

이렇듯이 암기력이 탁월한 서번트를 소개하다 보면, '나는 숫자를 얼마나 많이, 그리고 얼마나 오랫동안 기억할 수 있을까?' 하며 직접 확인해보고 싶어 하는 사람들이 많다. 그렇다면 다음의 숫자판을 원하는 시간만큼 오랫동안 바라본 뒤에 다른 종이에 기억나는 숫자들을 나열해보라.

6 2 4 8 4 9
7 3 2 5 0 3
4 8 9 3 4 3
1 3 5 8 9 4
5 7 2 8 4 2
2 4 7 9 0 3

대부분의 서번트들은 이 정도 숫자판은 단 몇 초 안에 다 외우고 나서 즉시 옮겨 적을 수 있고, 이보다 더 복잡한 숫자도 아주 쉽게 암기할 수 있다. 그러나 서번트가 아닌 사람은 지능지수가 아무리 높더라도 외우기 힘들고, 용케 외운다 해도 오래 지속되지 않는다.

설리번은 자폐증 환자들에게서 흔히 발견되는 강박적이고 의례적인 행동을 자주 했다. 더스틴 호프만은 조셉의 행동을 유심히 살핀 뒤에 이를 영화에 적용시켰다. 예를 들어 레이몬드가 치즈볼을 이쑤시개로 찍어 먹는다는지 화재경보기가 꺼졌을 때 반응하는 행동 등은 조셉 설리번의 실제 행동을 그대로 재현한 것이다.

설리번은 7형제 중 다섯 번째로 태어났다. 어머니는 그가 어린 시절에는 무척 똑똑했다고 회고한다. 생후 18개월 때 설리번은 그림퍼즐로 만든 미국 지도를 정확하게 맞출 수 있었고, 네 살 때는 체코슬로바키아 (Czechoslovakia) 같이 헷갈리는 단어를 포함해서 전 세계 모든 나라와 수도를 정확한 철자로 적고 지도에 표시할 수도 있었다.

자폐증 진단을 받은 것은 두 살 때였다. 설리번은 수학적인 재능으로 사람들을 놀라게 했지만 마을버스를 타는 법을 배우는 데만 꼬박 2년이 걸렸다. 충동적인 파괴행위와 과도한 몰두, 그리고 현저히 떨어지는 사회성이 발달을 더디게 했던 것이다.

설리번은 현재 고향의 공공도서관에서 책을 정리하는 일을 하고, 자유시간에는 음악을 듣거나 영화를 본다. 이 모든 것은 어머니의 헌신적인 노력 덕택이었다. 자폐증 진단이 내려진 후, 어머니는 이 병에 대해 자신이 배울 수 있는 모든 것을 다 배웠다. 그 뒤, 그녀는 직접 설립한 에이전시를 통해 자폐증 환자에 관한 정보를 똑같은 상황에 처한 가족들과 전 세계에 나누는 일에 일생을 바쳤다.

더스틴 호프만은 영화를 촬영하는 동안 신시내티에서 설리번을 만났다. 그는 그 동안의 연구와 설리번에 관한 다큐멘터리 영화를 자세히 살펴본 터라 그와는 이미 잘 아는 사이인 것처럼 느껴졌다. 더스틴 호프만은 영화의 특별 시사회에 참석해서 이런 말을 남겼다.

"우리는 전 세계 유명도시에서 한두 달 정도 상영하다가 비디오테이프로 제작되어 한 번 보고는 창고에 처박히게 될 영화를 만들었는지도 모른다. 하지만 여러분은 각 지역사회에서 남은 인생 동안 설리번과 함께 살아갈 것이고, 나 역시 설리번과 한 공동체에서 살아가고 싶다. 나는 이 점이 매우 중요하다고 생각한다. 설리번은 매우 밝게 빛나는 매우 특별한 사람이다. 나는 그를 우리 사회의 일부로 받아들여준 여러분을 사랑한다. 나는 이 영화에서 내 자신이 되고자 노력했지만 여러분은 영화에서 설리번의 영혼을 발견할 수 있기를 바란다. 나를 감동시킨 것은 바로 설리번의 맑은 영혼이기 때문이다."

「레인맨」은 자폐증과 서번트라는 두 장애의 상관관계를 파헤친 영화지만, 이 책에서 여러 차례 말한 바와 같이 모든 자폐증 환자가 서번트는 아니다. 사실 10명의 자폐증 환자 중 1명 정도만이 서번트 능력을 갖고 있고 레이몬드처럼 비범한 재능을 가진 서번트는 거의 찾아보기 힘들다.

더스틴 호프만은 서번트들을 자세히 연구하는 과정에서 동일성에 대한 강박관념과 이상하고 정형화된 특징, 독특한 언어 사용, 뛰어난 모방과 반복, 그리고 지루하게 거듭되는 의례적인 행위 등 자폐증 환자들이 갖고 있는 면모들을 적나라하게 표현했다. 그런 노력의 결과로 영화를 본 사람들은 자폐증 환자들을 괴물이 아니라 친구로, 연민과 애정의 눈으로 바라볼 수 있게 되었다.

설리번은 분명 자폐증과 뛰어난 서번트 능력을 동시에 갖고 있지만 영화 속에서 레이몬드가 갖고 있는 특별한 서번트 능력들은 이 책에 소개된 수많은 서번트들의 재능을 뒤섞은 것이다.

그러나 분명한 것은, 영화를 통해 보이는 서번트 능력들이 실제로 존재한다는 사실이다. 일란성쌍둥이 서번트였던 조지와 찰스가 이 경우와 매우 흡사하다고 할 수 있을 것이다.

곱셈이나 제곱근에서 레이몬드가 보여주는 뛰어난 계산 능력은 수학 서번트들 사이에서는 일반적인 현상이다. 전화번호를 암기하는 것은 그들에게 일도 아니다. 요약하자면, 영화의 스토리 라인은 허구적일 수 있지만 터무니없어 보이는 능력들이 모두 사실에 기초하고 있다는 것이다.

영화는 자폐증이나 서번트 신드롬의 진실로부터 크게 벗어나지 않았기 때문에 명성을 얻었다. 진실에서 벗어날 필요조차 없었다. 자폐증은 영화에서처럼 호기심을 자극하고, 서번트 신드롬은 영화에서처럼 놀랍기 때문이다. 따라서 영화를 매력적인 이야기로 만들기 위해 자폐증이나 서번트 신드롬을 미화시키거나 수정할 필요가 전혀 없었다.

몇 가지 중요한 메시지와 몇 가지 작은 경고

「레인맨」은 다큐멘터리 영화가 아니라 할리우드 오락영화지만, 이 영화는 단순한 흥미에 그치지 않고 몇 가지 중요한 메시지도 담고 있다.

첫째, 이 영화는 자폐증 환자를 정확한 시선으로 바라보고 있다. 특히 주인공을 맡은 더스틴 호프만이 자신의 배역에 대해 많이 연구했고 그 역할을 잘 소화해 냈다.

둘째, 레이몬드가 생활하던 수용시설은 정신병원이 아니라 발달장애자를 위한 센터였다. 이것은 매우 중요하다. 자폐증은 정신질환이 아니라 발달장애이기 때문이다.

셋째, 의사는 찰리에게 레이몬드의 장애 원인을 설명하면서 자폐증이 심리적인 장애가 아니라 생물학적인 장애라는 사실을 명확하게 말해준다. 영화에서 의사는 태아기에 일어난 대뇌 전두엽의 손상에 대해 설명하면서, 레이몬드가 감정을 느끼고 표현할 수 있는 능력이 생물학적으로 손상되었다고 설명한다.

이 부분 역시 매우 중요하다. 이미 이 책에서 지적했듯이, 자폐증 환자의 가족들은 그 원인이 가족들에게 있다는(유전병이라는) 억울한 비난을 받아왔기 때문이다. 요컨대 자폐증은 유전적인 요인이 아니라 환자 자신의 생물학적인 문제인 것이다.

넷째, 장애가 있는 사람의 이야기를 다루는 방식이 매우 적절했다는 것이다. 그가 가진 장애가 무엇이었든, 그들이 우리 사회 속에서 우리와 함께 살기를 원한다면 그들을 우리와 똑같은 사람으로 변화시킬 것이 아니라 우리가 그들의 요구와 특별함에 순응해야 한다는 사실을 영화는 분명하게 지적하고 있다.

영화의 마지막에 정상인 찰리는 장애인인 레이몬드만큼이나 변화했다.

장애를 가진 사람들이 건강한 우리처럼 되도록 바라는 대신 우리 모두가 서로에게 순응하기 위해 조금씩 변화할 필요가 있다는 사실을 암시하는 이 대목이야말로 바로 영화의 중요한 메시지이고, 이 책의 메시지이기도 하다.

그러나 이 영화는 반드시 언급해야 할 몇 가지 부수적인 경고를 포함하고 있다. 이런 경고는 특히 자폐증과 다른 발달장애자의 가족들에게 중요하기 때문에 이 기회에 지적하고 싶다.

첫째, 자폐증의 전체 장애 범위가 매우 다양하다는 사실을 알 필요가 있다. 어떤 자폐증 환자는 고기능의 재능을 수행할 수 있지만 다른 많은 환자들은 심각한 장애로 인해 독립적인 기능을 수행할 수 없다. 유감스럽게도 이런 사람들은 자폐증에 대한 우리의 지식과 최고의 치료 노력, 그리고 끝없는 가족들의 지원에도 불구하고 장기간의 입원을 요한다.

하지만 자폐증 환자들이 일생 동안 시설에서 방치되는 일은 점점 줄어들 것이다. 자폐증 환자들의 요구를 충족시키기 위한 수용시설들이 점점 더 많이 생김으로써 더 많은 자폐증 환자들이 우리와 어깨를 나란히 하며 사회에 속할 수 있게 될 것이다.

그렇지만 일부 자폐증 환자에게 있어 심각한 장애는 여전히 피할 수 없는 현실이다. 모든 자폐증 환자들이 레이몬드처럼 수준 높은 활동과 질 높은 삶을 영위할 수 있는 것은 아니기 때문이다. 많은 수의 자폐증 환자들이 어쩌면 영영 레이몬드처럼 생활할 수 없을지도 모른다.

두 번째 경고는 모든 자폐증 환자가 서번트는 아니라는 사실이다. 자폐증 환자의 약 10%만이 서번트 재능을 갖고 있다. 따라서 90%의 자폐증 환자는 서번트가 아니다. 그들 10%조차도 대부분 내가 이 책에서 '재능이 있는 서번트'라고 부른 집단으로, 레이몬드처럼 뛰어난 재능을 지닌 '비범한 서번트'는 극소수에 불과하다.

마지막으로, 모든 서번트가 자폐증 환자는 아니라는 점이다. 서번트 신드롬의 발생 빈도는 자폐증(10%)에서보다 정신지체(0.06%)에서 훨씬 낮다. 반면에 정신지체자가 훨씬 더 보편적인 장애이기 때문에 실제 자료에 보고된 서번트의 약 절반이 정신지체자이고 나머지 절반이 자폐증 환자이다.

요점은, 둘 다 발달장애지만 정신지체와 자폐증은 독립적인 장애라는 사실이다. 이 둘 사이에 교차점이 있을 수 있고, 일부 정신지체자들이 자폐증의 특징을 보일 수는 있지만 일반적으로 이 두 장애는 서로 개별적인 병인을 갖고 있기 때문에 좀 더 분리되고 특수화된 치료와 교육 접근법이 필요하다. 서번트의 뛰어난 능력은 자폐증이나 정신지체와 함께 융합되어 있으며 서번트 신드롬은 두 장애로 인해 생긴 특별한 조건임을 이로써 알 수 있다.

나는 「레인맨」이 10점 만점에 10점짜리 영화라고 생각한다. 작가와 제작자, 그리고 감독과 배우들은 이 영화가 실제적이면서도 겸손하고 기품이 있으면서도 감동적이기를 바랐다. 이유는 주인공이 장애를 가진 사람이라는 섬세한 주제를 다루기 때문이었다.

이들은 자폐증과 서번트 신드롬의 본질과 놀라움을 있는 그대로 전하고 싶어 했는데, 나는 영화가 이런 부분에서 크게 성공했다고 생각한다. 자폐증과 서번트 신드롬은 영화 「레인맨」을 통해 다른 장애가 경험하지 못했던 긍정적인 형태의 대중 인식을 경험했다. 대중은 이 영화를 통해 자폐증과 서번트 신드롬에 감정을 이입하고 대단한 관심을 가졌다.

 이제 우리에게 달려 있다. 가족들과 전문가들, 그리고 이런 특별한 사람들에 대해 관심을 갖는 단체들이 계속적으로 연구하고 관심을 기울여야 한다. 그럴 때, 서번트 신드롬을 이해하고 자폐증을 치료하려는 노력은 이전보다 훨씬 더 빠르게 발전할 수 있을 것이다.

제4부

서번트 시드롬을 다시 생각하다

18장

서번트 신드롬에 관해 자주하는 질문들

서번트 신드롬이란 무엇인가?

서번트 신드롬은 매우 희귀하고 놀라운 현상으로 자폐증을 포함한 다양한 종류의 발달장애 환자에게서 나타난다. 서번트 신드롬 환자는 전체적인 장애와 뚜렷하게 대비되는 놀라운 능력을 갖고 있으며, 이는 선천적(유전적)이거나 유아기 혹은 성인기에 갑자기 발병할 수도 있다.

서번트의 능력은 여러 가지 종류의 발달장애와 함께 나타날 수도 있고 발달장애에 이어 추가적으로 발생될 수도 있다. 이런 발달장애에는 자폐증, 정신지체, 뇌 손상 같은 뇌질환이 포함되는데 이는 태아기나 출생 후의 유아기, 심지어 성인기에도 발생할 수 있다.

서번트 능력은 항상 특별한 형태의 비범한 기억과 연관이 있는데 이들은 한 분야에 몰두하여 괄목할 만한 성과를 내지만 굉장히 제한된 부분만을 기억한다는 특징이 있다. 여기서 말하는 '제한된 부분'은 음악, 미술, 조각 등 예술적인 분야와 날짜 계산, 숫자, 역사적 사건 등 암기력을 필요로 하는 분야가 포함된다.

서번트 신드롬이 발생하는 빈도는 얼마나 되나?

자폐증 환자의 약 10%만이 서번트 능력을 보인다. 반면에 정신지체나 뇌질환 같은 다른 발달장애자가 서번트 능력을 드러낼 확률은 1% 미만이다.

하지만 정신장애가 발생할 확률이 자폐증 발생률보다 훨씬 높기 때문에 자폐증 환자가 약 50%를 차지하고, 나머지 50%는 정신지체나 뇌질환 같은 다른 발달장애 환자가 차지하는 것이다. 결론적으로 말해서, 서번트가 모두 자폐증 환자는 아니며, 또한 모든 자폐증 환자가 서번트 능력을 지닌 것도 아니다.

서번트 능력의 범위는 어떻게 되나?

서번트 능력은 인간이 지닌 능력의 스펙트럼 전체에 걸쳐 존재한다. 서번트 능력을 흔히 '파편적인 재능'이라고 하는데, 여기에는 무엇인가에 강박적으로 집중하고 암기하는 행위가 포함된다. 예를 들면 음악이나 스포츠에 관한 기록, 자동차 번호판의 숫자, 지도, 역사적 사실, 혹은 진공청소기의 모터소리에 집착하는 등 단일한 분야에 과도한 집착을 보이는 것이다.

재능이 있는 서번트는 음악, 미술, 수학 등 특별한 영역에서 뚜렷한 재능을 보인다. 재능이 있는 서번트는 보통 한 가지 영역에서 뛰어난 능력을 보이는데, 이 능력은 이들의 전체적인 장애를 고려했을 때 놀랍다고 할 수 있다. 비범한 서번트 능력은 매우 희귀한 것으로, 정상인과 비교했을 때조차 매우 비범하다. 현재 전 세계적으로 생존해 있는 비범한 서번트는 약 50여 명 안팎인 것으로 알려져 있다.

전형적인 서번트 능력에는 어떤 것들이 있나?

지난 수세기에 걸쳐 서번트 신드롬에 관해 계속적으로 관찰한 결과, 이들의 능력은 일반적으로 다섯 가지 영역에 제한되어 있다는 사실이 밝혀졌다. 다섯 가지 영역은 음악, 미술, 계산을 비롯한 수학적인 부분, 날짜 계산, 그리고 기계적/공간적 재능을 뜻한다.

이런 능력들은 매우 제한적이기는 하지만 인간이 지닌 방대한 범위의 능력을 고려해볼 때 주목할 만한 가치가 있다. 특히 서번트들이 날짜를 계산하는 능력은 일반인과 견주어 봐도 대단히 드문 능력이라고 할 수 있다.

음악은 서번트가 가장 일반적으로 갖고 있는 재능이다. 서번트들은 보통 악보를 보지 않고 피아노를 연주할 수 있으며 거의 대부분 절대음감을 갖고 있다. 어떤 서번트는 즉흥 연주도 하는데 작곡 같은 창조성이 요구되는 분야에도 뛰어난 능력을 보이는 사람도 있다.

서번트에게 정신장애와 시각장애, 음악적 천재성이라는 세 가지 특성이 함께 발생하는 빈도가 높다는 사실은 각각의 특성이 발생하는 경우가 드물다는 사실을 감안할 때 굉장히 놀라운 일이다.

예술적 재능은 보통 그림을 그리는 능력으로 나타나는데, 음악에 이어 두 번째로 빈번하게 발견되는 영역이다. 물론 조각 같은 다른 형태의 예술적 재능이 발견되는 경우도 있다. 이밖에도 속셈을 비롯한 수학적 영역에서도 재능을 보이는데, 이는 서번트들이 단순한 산수조차 제대로 할 수 없는 것과는 너무도 대조적이다. 또한 복잡한 기계를 조립하거나 수리하는 기계적인 능력, 난해한 지도나 길을 외우는 능력 등이 드물게 나타나기도 한다.

그들의 능력은 단순히 특정한 해의 어떤 날짜의 요일을 맞추는 것 이상이다. 이런 능력에는 예를 들면, 앞으로 100년 이내에 부활절이 3월 23일이 되는 해가 언제인지 혹은 20년 이내에 7월 4일이 화요일인 해가 언제인지를 계산할 수 있는 능력도 포함된다.

여러 보고서에서 날짜 계산 능력을 가진 쌍둥이라고 언급된 조지와 찰스의 경우, 4만 년을 앞뒤로 오가며 날짜를 계산할 수 있었다. 이들은 또한 자신들이 성인이 될 때까지의 모든 날의 기후를 정확하게 기억하고 있다. 예컨대 내가 열여섯 살이던 해의 7월 4일의 날씨는 어떠했다고 정확히 말할 수 있는 것이다.

이 외에도 다국어를 자유자재로 사용할 수 있거나 시각이나 촉각이 특별히 예민한 경우도 있다. 또한 시계를 보지 않고 정확하게 시간을 말할 수 있다든지 통계학, 역사학, 항공학 같은 특정 영역에 대단한 지식을 갖고 있기도 하다.

일반적으로 서번트 신드롬 환자는 이런 능력 중 하나만을 지니지만 몇 가지 사례에서 연구된 바로는 한 사람이 여러 가지 재능을 고루 지닌 경우도 있다. 서번트 능력은 종류와 관계없이 항상 비범한 기억력과 함께 나타나는데, 기억력이 매우 제한적인 분야에 국한한다는 특징이 있다.

남성에게서 더 자주 발생하는 이유는 무엇인가?

서번트 신드롬은 여성보다 남성에게서 4-6배 정도 자주 발생한다. 그 이유는 부분적으로 자폐성 질병을 앓는 환자의 10%가 서번트 신드롬 환자이며, 자폐증이 발병되는 확률 역시 남성이 여성보다 4-6배 높기 때문이다. 앨버트 가라버다 박사는 이 문제에 대해 태아의 발전 과정에서 좌뇌반구가 우뇌반구보다 나중에 발전하는 것이 이유라고 설명했다. 좌뇌반구가 우뇌반구보다 손상이나 상해에 더 오랜 기간 동안 노출되기 때문에 생기는 부작용이라는 것이다.

이것은 남성호르몬의 하나인 테스토스테론의 순환 과정에서 발생하는데, 발달장애와 관련이 있는 테스토스테론이 남자 태아가 출생하기 전에 좌뇌반구에 손상을 입힌다는 사실은 다른 중추신경계 장애가 남성에게서 훨씬 자주 발생하는 현상을 설명할 수 있을 것이다. 이런 중추신경계 장애로는 말더듬증, 난독증, 과동증 같은 학습장애와 자폐증이 포함된다.

서번트 신드롬은 언제 최초로 발견되었는가?

아주 먼 옛날부터 서번트가 존재했을 것이라는 데는 의심의 여지가 없다. '서번트'라는 용어는 랭든 다운 박사가 1887년에 처음 사용했다. 이보다 100년 정도 앞선 1789년에 미국 정신의학의 아버지로 일컬어지는 벤자민 러쉬 박사가 토마스 풀러라는 계산 능력을 가진 서번트에 대해 자세히 설명하고 있다.

풀러는 숫자를 세는 것 외에는 이론적으로나 실제적으로 거의 아무 것도 이해할 수 없는 저능아였지만, 그에게 70년 17일 12시간을 산 사람은 몇 초 동안 산 것이냐고 물으면 90초 내에 정확한 답을 내놓을 수 있었다.

랭든 다운 박사가 얼스우드 병동에서 감독자로 30년 동안 경험한 일들을 바탕으로 쓴 연구 결과를 런던의학협회에 내놓은 것은 1887년이었다. 이 보고서에서, 그는 놀랄 만큼 대조적인 능력과 장애를 동시에 지니고 있는 10명의 서번트 사례를 소개했다.

이들의 특별한 능력에는 음악적, 미술적, 수학적 재능과 기계에 대한 능력이 포함되었는데 이런 능력들이 모두 경이로운 기억력과 공존했다.

랭든 다운 박사는 '다운증후군'이라는 병명을 최초로 명명한 사람으로 잘 알려져 있지만 심각한 장애가 있는 사람이 특별한 재능을 가진 서번트 사례에 관해서도 큰 관심을 가졌다. 그는 이런 비상한 재능을 지닌 사람들에게 백치와 서번트라는 두 단어를 결합하여 '이디엇 서번트'라는 신조어를 만들어냈다.

그러나 대부분의 서번트들이 IQ 40내외인 것으로 판명되어 그들이 완전한 백치는 아니라는 사실이 밝혀짐으로써 이디엇 서번트라는 말 자체에 모순이 있음이 드러났다. 그러나 많은 의사들은 이디엇 서번트가 '자폐성 서번트'라는 용어보다는 더 바람직하다며 이 용어를 계속 사용하고 있다.

왜냐하면 서번트 신드롬 환자의 약 절반만이 자폐증 환자이며 나머지 절반은 발달장애나 다른 중추신경계 장애자들이기 때문이다.

서번트 신드롬과 자폐증은 무슨 관계가 있나?

자폐증을 가진 어린이란, 원래 1943년에 레오 캐너 박사가 초기 유아자폐증이라고 진단한 어린이들로부터 유래되었다. 이들은 자폐적인 고립, 무언증, 또는 다른 사람에게 의미를 전달하는 언어구사 능력의 부재라는 특징을 보이는 유아들이었다.

이런 아이들은 청각장애 가능성이 있고, 초점을 맞추지 못하고 사람들을 응시하는 경향이 있으며, 동일성에 대한 강박적인 욕구를 갖고 있다. 또한 일인칭대명사 대신 삼인칭대명사를 사용하거나 반향언어증, 회전하는 물체와 규칙적인 반복운동에 대한 과도한 집착, 뛰어난 암기력, 그리고 반복적이고 전형적인 행동을 하는 특징을 보인다.

초기 유아자폐증을 앓는 아이들은 종종 자기만의 세계에 사는 사람들로 묘사되곤 한다. 그러나 자폐증이라는 용어는 오늘날 일반적으로 '자폐적 장애'라고 불리는 것을 포함하도록 확대되었다.

위스콘신 주 전역에 걸친 조사에서 자폐적 장애를 지닌 어린이 중 약 25%만이 실제로 초기 유아자폐증을 앓고 있었다. 나머지는 초기 유아자폐증과 유사한 증상을 보였지만 정상적인 성장 및 발달 이후 약 2, 3세 정도에 병이 진행되거나 다른 두뇌 기능장애의 증상과 자폐적 징후가 함께 발생됐다는 검사 결과를 나타냈다.

따라서 현재 자폐적 장애는 증상이 가벼운 것에서 심각한 것까지 범위가 넓은데, 모두 발달장애로 분류된다. 이는 심리학적이 아니라 생물학적 장애를 의미하는 것으로, 여기에는 중추신경계의 일부가 기능장애를 일으키는 경우도 포함된다.

사실 자폐적 장애는 '자폐적 기능장애'라고 하는 편이 더 정확할 것이다. 왜냐하면 기능장애는 한 가지 병인이 아니라 다양한 원인 때문에 발생하기 때문이다.

그들은 다양한 기능장애와 증상, 그리고 발병 과정을 갖고 있으며 진행 과정과 결과도 제각각이다. 자폐적 장애나 초기 유아자폐증이 단독적 병인에 의해 발생한다는 사실은 확인된 바가 없지만 선천적인 원인과 환경이나 물질대사 같은 원인들이 영향을 미치는 듯하다.

마지막으로, '장애로서의 자폐증'과 '증상으로서의 자폐증'을 구분할 필요가 있다. 정신지체나 다른 중추신경계 장애 환자는 증상의 일부로 자폐적 징후나 행동을 보일 수 있지만 이런 자폐적 증상들이 자폐적 장애를 의미하는 것은 아니다.

요약하자면, 자폐적 장애는 레오 캐너 박사가 맨 처음 설명한 초기 유아자폐증의 하나이다. 병의 시초는 출생 당시의 불합리한 요인에 기인하거나 정상적으로 발달하다 이후에 갑자기 증상이 발생할 수도 있다.

병인은 심리학적인 것이 아니라 생물학적인 것이고, 그 원인은 단일한 것이라기보다는 복합적인 것이다. 자폐적 장애자 중 10%가 서번트 신드롬을 가진 환자지만 다른 질병들로부터도 유래될 수도 있다. 따라서 모든 자폐증 환자가 서번트는 아니며, 모든 서번트들이 자폐증 환자인 것도 아니다.

서번트 신드롬의 원인은 무엇인가?

지금까지 수많은 이론들이 제시되었지만 모든 서번트 사례를 설명할 수 있는 단일한 이론은 하나도 없다. 일부 이론들은 직관적 이미지나 유전적 재능, 감각 상실 등을 이유로 들고 있고 그밖에도 과잉 보상된 재능과 함께 나타나는 지각의 고립, 보상, 의식적 습관, 매우 제한된 영역의 재능 강화 등을 원인으로 꼽는 이론도 있다. 하지만 이런 이론들에 제각기 문제가 있다는 사실은 이 책에서 자세히 지적한 바 있다.

지금까지 보고된 서번트 신드롬에 관한 이론 중에서 가장 설득력이 있는 것은 좌뇌의 손상과 우뇌의 보상 이론이다. 인간의 뇌를 좌뇌반구와 우뇌반구로 분리하는 것은 지나치게 단순화된 개념이기는 하지만 좌뇌·우뇌가 특수한 분야에 특정한 기능을 한다는 사실은 분명하다.

이러한 이론에 기초해서, 연구자들은 서번트 능력의 대부분이 우뇌반구와 관련이 있고 부족한 능력의 대부분은 좌뇌반구와 관계가 있다고 진단한다.

지금까지 연구된 사례들은 CAT 스캔과 MRI 검사에서 환자의 좌뇌반구에 손상이 있음을 보고하고 있다. 최근에는 과거에 정상적으로 활동했던 사람이 치매에 대한 보상으로 서번트 재능이 나타난 사례가 보고되었는데 PET 스캔 결과 좌측 전방 측두엽에 손상이 있음이 확인되었다.

또한 예술적 재능을 가진 11세 자폐증 서번트의 경우에도 PET 스캔 검사 결과 역시 좌측 전방 측두엽에서 명백한 장애가 발견되었다. 이러한 현상은 좌뇌·우뇌의 이상 작동이 서번트 신드롬을 유발하는 최대 원인임을 증명하는 것이라고 연구자들은 말한다.

CAT와 PET 스캔 기술이 개발되기 전에도 기실촬영(기체조영뇌도)을 통해 17명의 자폐증 환자 중 15명에게서 좌뇌반구, 특히 좌측 측두엽 부분의 비정상이 발견된 바 있다. 그 중 4명은 음악이나 기계수리 분야에서 서번트 능력을 갖고 있었다. 과학은 인간 두뇌의 신비에 접근하려는 노력을 게을리 하지 않고 있다. 따라서 미래 어느 시점의 과학자들은 뇌 조직이 갖고 있는 비밀의 문을 활짝 열고, 인간의 기억 세계를 소상하게 해석해낼 수 있을 것이다.

서번트 신드롬의 치료법은 무엇인가?

서번트 신드롬은 결코 장애나 질병이 아니다. 서번트 신드롬은 뛰어난 재능과 비범한 기억력이 뇌기능 장애와 융합되거나 첨가되어 나타나는 것으로 매우 희귀한 인간 활동 중 하나일 뿐이다.

특이한 사실은, 이러한 뇌기능 장애가 발달장애나 다른 형태의 중추신경계 질병과 함께 나타난다는 것이다. 이런 이유 때문에, 혹은 서번트들의 외모와 그들이 갖고 있는 부수적인 질병 때문에 서번트 신드롬 자체가 굉장히 심각한 질병으로 보이는 것이다. 따라서 서번트 신드롬의 치료법은 자폐증처럼 기본적인 중추신경계 장애 치료법과 같다.

여러 가지 사례에서 나타난 서번트 능력은 본인으로 하여금 일상생활에 필요한 활동을 숙달시키는 데 이용될 수 있다. 이런 방식으로 서번트의 재능은 그가 정상화될 수 있는 경로로 활용될 수 있는데, 이 책에서는 레슬리나 알론조 같은 사례를 통해 서번트의 새로운 삶과 그 방법을 소개했다.

서번트가 특별한 재능을 잃을 빈도는 얼마나 될까?

내 경험에 의하면 서번트가 자신의 특별한 능력을 상실할 가능성은 그리 높지 않다. 반면에 계속 연습하고 활용하면 더 발전하고 더 전문적이 되며 더 유창해진다.

수년 동안 서번트를 돕기 위한 방편으로 그들이 갖고 있는 장애를 제거할 것인지, 아니면 그들의 능력을 훈련시킴으로써 해당 분야에서 괄목할 만한 성과를 이루게 할 것인지에 대한 논란이 있었다. 결론은 재능을 훈련시키는 것이 장애를 제거하는데 유용한 기술이 된다는 것이다.

다행스럽게도, 지금까지의 사례들은 치료 과정에서 서번트의 기능을 강조하고 활용하는 게 더 큰 효과를 낸다는 사실을 증명하고 있다. 나디아의 경우 더 나은 언어와 학습 능력을 위해 교육받기 시작하자 예술적 재능을 상실하고 말았는데, 대부분의 연구자들은 다른 영역에서 진보하고 발달한 대가로 한 가지 영역의 뛰어난 능력을 지불했을 것이라는 사실에 동의했다.

하지만 이 같은 현상은 대부분의 서번트에게 발생하는 사례가 아니며 오히려 이와는 상당히 반대되는 상황이라고 할 수 있다. 결론은, 서번트가 갖고 있는 능력을 육성하고 배려하는 일이야말로 발달을 촉진하는 통로를 제공하며 이 과정에서 서번트는 자신의 능력을 결코 상실하지 않는다는 것이다.

우리도 레인맨과 같은 능력을 가질 수 있는가?

여러 사례를 관찰한 결과, 우리에게도 레인맨과 같은 서번트 능력이 있을 수 있다는 가능성이 제기되었다. 즉 평범한 사람에게도 비상한 서번트 능력이 나타날 가능성이 있다는 것이다.

예를 들어 이전에 장애가 없던 정상적인 사람이 머리를 다친 후에 그의 내부에 잠재되어 있던 서번트 능력이 갑자기 나타난 사례가 보고되는데, 이런 현상을 후천적 서번트 신드롬이라고 한다.

과거에 장애가 없고 서번트 능력 또한 갖지 않았던 성인이 어느 날 갑자기 서번트 능력을 소유하게 된 12가지 사례를 보고한 사람은 캘리포니아 대학의 브루스 밀러 박사였다.

그는 환자들이 전두 측두엽 치매가 생긴 후에 갑자기 서번트 능력을 갖게 되었으며, 이들 중에는 비범한 수준의 서번트 능력을 가진 사람도 있었다고 보고했다.

장애가 없는 사람에게 행해진 나트륨 아미탈 같은 신경외과적 인터뷰 과정에서 숨어 있던 기억을 마구 털어놓는 환자가 있는가 하면, 뇌의 일부분에 전극봉을 대자 뇌 안에 자리하고 있던 기억의 거대한 저장소가 극적으로 노출되는 사례까지 보고된 바 있다. 의사들은 이 부분에 대한 집중 연구가 진행된다면 보통사람도 기억력을 폭발적으로 증가시킬 수 있을 것으로 보고 있다.

마지막으로, 예를 들어 은퇴한 후에 장기적인 휴식을 취하며 마음을 가다듬고 있을 때 예전에는 나타나지 않았던 재능이 느닷없이 돌출하는 경우가 있다. 이런 현상은 성장하는 동안 어떠한 이유인가로 잠시 유보시켰던 능력이 다시 자극을 받아 표면에 드러나는 것으로 보인다.

나의 개인적인 생각으로는, 서번트들이 흔히 사용하는 수준의 기억회로를 우리들 누구나가 갖고 있지만 일반적으로 높은 수준의 인식적 또는 습관적 기억회로에 의존하며 살다 보니 이러한 능력이 자연스레 소멸된 게 아닌가 싶다.

이와 마찬가지로 우리들 대부분은 우뇌 능력(비상징적, 예술적, 구체적, 직접적으로 인식되는 능력)을 바탕으로 살아가면서 좌뇌의 강점(연속적, 이론적, 그리고 언어의 전문화를 포함한 상징적 능력)으로부터 지원 또는 보상을 받으며 살아가는 습관에 고정되어 있다.

어떤 연구자들은 뇌 손상 같은 질환에 의해 발생하는 서번트 현상이 인체가 갖고 있는 특별한 능력 중 하나인 보상 현상의 하나로 나타나는 것 같다고 말한다. 예를 들어 한쪽 귀의 청각 능력이 상실되었을 경우 다른 쪽 귀의 능력이 현저히 상승하게 된다. 이와 똑같은 이치로, 뇌기능 중 일부가 훼손되었을 경우에 그것을 보상하기 위한 방법으로 다른 기능이 폭발적으로 상승한다는 것이다.

그러나 이 문제는 아직 가설에 지나지 않는다. 인체에 관한 연구 중에서도 특히 뇌에 관한 연구는 지금까지의 과학 기준으로는 기초적인 단계에 머물러 있을 뿐이다.

나는 서번트 신드롬에 대한 연구가 이런 대답의 실마리를 제공할 수 있으리라고 확신한다. 서번트 신드롬 연구는 인간의 잠재력을 성찰할 수 있는 기회를 제공한다는 면에서도 그만큼 가치가 크다.

19장

그들은 지금 어디에 있는가?

지금으로부터 100년 전 영국의 랭든 다운 박사가 처음으로 서번트 신드롬에 대해 언급한 이후, 이 분야를 집중해서 연구하는 많은 과학자들이 있었다.

이러한 노력들은 단순히 서번트 신드롬을 탐색하는 일에 그치지 않고 인간의 두뇌에 관한 더 많은 정보를 얻게 했고, 오랜 세월 우리 내면에 꽁꽁 숨어 있던 잠재력을 논의의 장 밖으로 이끌어내는 데 크게 기여했다.

80년대부터 자폐아 천재라는 의미를 가진 서번트 신드롬에 관한 다양한 책이 출간되고 있는 현상을 보며, 이 일에 앞장섰던 사람으로 큰 보람을 느낀다. 그 책들은 인간 존재의 의미와 인간이 갖고 있는 무한대의 능력을 재발견하는 데 큰 바탕이 되었다.

오늘날에는 관련서적뿐만 아니라 인터넷 사이트도 큰 도움이 된다. 미국 위스콘신 주의 메디컬협회가 운영하는 서번트 신드롬 관련 웹사이트 (www.savantsyndrome.com)가 그것으로, 나는 여기서 서번트 신드롬에 관한 최신 연구 결과와 사례들을 정기적으로 확인하고 있다.

이런 환경 덕분에 이제 서번트 신드롬은 보통사람들에게조차도 더 이상 낯선 문제가 아니다. 나는 이러한 환경을 만들어내는 데 결정적인 역할을 한 헌신적인 가족과 교사, 의료진의 노력에 박수를 보내고 싶다.

이 책에 소개된 레슬리, 알론조, 엘렌, 조지와 찰스 등은 갖가지 괄목할 만한 긍정적인 변화를 겪었다. 이들이 자신의 핸디캡과 사회의 편견을 극복하고 얼마나 활기차게 살아가고 있는지를 알고 나면, 내가 이 분야에 특별히 애착을 갖는 이유를 공감할 수 있을 것이다.

○ 레슬리 렘키 - 연주는 계속된다

레슬리를 통해 인간승리의 기적을 일으켰던 메이 렘키 여사는 1993년 11월에 세상을 떠났다. 몇몇 사람들은 레슬리가 메이 여사의 죽음 이후에 혹시 음악을 그만두지 않을까 걱정했지만 그런 일은 일어나지 않았다. 음악에 대한 그의 열정과 관심은 오히려 더 크고 넓어졌다고 할 수 있다.

음악은 여전히 레슬리의 언어이고 생명을 불어넣어 주는 원천이며, 삶을 더 행복하게 만들어 주는 버팀목이다. 그는 지금도 여전히 단 한 번만 듣고도 정확하게 노래를 따라 부를 수 있고, 놀랍도록 아름다운 테마로 편곡한 후에 즉흥 연주를 할 수도 있다. 레슬리는 자신이 사랑하는 세상을 표현하고자 '알핀의 농장에서'와 '엄마는 청소 중' 같은 곡을 직접 작곡하기도 했다.

그의 레퍼토리는 헤아릴 수조차 없다. 전문 음악가들조차 음악에 대한 그의 천부적인 자질에 경이로움을 느낀다. 정규적인 음악 수업을 일체 받은 적이 없는 레슬리가 그렇게 고급한 연주 실력을 발휘할 수 있다는 사실에 의문을 표시하는 사람이 지금도 간혹은 있다.

메이 렘키 여사는 레슬리를 정신병원에 절대 보내지 않겠다고 맹세했었고, 평생 동안 이 맹세를 지켰다. 메이 여사의 막내딸인 메리 라슨도 레슬리를 절대로 요양소에 보내지 않기로 맹세했고, 그녀 역시 그 맹세를 지켰다.

메이 여사는 말년에 알츠하이머병을 앓게 되어 딸과 함께 위스콘신 위너베이고에서 살았는데, 질병이 심각하게 생명을 위협할 때조차도 레슬리를 보면 '그래, 너는 역시 내 아들이야!' 라고 말하곤 했다.

연주는 계속된다. 기적도 계속된다. 레슬리는 여전히 크고 작은 콘서트를 연다. 그는 청취자가 누구인지, 또는 얼마나 많은 사람들이 콘서트장에 모였는지에 대해서는 도통 관심이 없다. 요양원의 작은 콘서트는 큰 콘서트홀의 수많은 관객 앞에서 연주하는 것만큼이나 소중하다.

1997년의 콘서트에서는 레슬리의 놀라운 능력이 다시 한 번 유감없이 발휘되었다. 이 콘서트에서, 한 피아니스트가 레슬리가 한 번도 들어본 적이 없는 곡을 연주하고는 따라할 수 있겠느냐고 물었다. 당연히 레슬리는 머리를 끄덕였고, 피아니스트가 연주를 다시 시작하고 약 3초 후에 레슬리가 방금 들은 것을 연주하기 시작했다.

곡이 끝났을 때, 두 연주자 사이의 시간차는 정확히 1초였다. 마치 통역관들이 동시통역을 하듯 레슬리는 연주된 것을 듣고 머릿속에 저장한 뒤에 그것을 끄집어 내어 연주했던 것이다.

　이것은 굉장히 높은 수준의 암기력과 음악에 대한 이해력이 동반되지 않고서는 불가능한 일로, 세상의 그 어떤 천재도 흉내를 낼 수 없는 일일 것이다. 레슬리는 그런 일을 했고, 그것도 아주 손쉽게 해치웠다.

　그가 연주할 수 있는 음악의 범위는 너무도 광대해서 모차르트나 바흐의 고전음악에서 각국의 민속음악, 팝송, 오페라 등 거의 모든 음악 장르를 소화할 수 있다. 그것만으로도 경이로운 일인데, 레슬리는 거기서 만족하지 않았다. 그가 마침내 독창적인 곡을 연주하기 시작한 것이다.

　지금 구매가 가능한 레슬리의 비디오테이프는 2개이다. 하나는 1987년에 「천재의 섬」이라는 TV 다큐멘터리이고, 다른 하나는 2003년에 위스콘신 애플턴에서 있었던 콘서트 현장을 담은 것이다.

　메이 렘키 역에 클로리스 리치맨, 레슬리 역에 리프 그린이 주연한 TV 영화 「기적을 바란 여자」는 4개 부문의 에미상을 수상했으며 지금도 여전히 판매되고 있다. 기적은 계속될 뿐만 아니라 더욱 번창하고 있다.

○알론조 클레먼스 – 천재의 손재주는 사라지지 않았다

　알론조의 발전 역시 감동적이다. 그는 훌륭한 조각 작품을 계속 만들어 왔다. 그가 만든 예술품들은 지금 미국에서 가장 유명한 예술품 경매사이트(www.artsales.com)를 통해 직접 만나볼 수도 있다. 이메일로는 'Alonzo@artsales.com' 으로 그와 직접 연락도 가능하다.

　알론조는 여전히 콜로라도 주 보울더에 있는 자신의 콘도미니엄에서 살고 있다. 그는 현재 지역의 YMCA에서 파트타임으로 근무하고 있는데, 거기서 항상 웃는 모습으로 자신에게 주어진 업무를 세심하게 완수해내고 있다.

알론조가 만드는 동물 조각품들은 매우 사실적이다. 작품 하나하나가 너무도 정교하게 빚어진 것이어서 사람들은 이 작품이 진짜 그가 만든 게 확실할까 반신반의한다.

1997년에 한 TV 프로에서 알론조와 그의 가족을 자세히 소개했다. 그 시기에는 미국 말고도 다른 많은 나라에서도 알론조에 관한 TV 프로가 많이 나왔다. 2005년 디스커버리 채널의 캐나다 프로그램인 '데일리 플래닛'은 알론조의 예술과 삶을 소개했고, 더불어 서번트 신드롬 연구의 현실까지 자세히 보도한 바 있다.

1998년 10월은 알론조에게 있어 특히 잊지 못할 해였다. 밀워키 시가 장애인들을 고용한 유명기업들을 표창하는 자리였는데, 수상자들에게 준 트로피가 바로 알론조가 만든 황동 조각품이었던 것이다. 이때 알론조는 어머니와 함께 밀워키로 가서 직접 시상을 하는 영광을 안았다.

알론조는 지금 예술가로, 그리고 한 사람의 성실한 사회인으로 착실히 성장해 나가고 있다. 그의 어휘는 점점 늘어나고 있고, 사회적으로도 점점 안정을 찾아가고 있으며, 점점 더 독립적으로 변해가고 있다.

그것은 참으로 놀라운 발전이다. 그는 내가 아는 사람 중에서 가장 즐겁게 살아가는 사람의 하나로, 주위사람들에게 끝없이 웃음을 선사하는 진정한 이웃이다.

○엘렌 보드로– 가슴으로 부르는 노래

엘렌의 여동생인 낸시에게서 엘렌을 촬영한 흥미로운 비디오테이프를 받은 적이 있다. 엘렌이 친구들과 함께 록밴드 그룹을 결성하고 찍은 것이었다. 엘렌은 이 밴드에서 피아노를 연주하는데, 3년 연속 캘리포니아 주정부가 주최하는 축제에 참가했다고 한다. 비디오를 통해 본 그녀의 음악은 무척 격동적이었다. 낸시는 말했다.

"엘렌의 스케줄이 항상 음악으로 가득하고, 사회적으로도 훌륭히 적응하고 있다. 그녀는 사회적인 모임에 참석하는 것을 즐기며 거기서 사람들과 대화를 나누는 걸 최대의 행복으로 알고 있다."

매년 여름, 엘렌은 일주일 동안 새크라멘토에 간다. 크리스천 브라유재단이 운영하는 시각장애자를 위한 여름캠프에 참가하기 위해서이다. 여기서도 엘렌은 피아노를 연주한다. 그 모습을 지켜본 새크라멘토의 한 신문이 이런 기사를 실은 적이 있다.

'음악적 천재성이 가득한 연주에 사람들이 기립박수를 보냈다. 그녀는 음악을 사랑한다. 그러나 이것만으로는 엘렌이 음악을 흡수하는 걸 전부 설명하지는 못한다. 그녀는 산소의 분자들을 빨아들이듯 한 음 한 음을 빨아들인다. 엘렌은 라디오에서 흘러나오는 모든 노래를 인체 내의 저장소에 무한대로 저장시키고, 그것을 몇 년 후에 정확하게 다시 연주할 수 있다. 가슴속에 고결한 정신과 해맑은 미소를 품은 그녀야말로 진정한 록가수이다.'

ㅇ조지 –여전한 서번트 능력

1999년 초에 TV 프로그램인 「60분」이 서번트 신드롬에 관한 내용을 다시 한 번 방영했다. 이 프로그램에서는 3명의 서번트를 다뤘는데 피아니스트인 레슬리 렘키, 조각가인 알론조 클레먼스, 그리고 날짜 계산의 마술사인 조지였다.

레슬리와 알론조의 대단한 변화만큼이나 조지도 인상적인 발전을 보였다. 날짜를 계산하는 그의 능력은 전혀 줄어들지 않았다. 그는 1918년 5월 7일이 화요일이었으며, 1929년부터 1996년까지 같은 날짜에 화요일이 되는 해를 아주 쉽게 계산해냈다.

성인이 된 후의 매일 매일의 날씨를 기억하기 때문에, 조지는 16년 전에 이 프로그램의 사회자인 모렐리 세이퍼를 처음 만난 날의 날씨도 정확히 기억할 수 있었다.

조지는 더 이상 수용시설에서 생활하지 않는다. 그는 지금 공동 아파트에서 독립적으로 살면서 자신에게는 더 이상 보호자가 필요 없다고 외치기도 한다. 지금 그는 뉴욕 같이 복잡한 도시에서 어느 자선단체의 배달부로 생활하고 있다.

조지의 날짜 계산 능력은 과거든 미래든 수세기까지도 계산이 가능하다. 역사적인 날짜뿐만 아니라 미국의 역대 대통령들의 태어난 날짜와 사망 날짜까지도 모조리 기억하고 있다. 이러한 탁월한 기억력에 힘입어, 그는 정상인과 똑같은 자립심을 얻을 수 있었다. 그는 서번트의 재능을 키워주는 일이 얼마나 중요한지 증명해주는 좋은 사례가 아닐 수 없다.

○리차드 와우로 – 세상에서 가장 아름다운 그림

리차드 와우로는 세계적으로 명성을 떨치고 있는 미술가로, 지난 17년 동안 수많은 나라에서 셀 수 없이 많은 전시회를 가졌다. 그는 지금도 여전히 스위스제 유성 크레용만을 고집하고, 여전히 풍경화만을 그린다.

앞서 언급했던 다른 서번트들처럼 리차드 와우로의 특별한 재능은 세상과 소통할 수 있는 언어 그 자체였다. 그리고 이러한 재능은 더 나은 언어 획득 과정으로 편입되어 사회성과 자립심을 구축하는데 큰 영향력을 발휘했다.

리차드의 작품을 통해, 우리는 그를 더 자세히 알 수 있게 된다. 그는 현재 자신의 예술세계에 대한 정보를 제공하고 작품 구입도 가능한 웹사이트(www.wawro.net)를 운영 중이다. 리차드에 관한 더 자세한 정보는 이 웹사이트나 서번트 신드롬 웹사이트를 참조하면 된다.

리차드의 작품이나 비디오테이프 등은 그의 후견인인 베커 박사(rbecker64@aol.com)에게 연락하면 구입할 수 있다.

○스티븐 윌트셔 – 영국 최고 예술가 반열에 오르다

1987년 2월, 영국의 BBC 방송은 서번트 신드롬에 관한 다큐멘터리를 방영하면서 열두 살짜리 자폐아인 스티븐 윌트셔를 출연시켰다. 이 소년은 보기 드문 예술 서번트로, 시청자들은 이 소년이 불과 몇 시간 전에 난생 처음 방문했던 팬크라스 역을 카메라로 촬영한 듯이 정교하게 그려내는 모습에 경악했다.

이후 BBC 방송사에는 소년의 작품을 구입하겠다는 문의전화와 편지들이 빗발쳤다. 이런 폭발적인 관심에 힘입어 그의 모든 작품들을 모은 책이 출판되기도 했다. 영국 왕립 아카데미 교장을 역임한 휴 카슨 박사는 이 책의 서문에서 이렇게 언급하고 있다.

'동서고금을 막론하고 사람들은 재능 있는 젊은이를 찾아내어 이들의 능력을 공유하고 싶어 한다. 스티븐 윌트셔는 심한 언어장애를 갖고 태어났지만 지금은 사람들의 주목을 한몸에 받는 소년이 되었다. 스테판이 사물을 바라보는 관점에는 결점이 없는 듯하다. 나는 이렇게 재능이 특출하고, 자연스럽고, 매력적인 그림을 본 적이 없다. 스테판은 아마도 영국에서 가장 훌륭한 예술가일 것이다.'

스테판은 주로 건물에 관심을 보인다. 아무리 복잡한 건물이라도 고도로 정밀하게 그려내는데, 심지어 복잡하고 난해한 장면을 더 집요하게 추구하는 경향까지 있다.

그는 대상물을 직접, 혹은 사진을 통해 본 후에 이를 낱낱이 기억하고는 그대로 화폭에 옮긴다. 다른 서번트 예술가들처럼 스테판은 꾸밈이나 해석의 필요 없이 있는 그대로의 사물을 정밀하게 묘사한다. 메모도 하지 않는다. 사물에 대한 첫 인상을 그대로 간직하고 있다가 한 번에 정확하게 옮기는 것이다.

알론조와 리차드처럼 그의 예술적인 능력은 모두 뛰어난 기억력과 관련이 있다. 열 살 때, 스테판은 '런던 알파벳'이라고 이름 붙인 그림을 그렸는데 앨버트 홀에서부터 런던 동물원까지, 국회의사당과 전쟁박물관 같은 건물들을 있는 그대로 나열해 놓은 작품이었다.

사람들은 그 모든 건물들을 디지털 카메라로 찍어 놓은 듯이 세밀하게 그려낸 작품을 보며, 이것이 정말로 장애를 가진 소년에 의해 그려진 것일까 하는 의문을 품었다.

　전형적인 자폐아인 그에게 언어를 비롯한 다양한 교육이 실행되면서 일부 연구자들은 나디아처럼 천재성을 상실하지 않을까 걱정했지만 그런 일은 기우에 지나지 않았다. 대신 레슬리나 알론조처럼 사회성 발달에 큰 힘이 되었고, 천재성이 더욱 발전하는 모습을 보였다.

　스테판의 삶과 예술작품, 그리고 최근에 갑자기 나타나기 시작한 음악적 재능에 대한 설명은 『부유(浮遊)하는 도시들』이라는 책을 통해 자세히 설명되고 있다. 이 책은 베니스, 암스테르담, 레닌그라드, 모스크바의 시가지를 그린 인상적인 그림과 함께 영국 최고의 베스트셀러가 되었다.

　스테판이 뛰어난 시각적 기억력을 통해 만들어내는 놀라운 그림 솜씨는 2001년에 방영된 BBC 다큐멘터리 「천재의 조각들」을 통해서도 확인할 수 있었다. 여기서 스테판은 런던 시내를 헬리콥터로 날아다닌 잠깐의 비행 후에, 그로부터 3시간 만에 하늘에서 본 런던 풍경을 놀랍도록 자세하게 그려냈다.

　반경 4마일 안에 있는 12개의 중요 사적과 200개의 건물들을 정확한 비례와 원근감까지 포함하여 그려낸 이 작품이 TV 화면에 소개될 때, 사람들은 경악했고 감탄했다.

　2003년 가을, 스테판의 첫 번째 회고전을 보기 위해 수천 명의 사람들이 런던 근처 트위큰험에 있는 올린즈하우스 갤러리로 모여들었다. 그들은 단순한 흥밋거리로 거기에 온 게 아니라 예술가 스티븐 윌트셔를 만나기 위해 운집한 것이었다.

지금 스티븐 윌트셔는 영국 최고 미술가의 반열에 올라 자기만의 독특한 예술 영역을 구축해 나가고 있다. 그가 이뤄낸 성공은 서번트 신드롬의 역사를 새로 쓰는 것이기도 해서 더욱 큰 관심과 격려가 쏟아지고 있다. 스티븐 이야기와 그의 작품은 웹사이트(www.stephenwitshire.co.uk)에서 확인할 수 있다.

○킴 픽 – 진정한 레인맨

'진정한 레인맨'이라는 말은 영화에서 볼 수 있었던 레이몬드 바비처럼 독특한 능력을 소유한 몇 사람에게만 해당된다. 킴 픽은 영화작가 배리 모로우에게 영감을 준 실존인물로, 그는 1984년에 킴 픽을 처음 만난 후에 「레인맨」의 대본을 쓰기 시작했다.

당시 모로우는 1984년에 텍사스 주 앨링톤에 있는 정신지체자협회의 커뮤니케이션위원회에 초대받았는데, 킴 픽의 아버지가 바로 이 위원회의 대표였다. 배리는 거기서 킴 픽을 만났고 한순간 그의 삶에 깊이 매료되었다.

킴은 지역 도서관에 있는 책들의 내용을 모조리 알고 있었는데, 그 뿐만 아니라 거의 모든 도시의 복잡한 길을 소상히 알고 있었다. 또한 그는 배리에게 그가 태어난 날의 요일은 물론이고 매년 오는 그의 생일이 무슨 요일인지, 배리가 65세가 되는 해와 생일의 요일까지 가르쳐 주었다. 두 사람은 독립전쟁, 남북전쟁, 세계 1차, 2차 대전, 한국전과 베트남전에 대해서도 이야기를 나누었다.

배리는 킴의 능력에 영감을 받고는 그 자리에서 영화대본을 쓰기로 했고, 이렇게 해서 탄생한 영화가 바로 「레인맨」이었다. 비록 영화는 킴의 삶 자체를 묘사한 것은 아니었지만 그의 놀라운 능력과 광대한 기억력은 영화에 영감을 불어넣어 주기에 충분했다. 영화의 주인공 더스틴 호프만은 킴을 만나고 나서, 이렇게 고백했다.

"내가 스타일지는 모르지만, 당신은 신과 같은 존재입니다."

킴의 아버지는 아들에 대해 이렇게 묘사했다.

"나의 아들은 따뜻하고 사랑스런 성격의 소유자이며, 진정으로 사람들을 생각하면서 자신의 특별한 능력과 지식을 나누는 것을 즐긴다. 많은 사람들에게 컴퓨터라고 알려진 그의 지식 창고에는 세계사, 미국 역사, 사람과 지도자, 지리학, 각종 프로 스포츠, 우주 계획, 영화와 영화 주제가, 배우, 성경, 몰몬교의 교리와 역사, 날짜 계산, 문학, 셰익스피어, 우편번호 등이 모두 저장되어 있다. 킴은 대부분의 클래식 음악이 작곡된 날짜와 작곡가, 그가 태어나고 죽은 날짜와 장소까지 알고 있다. 킴은 끊임없이 읽는다. 그는 미국의 어느 작은 마을로 가기 위해서는 어떤 방법으로 가야 하는지를 소상히 설명할 수 있다. 게다가 그 마을의 우편번호, 그 지역 전화국, 그리고 그곳에서 일어났던 역사적인 사건까지도 말해 줄 수 있다."

킴 픽은 1951년에 태어났다. MRI 검사 결과, 뇌량과 좌뇌·우뇌를 연결하는 신경섬유들이 심각하게 손상되어 있음을 알 수 있었다. 그는 네 살 때까지도 잘 걷지 못했다. 다른 사람보다 훨씬 큰 머리와 자폐증까지, 킴은 그렇게 예사롭지 않은 성장기를 거쳤다.

킴에 관한 다큐멘터리 작품들은 지금도 여전히 제작 중이다. 킴과 그의 아버지는 사람들에게 서번트 신드롬의 비밀을 알리기 위한 활동에 적극적으로 참여하고 있으며, 요청만 있다면 어디든지 달려가고 있다. 배리는 그에 대해 다음과 같이 묘사했다.

"누구라도 킴과 단 5분만이라도 함께 있으면 그의 관점을 통해서 인간으로서의 우리의 진정한 잠재력을 발견할 수 있을 것이다."

최근 들어 킴에게 새로운 재능이 발견되었다. 음악이다. 2002년 6월, 킴은 유타 대학의 한 음악교수를 소개받았다. 여기서 킴은 피아노를 배우기 시작했고, 생각만으로 가능했던 곡들을 키보드로 연주할 수 있게 되었다. 앞으로 그는 자신의 음악적 지식에 실제 연주 능력까지 보태어 새로운 세계를 열어갈 것이다.

2005년 12월호 「과학의 아메리칸(Scientific American)」에 실린 '서번트의 정신세계'라는 글에는 킴의 독특한 삶을 비롯하여 각종 서번트 신드롬에 관한 정보가 실려 있다.

○토니 드블로이스 – 버클리 음대 장학생

토니 드블로이스는 버클리 음대에서 장학금을 타기도 한 서번트로, 어느 교수가 우연히 그의 음악세계를 접하고는 정식 학생으로 공부할 수 있게 해주었다. 1996년 5월에 뛰어난 성적으로 버클리 음대를 졸업했을 때, 뉴욕타임스는 토니의 성취가 시각장애와 자폐증을 함께 갖고 있는 사람으로서는 참으로 놀라운 일이라고 보도했다.

토니는 즉흥곡을 자유롭게 연주할 수 있는 재즈 뮤지션이다. 토니의 천부적인 소질은 재즈 연주뿐만 아니라 컨트리음악에서 클래식까지 다양한 장르에서 발견된다. 그는 또한 20가지 이상의 악기를 자유자재로 연주할 수 있다. 토니의 이야기는 1997년 3월에 방영된 CBS 주말영화 「가슴으로 하는 여행」에 모티브를 제공했다.

또한 그의 삶을 담은 「어떤 천재 이야기」라는 책도 출판되었다. 토니에 관한 정보와 행사 스케줄, 노래와 연주, 그가 작곡한 곡들을 수록한 6개의 CD는 웹사이트(www.tonydebolois.com)를 통해 구입할 수 있다.

○매튜 새비지 - 재즈밴드의 13살짜리 리더

전 세계를 통틀어 13세 어린이가 재즈밴드의 리더로 활약하는 경우는 매튜 새비지를 제외하고는 없을 것이다. 매튜는 13세의 천재 재즈 피아니스트로, 지금까지 수많은 재즈 거장들을 만나 협연했고 그때마다 격찬을 받았다.

매튜의 천재적 자질을 엿볼 수 있는 가장 좋은 예는, 보센돌퍼 피아노회사가 175년 역사상 처음으로 이 소년에게 최고의 피아니스트상을 수여했다는 사실에서도 알 수 있다. 이 상은 그 이전까지 세계적인 명성의 피아니스트들에게만 수여했다.

○다니엘 태밋 - 숫자의 친구

다니엘 태밋은 2004년 3월에 열린 '국제 파이데이'에 등장하여 파이를 소수점 22,514자리까지 읊는 재능을 과시하면서 세계적인 이름을 얻었다. 다니엘이 이것을 계산하는 데는 꼬박 5시간이 걸렸는데, 이것은 유럽신기록이었다. 이 대회는 아인슈타인의 탄생일에 맞춰 영국 옥스퍼드의 과학 역사박물관에서 치러졌다.

다니엘의 비상한 숫자 능력은 어린 시절 잦은 발작과 졸도 이후로부터 시작되었다. 다니엘의 숫자 능력은 엄청난 기억력과 연관이 있는데, 예를 들어 13을 97로 나누는 계산에서 소수점 100자리까지 암산이 가능하다.

다니엘은 언어구사 능력 또한 뛰어나다. 불어, 독일어, 스페인어, 리투아니아어, 에스페란토, 아이슬란드어 등을 자유롭게 구사할 수 있다. 다니엘은 현재 자신의 이야기와 능력에 대해 책을 쓰고 있으며 2006년에 출판될 예정이다. 더 자세한 정보는 관련 웹사이트(www.optimnem.co.uk)를 참조하면 된다.

○핑 리안 : 11세의 자폐 예술가

핑 리안은 말레이시아 출신의 자폐아 소년으로, 아홉 살 때부터 예술에 남다른 관심을 보이기 시작해서 지금은 동남아시아 일대에서 손꼽히는 미술가로 성장했다.

핑 리안의 대표작인 「우부디악 사원」이나 「쌍둥이타워」 같은 작품은 뛰어난 색감 처리와 독특한 붓 터치로 전문작가들조차 찬탄을 아끼지 않는다. 말레이시아에서의 수많은 전시회를 거쳐, 2006년 1월에는 뉴욕 갤러리에서 첫 미국 전시회를 가졌다.

그의 작품과 서번트로서의 삶, 특히 그를 성공의 길로 이끌어준 어머니의 열정은 핑의 웹사이트(www.pinglian.com)에서 확인할 수 있다.

○코디 리 – 탁월한 음악적 감각

코디 리는 음악적 소질을 타고난 9세 소년이다. 한국계 아버지와 미국계 어머니 사이에 태어난 코디(Kodi Taehyun Lee)는 시각장애자로, 지금도 '안구신경 저형성증'이라는 희귀병을 앓고 있다. 여기다 4세 무렵에는 자폐증 진단까지 받았다.

코디의 레퍼토리는 클래식에서 현대음악까지 참으로 광범위하다. 일곱 살 때부터 대중 앞에 선 코디 역시 다른 서번트처럼 음악에 의해 언어와 사회성 향상을 이뤄냈다. 그의 삶과 음악에 얽힌 이야기는 웹사이트(www.kodilee.com)에 자세히 묘사되어 있는데, 이 사이트에서 그의 음악을 듣고 볼 수도 있다.

2005년 가을, 한국의 KBS는 서번트 신드롬에 관해 방영하면서 코디 리를 주요 주제로 다뤘다. 이 방송을 통해 한국인들은 처음으로 서번트 신드롬을 접할 수 있었고, 코디 리가 펼쳐 보이는 무한대에 가까운 음악적 재능에 감동을 받았다.

에필로그

2006년 오늘, 서번트 신드롬을 다시 생각하다

레슬리, 알론조, 조지를 비롯한 서번트들의 사례들을 최근에 다시 관찰하고 나서, 나는 그들에 대한 인식을 일부 수정할 필요가 있음을 깨닫게 되었다.

첫째, 대부분의 사례들이 아직은 다섯 가지 능력 ─ 미술, 음악, 날짜 계산, 수학, 기계적/공간적 능력 ─ 의 범주 안에 포함되고 있지만 오늘날에는 새로운 분야의 사례가 속속 나타나고 있다. 대표적인 사례로, 14개 국어를 유창하게 구사하는 크리스토퍼를 들 수 있을 것이다. 이 뛰어난 다국어 구사 서번트는 앞서 A&E방송 TV 프로그램인 「천재의 신비」에서 자세히 다뤄졌다.

둘째, 대부분의 서번트들이 앞서 언급한 5개 분야의 능력 가운데 하나에서 두각을 나타내지만, 두 가지 이상의 분야에서 동시에 천재성을 나타내는 경우도 많았다. 실제로 킴 픽의 경우를 보면 기존의 능력에 더해서 추후에 음악적 천재성이 나타났는데, 그 능력 역시 매우 뛰어나다. 매튜 새비지는 음악적 재능과 함께 기계수리 능력이 뛰어나며 다니엘 태밋은 수학은 물론이고 언어 분야에도 특출한 재능을 보인다.

셋째, 처음에 나는 서번트들이 개인적인 능력은 탁월하지만 지속 가능한 창의성은 결여돼 있다고 믿었다. 하지만 그것은 오산이었다. 오랫동안 서번트들을 관찰한 결과, 미술이나 음악 분야 서번트들에게도 일관성 있는 성장 단계가 존재한다는 사실을 알 수 있었다.

그 첫 번째는 다른 작품을 완벽하게 모방하는 단계로 능력 자체는 천재적이지만 사실상 있는 것을 그대로 옮기는 능력에 불과하다. 하지만 그 단계를 지나면 음악 서번트의 경우 즉흥적으로 곡을 변형하거나 미술 서번트의 경우 독특한 스타일을 형성하는 단계에 이르게 된다. 마지막으로 그들은 모방과 변형의 단계를 거쳐 새로운 것을 창조해내게 된다.

이러한 변화의 단계를 잘 보여주는 사례로 레슬리 렘키가 있다. 그는 초기에 악보를 완벽하게 반복해내는 단계와 곡을 즉흥적으로 변주해내는 단계를 거쳐 지금은 새로운 곡들을 만들어내는 경지에 이르게 되었다.

킴 픽 또한 처음에는 그저 엄청난 기억력만을 가진 서번트였지만, 이제는 말장난을 하거나 위트를 보이는 등 주어진 단어의 배열을 변형하는 단계에 이르렀다. 매튜 역시 초기에는 단순히 음악을 기억하는 수준에서 벗어나 재즈 음악을 변주하고 자신만의 새로운 곡을 만드는 단계로 발전했다.

음악 서번트에 관한 분석을 담은 책으로 1989년에 출간된 밀러 레온 박사의 『음악 서번트 : 정신지체자들의 천재적인 능력』을 꼽을 수 있다. 이 책에서 밀러 박사는 자질이 뛰어난 음악 서번트에 대해 자신이 4년 반 동안 관찰한 경험을 들려준다.

밀러 박사는 이 책에서 음악 서번트들의 성장 과정에 대한 모델을 제시했는데, 서번트 능력이 성장하는 데 있어 감수성이 매우 예민해지는 단계(약 1세에서 9세 사이)가 있다고 밝히고 있다. 바로 이 시기에 어떻게 훈련시키느냐에 따라 비범한 서번트로 성장할 수 있다는 게 그의 지론이다.

서번트들도 훈련을 통해 더욱 발전된 모습으로 거듭날 수 있다는 밀러 박사의 이론은 서번트 신드롬에 관한 초기의 내 판단에 다소간의 오류가 있었음을 말해주는 것이다. 서번트들도 정상인들처럼 성장하고 발전하며 변화할 수 있다는 사실은 특히 가족들에게 대단히 고무적인 일임에 틀림이 없다.

이렇듯 서번트 능력의 범위, 여러 가지 능력을 동시에 가질 수 있는 가능성, 그리고 그들의 창의성에 대한 나의 생각이 바뀌긴 했지만 다른 믿음들은 여전히 그대로 남아 있거나 더 강해졌다.

첫째, 그들이 갖고 있는 재능을 훈련시키는 것이 그들로 하여금 정상적인 상태로 가게 하는 데 있어 가장 올바른 길이라는 사실이다. 요컨대 언어 습득 훈련과 사회성을 길러주는 노력, 그리고 일상생활에 필요한 많은 능력들을 배양시키는 노력이 장차 뛰어난 서번트로 성장하게 만드는 데 큰 도움이 된다는 것이다.

이로써 그들의 재능을 개발할 것인가, 아니면 결함을 제거할 것인가 하는 논란은 확실히 마무리되었다. 이제 그들의 재능을 개발하고 육성하는 일은 그것을 위해 천재성을 포기해야 될지도 모른다는 두려움 없이 열정적으로 진행되어야 한다. 실제로 이런 걱정과는 반대로 많은 서번트들이 재능을 훈련하는 한 꾸준히 성장할 수 있음을 입증하는 수많은 사례들이 있다.

이제 남은 과제는 그들이 가진 능력을 다듬고 집중시켜서 보다 실용적인 직업기술로 발전시키는 일이다. 런던에 위치한 '음악적 재능이 있는 시각장애인을 위한 특별교육센터'가 서번트가 가진 능력을 직업적으로 발전시켜 주는 교육기관의 대표적인 사례이다. 여기서는 서번트의 능력을 적절하게 다듬어줌으로써 음악 연주뿐만 아니라 방송, 피아노 조율, 음악 컴퓨터 소프트웨어 분야에서 폭넓게 활용할 수 있도록 돕고 있다.

둘째, 가족을 비롯한 주위사람들이 장애를 보고 슬퍼하거나 좌절하기보다는 특별한 능력을 가졌음을 기뻐해 주는 것이 그들로 하여금 경이로운 힘을 발휘하게 한다는 사실이다. 나는 이 책에서 이미 여러 차례 서번트 신드롬에서 가족, 친구들, 교사들이 얼마나 중요한 요소인지를 설명한 바 있다.

설령 그들에 대한 어떠한 형태의 과학적 의문이 있더라도 서번트를 주의 깊게 지켜보며 마음으로 지지해주는 것만으로도 그들은 삶에 대한 해답을 얻을 수 있다. 그들은 주변의 애정과 믿음, 결단력, 인정, 포용, 그리고 무조건적인 긍정에 의해 다른 사람들과 동등하거나 그들보다 더 뛰어난 사람이 될 수 있다.

우리는 서번트들과 그들의 가족들에게서 바로 이러한 점을 배워야 하고, 이 주장에 대한 내 생각은 전혀 바뀌지 않았다.

윌리엄스 신드롬과 서번트 신드롬

1961년에, J. C. 윌리엄스 박사는 일부 아이들에게서 일련의 일관성 있는 유전적 장애를 최초로 확인했다. 그 증상으로는 특이하고 개성 있는 얼굴과 심장 결함(대동맥판협착증), 유아기에 칼슘 농도 증가에 수반되는 복통과 그에 유사한 증상, 경직성, 강박증, 청각과민과도 같은 자폐적 증상, IQ 70이하의 아이들에게서 나타나는 주의력 결핍과 인지 장애를 동반하는 발달지체 등이었다.

의학계에서는 이를 '윌리엄스 신드롬'이라 부르는데, 이 환자들의 특이한 점은 다른 발달장애와는 달리 문법적으로 복잡한 어휘를 구사하는 등 아주 뛰어난 수준의 대화 능력을 보인다는 것이다.

더욱 놀라운 사실은, 일반적인 자폐아들과는 달리 윌리엄스 신드롬 환자들은 대단히 외향적이고 친근하며 예의바르고 표현력이 풍부해서 뛰어난 사교력까지 보인다는 것이다. 그들은 낯선 사람을 두려워하지 않으며, 같은 나이 또래나 연장자들 모두와 쉽게 만나고 친해진다.

그런 증상을 보이는 사람들 중 서번트 신드롬과 유사한 음악적 능력을 보이고, 일부는 그 재능이 천재적인 수준인 것으로 보고되었다. 그토록 광범위한 어휘력과 표현력이 풍부한 화술, 게다가 천재적인 음악 능력을 가진 사람이 한편으로는 발달장애를 갖고 있다는 사실은 실로 충격적이다.

이 사례를 보면, 재능과 장애 사이에 매우 독특하지만 일관성 있는 네트워크가 존재한다는 사실을 알 수 있다. 더 나아가, 일반적인 발달장애가 있음에도 불구하고 언어 능력은 정상이거나 오히려 조숙한 경우가 존재한다는 사실은 언어와 인지 능력이 서로 연결되어 있다는 기존의 이론에 문제를 제기한다.

정신지체자로 보기에는 비정상적으로 강화된 언어 능력, 자폐증아로 보기에는 비정상적인 사교성, 그리고 서번트와 유사한 독보적인 음악적 재능은 그밖에 윌리엄스 신드롬에서 나타나는 복합적인 증상들과 더불어 임상의학적, 이론적, 연구자적 관점에서 매우 흥미로운 사실이다.

윌리엄스 신드롬에 대한 더 많은 정보는 윌리엄스 재단의 웹사이트 (www.wsf.org)에서 찾을 수 있다.

후천적 서번트의 세계

서번트 신드롬은 선천적이거나 출산 시에 형성되거나, 또는 이후의 유년기에 중추신경계의 입은 질병으로 발생할 수 있다. 그 중에서도 특히 청소년기 이후에 나타나는 후천적 형태의 서번트 신드롬은 자연스럽게 우리 안에 잠재된 능력에 대해 의문을 품게 만든다.

1980년, T. L. 브링크 박사는 좌뇌반구에 총상을 입는 바람에 언어장애, 청각장애, 전신마비 상태까지 동반된 아홉 살짜리 소년의 사례를 소개했다. 부상 이후에 이 소년은 부상을 입지 않은 우뇌반구에서 발현된 것으로 추정되는 서번트 능력을 갖게 되었는데, 이는 역사상 최초로 보고된 후천적 서번트 사례였다.

그 후, 더욱 놀랍고 설득력 있는 후천적 서번트 신드롬 사례가 캘리포니아 대학의 브루스 밀러 박사에 의해 소개되었다. 1998년에, 밀러 박사는 치매를 앓고 있는 점을 제외하면 이전에 장애를 겪은 적이 없는 환자 다섯 명이 치매가 시작되고 나서 갑자기 미술 능력을 얻은 사실을 소개했다.

특히 이들 중 몇 사람은 미술에 대한 경력이 전무함에도 불구하고 치매가 진행됨에 따라 상당한 그림 솜씨를 보였다. 이들 다섯 명의 노인들이 발휘하는 능력의 형태는 언어적인 게 아니라 시각적인 것이라는 특징이 있었는데, 그들이 나타낸 이미지는 대부분 세심한 모방의 산물로 창조적이거나 추상적인 요소는 현저히 부족했다.

더구나 지나치게 강박적으로 작업에 집착하는 모습을 보였고, 의미론적인 기억력이 형편없었다. 이는 서번트들의 특성과 대단히 일치하는 것으로, MRI 관찰 결과에서도 매우 두드러진 좌뇌반구 이상을 확인할 수 있었다.

이 연구에 참여한 사람들은 전면 측두엽(특히 좌뇌)과 안와(眼窩) 전두피질의 퇴화가 인지 능력과 연관된 시신경계의 억제를 완화시키면서 미술 능력을 증대시킨 것으로 보았다. 밀러 박사는 이 과정을 '모순적인 기능 간편화'라고 불렀는데, 이 과정에 대한 추적을 통해서 뇌의 세부 영역들의 기능 발달 과정을 설명할 수 있을 것으로 추정했다.

밀러 박사는 이 연구 결과를 한 걸음 더 발전시켜, 2000년에는 치매가 진행됨에도 불구하고 음악과 시각 분야에서 이와 유사한 능력 향상을 보인 전두엽-측두엽 치매환자 7명을 더 발견했다. 밀러 박사는 이들 12명의 핵의학 촬영(SPECT)과 신경정신과 테스트를 통해 특수한 능력이 생기지 않은 다른 전두엽-측두엽 치매환자들과 비교해 보았다.

그 결과, 12명 가운데 9명이 좌측에 비대칭적인 결함이 있었으며 그 중 한 명은 좌우 양쪽에 이상을 보였고 나머지 두 명에게서는 비대칭적인 우뇌 기능장애가 나타났다(이들은 왼손잡이였다). 그리고 모든 치매환자들

중 서번트 능력이 있는 그룹이 우뇌 전두엽에 대한 기능 평가에서 더 우수한 결과를 보였지만 언어 능력에서는 상대 집단보다 떨어지는 결과를 나타냈다.

치매가 진행됨에 따라 그런 능력이 발현되는 현상을 보노라면 자연히 우리 안에 잠재된 능력에 대해 의문을 품게 되고, 결국엔 다음과 같은 질문을 하게 된다.

"중추신경계에 질병을 앓거나 손상을 입지 않고 이런 잠재력을 끌어낼 수 있는 방법은 없을까?"

서번트 신드롬에 관한 연구는 바로 이러한 의문에 답을 찾는 여정이다. 인간이 가지고 있는 잠재력을 최대한 밖으로 표출시키는 작업, 그 실마리를 서번트들이 제공해 줄 수 있을 것이라고 나는 확신한다.

그들은 어떻게 그렇게 할 수 있는 것일까?

서번트 신드롬에 관한 가장 근본적인 의문은 '그들은 어떻게 그렇게 할 수 있는 것일까?' 이다. 그러나 현재까지 알 수 있는 것은, 지금까지 나온 이론 가운데 모든 서번트들을 정확하게 설명할 수 있는 이론은 전혀 존재하지 않는다는 사실뿐이다.

이 책의 앞부분에서 다룬 몇몇 초기의 이론들에는 직관 이미지, 사진 같은 기억력, 유전적 능력, 감각의 상실, 고도로 발달된 기계적 기억, 어느 한쪽의 지능 결핍을 보상 또는 강화하기 위한 능력 등 다양한 개념들이 등장한다.

그러나 이 이론들 각각에는 커다란 문제가 있다. 예를 들어, 직관적 이미지에 관한 테스트 결과를 보면 이 현상이 모든 서번트에게 적용되는 것은 아니며, 테스트 자체가 서번트 능력의 핵심적인 부분을 짚어내는 능력이라기보다는 두뇌 손상이 있는지의 여부를 가늠하는 지표의 의미가 더 강하다는 사실을 알 수 있다.

사진 같은 기억력에 대해서도 몇몇 연구자들이 그들의 기억력 하나만 가지고는 서번트들의 능력 – 특히 날짜 계산과 음악적 재능 – 을 설명할 수 없다고 밝힌 바 있다. 유전적 재능이라는 해석도 가족력이나 기타 다른 경우를 살피더라도 설득력이 떨어지는 이론임이 밝혀졌다.

임상의학적으로 볼 때, 가장 설득력 있는 이론이 바로 '좌뇌의 손상을 우뇌가 보상한다'는 개념이다. 브루스 밀러 박사의 연구 결과는 좌뇌 · 우뇌 이론에 무게를 더하는데, 이유는 후천적 서번트들의 사례에서 좌뇌의 전면 측두엽 기능 장애가 공통적으로 발견되기 때문이다.

이 이론은 밀러 박사의 또 다른 연구를 통해서도 확인되고 있다. 자폐증을 가진 미술 서번트 소년을 대상으로 핵의학 촬영을 실시한 결과, 후천적 서번트들과 똑같은 좌뇌 전측두엽에서 이상 징후를 확인할 수 있었다.

결론은 이렇다. 지금까지의 어떤 이론도 서번트 신드롬을 명확하게 설명할 수는 없었지만 좌뇌 · 우뇌의 상호작용과 기억회로의 손상이 서번트 신드롬을 설명할 수 있는 단서가 된다는 사실만큼은 확실해 보인다. 이에 대한 설명은 다음과 같이 요약할 수 있다.

서번트들은 전형적으로 좌뇌반구 기능이 방해를 받는다. 이는 태아기 때의 영향 탓으로, 특히 성별(남성호르몬 테스토스테론)과 깊은 관련이 있다. 그런가 하면 이후에 상해나 질병에 의해 능력이 보상 이동함으로써 우뇌 기능이 우세해지기도 한다.

이러한 좌뇌반구의 비정상은 대뇌피질-변연계 기억회로의 손상과 밀접한 관련이 있고, 바로 이런 손상이 서번트의 특징적인 증상과 독특한 기억력의 원인이 된다.

재능이 있는 서번트는 추상적으로 사고할 수 있는 능력이 손상되어 있지만 계속적인 반복과 연습을 통해 충분히 부호화가 가능하여 무의식적으로 알고리즘에 접근하게 된다. 하지만 비범한 서번트에게는 유전학적인 요소도 영향을 미칠 가능성이 있는데, 왜냐하면 연습만으로는 음악과 예술, 수학의 거대한 규칙과 체계에 접근할 수 없기 때문이다. 비범한 서번트들은 천부적으로(마치 설치된 소프트웨어처럼) 이런 것들을 지니고 있다.

일단 이런 능력이 확립되면 고도의 집중과 연습, 보상, 가족과 의료진, 보호자의 강화가 이런 비범한 재능을 연마하고 발달시키는 역할을 한다.

서번트 신드롬이 자폐장애를 가진 사람들에게서 자주 발견되는데, 서번트 재능이 발견되지 않은 자폐적 장애환자에게서조차 좌뇌반구의 기능장애가 뚜렷이 발견된다는 점을 지적해야겠다.

CAT 스캔과 MRI 기술이 일반화되기 전에, 의사들이 17명의 자폐증 환자 중 15명에게 기실촬영을 실시한 결과 좌뇌반구의 비정상을 확인한 적이 있는데 이 환자들 중 4명이 서번트 재능을 갖고 있었다. 이 실험의 연구자들은 좌뇌반구의 이상 때문에 우뇌반구가 운동과 언어 기능을 떠맡았다는 결론을 내렸다.

물론 이런 연구 결과는 인간의 좌뇌와 우뇌를 지나치게 단순화해서 바라보는 시각인지도 모른다. 인간의 뇌구조에 관해서는 아직도 그것의 메커니즘에 대해 100% 완벽하게 밝혀진 것이 없기 때문에 더 많은 연구 조사가 필요할 것이다.

하지만 우뇌반구가 특정한 기능을 전문적으로 담당한다는 사실은 이미 확립된 사실로 의심의 여지가 없고, 대부분의 서번트들이 뇌 손상을 갖고 있다는 점에서 좌뇌 · 우뇌 이론은 점점 더 설득력을 얻어가고 있다.

이 책에서 가장 대표적인 서번트로 소개되고 있는 레슬리 렘키는 이제 음악의 거장이 되었다. 열네 살 때, 그는 몇 시간 전에 TV를 통해 딱 한 번 들은 클래식 음악을 완벽하게 연주했다. 그러나 레슬리는 피아노 레슨을 받아본 적이 없었다. 시각장애자이기 때문에 악보를 읽을 수도 없었다. 게다가 레슬리는 발달장애에 뇌성마비 환자였다. 하지만 그는 지금 헤아릴 수조차 없이 많은 연주 레퍼토리를 가지고 있고, 국제적인 무대에서 연주회도 여러 차례 연 유명 음악가가 되었다.

레슬리는 어떻게 전혀 배운 적이 없는 것들을 알거나 기억할 수 있는 것일까? 알론조는 예술 수업을 받아본 적이 없지만 본능적인 감각으로 조각 작품을 만들어낸다. 그들은 과연 어떻게 그런 일을 할 수 있는 것일까?

비범한 서번트들은 이렇게 전혀 배운 적이 없는 것들을 알고 있거나 기억한다. 이를 설명하기 위해서는, 나는 이 책의 앞부분에 자세히 설명한 유전적이거나 물려받은 기억을 살펴볼 필요가 있다고 생각한다. 그들의 신체 내에서 살아 숨쉬는 유전적인 요인이 그들로 하여금 비상한 능력을 발휘하게 한다는 것이다.

사실 선천적, 또는 유전학적 요인은 전혀 새로운 개념이 아니다. 미국의 정신의학자인 에이브러험 브릴 박사는 어느 서번트가 갖고 있는 계산 능력을 모차르트의 작곡 기술과 비교해서 이를 선천적 능력으로 정의한 바 있다.

우리는 두뇌라 불리는 복잡하고 신기한 유기적 기관과 거대한 공(空) 디스크를 갖고 태어났다고 믿는 경향이 있다. 이후에 우리 자신을 형성하는 것은 우리가 발달하고 성장하면서 공 디스크에 기록하는 습득 내용, 경험, 감정 등이라고 생각한다.

그러나 서번트들은 태어날 때 이미 가공할만한 양의 실질 데이터나 지식을 포함하는 막대한 용량의 소프트웨어를 갖고 있는 것으로 보인다. 이런 미지의 소프트웨어에 접근할 수 있을 때 비로소 우리는 서번트가 갖고 있는 능력을 설명할 수 있을 것이라고 생각한다.

우리 안에서 레인맨 찾기

지금까지의 설명을 통해 제기되는 가장 흥미로운 질문은 우리 안에도 서번트의 능력이 일부나마 존재하지 않을까 하는 의문이다. 나는 이런 질문을 받을 때마다 '아마도 그럴 것이다' 라고 대답한다.

앞서 언급한 바와 같이 서번트 신드롬을 연구한 많은 과학자들은 좌뇌 반구의 손상이 역설적인 기능 촉진을 불러오고, 이후 손상되지 않은 우뇌 반구에 대한 의존이 커지는 과정을 통해 강력한 보상작용이 일어난다고 주장한다. 즉 '우뇌 기능+습관적 기억=서번트 신드롬' 이라는 것이다.

서번트 신드롬에서처럼 우뇌 기능이 활성화되는 사례는, 예를 들면 두

뇌 손상이나 특정한 형태의 치매나 간질 등 중추신경계 질병에 의해 좌뇌 회로에 손상이 생겼을 경우에 한한다.

하지만 비록 적게 이용되더라도 만일 우뇌의 능력과 특정한 기억회로를 누구나 활용할 수만 있다면, 그로 인한 잠재력이 어떻게든 발휘될 수 있지 않을까? 물론 머리를 다치거나 질병이 없다는 전제하에 하는 가정이지만, 만약 그렇다면 어떠한 증거들이 있을까?

첫째, 상당히 믿을 만한 증거로는 '후천적 지식 습득'이 있다. 예를 들면 특별한 서번트 능력이 없는 비장애인이 서번트와 비슷한 능력을 발휘하는 경우가 있다. 이 같은 현상은 중추신경 계통의 질병인 뇌막염, 치매, 간질, 뇌졸중, 추락으로 인한 머리 손상, 머리에 큰 타격을 받거나 총상을 입었을 때 발생할 수 있다.

밀러 박사의 환자들은 주로 전두 측두엽에 손상을 입고 대부분 일시적인 치매 현상을 보였는데, 이들은 교육도 잘 받았으며 설득 능력도 있는 사람들이었다. 이런 환자들이 치매를 앓는 중에 이전에 잠재된 우뇌 능력이 발생되었는데, 이는 좌뇌 앞쪽 부분의 소상과 밀접하게 관련이 있는 것으로 밝혀졌다.

둘째, 이 책의 앞에서 언급했던 나트륨 아미탈을 이용한 인터뷰에서도 충분한 증거를 발견할 수 있었다. 또한 신경외과 과정에서 뇌의 일부 피질을 자극하면 깊이 잠재되어 있던 기억이 봇물처럼 쏟아진다는 사실도 이미 의료계에서 확인되었다.

이는 우리 모두가 뇌 안에 거대한 기억용량을 가지고 있지만 일반적인 상태에서는 전혀 사용할 수 없다는 사실을 말해준다. 이따금 거대한 기억

용량에 저장되었던 이미지들이 꿈을 통해 나타나곤 하는데, 아침에 잠에서 깨어나면 간혹은 이를 선명하게 기억해내곤 한다. 이 모든 관점에서 보면, 뇌 안에 있는 거대한 기억 저장소는 의식이 있을 때 우리 자신의 의지로는 결코 사용할 수 없다는 사실을 알 수 있다.

셋째, 서번트가 아닌 수학 천재들이 뛰어난 능력을 발휘할 때는 특정한 인식 회로를 사용한다는 주장이 있다. 수학적 능력과 날짜 계산 능력을 가진 서번트들이 임무를 수행하는 방법인 무의식적인 천성(생각하지 않고 수행하는 것)만 보더라도 이 같은 능력은 어쩌면 서번트가 특별한 능력을 발휘하는데 사용하는 회로와 동일할 수 있다.

서번트에 대한 이런 가능성을 설명하려는 연구는 지금도 진행되고 있다. 만약 이 연구에서 위에서 언급한 가능성이 확실히 밝혀진다면, 이는 동일한 잠재력이 학습된 사람과 학습되지 않은 사람 모두에게 존재한다는 사실을 밝히게 될 것이다.

넷째, 기억회로의 이동이 장애가 없는 일반사람의 우뇌와 좌뇌 사이에서 발생할 수도 있다는 증거가 있다. 귀로 듣고 연주 실력을 키운 피아니스트가 체계적으로 본격적인 음악 공부 과정에서 그만 연주 능력을 잃는 경우는 우뇌반구에서 좌뇌반구로 능력 자체가 이동한 것을 반영하는 듯하다.

이는 '귀로 듣고 연주하는' 음악적 재능은 우뇌 활동과 관련이 있고, '악보를 읽고 연주하는' 음악적 재능은 좌뇌 활동과 연관이 있다는 사실을 나타낸다. 따라서 뇌에는 음악센터 같은 공간이 존재하는 게 아니라 뇌가 어떤 활동 전략을 사용하느냐에 따라 다른 효과가 나타난다는 사실을 알 수 있다.

결국 기술과 능력이 교차되어 이동하는 것은 우뇌에서 좌뇌로, 또는 좌뇌에서 우뇌로 얼마든지 가능하며 이는 서번트뿐만 아니라 비 서번트에게서도 마찬가지라는 게 핵심이다. 이런 기억회로와 잠재력을 모든 사람이 갖고 있다는 것이다.

마지막으로, 서번트 신드롬의 원인으로 꼽는 유전적인 기억이 있다. 앞서 언급했듯이, 이것은 이미 두뇌에 설치돼 있는 칩을 통해 지식이 유전적으로 이동된 경우이다. 그렇다면 이런 학습되지 않은 기억의 칩이 비범한 서번트에게 뿐만 아니라 우리 모두에게도 존재할 수 있는 게 아닐까?

이는 후천적 서번트 현상을 설명하는 중요한 단서가 되지만, 우리가 정말로 그러한 잠재력을 갖고 있다면 이것이 일반적인 상황에서 쉽사리 나타나지 않는 이유는 무엇일까? 왜 이러한 재능이 반드시 중추신경계가 손상되거나 병에 걸린 경우에만 발현되는 것일까?

에드워드 베티는 『우뇌에 관한 새로운 그림』이라는 책에서, 우뇌를 의식적으로 자극하여 보다 활성화된 결과를 얻을 수 있는 방법을 소개한 바 있다. 그 방법의 하나가 명상으로, 최근 조사에서 의하면 규칙적으로 명상을 하면 실제로 뇌의 대뇌피질이 증가한다는 증거가 있다.

인간 내면에 숨어 있는 잠재력의 표출에 관한 연구에서 밝혀져야 할 부분들은 굉장히 많다. 사실 이 분야에 대한 연구는 이제 시작에 불과하고 탐험할 분야는 굉장히 넓고, 깊고, 광범위하다.

나는 우리 내부의 천재성을 설명함에 있어 서번트들로부터 배울 점이 많다는 사실을 확신한다. 어떤 과학자들은 우리가 뇌 능력의 10% 이하만을 사용한다고 말하는데, 서번트 신드롬 연구를 통해서 얻은 내 지식으로는 어쩌면 이 비율은 훨씬 낮아져서 고작해야 몇 %에 불과할 수도 있다고 생각한다.

서번트 신드롬에 관한 새로운 연구 결과들은 이러한 숨겨진 가능성에 대한 흥미로운 증거들을 제공한다. 만약 우리 모두에게 정말로 이러한 가능성이 있다면, 문제 해결의 열쇠는 중추신경계 손상이나 치명적인 질병 없이 이런 능력에 접근할 수 있는 방법을 찾는 일에서부터 시작할 수 있을 것이다.

1964년에, 일란성쌍둥이 조지와 찰스를 대상으로 서번트 신드롬을 연구했던 윌리엄 호위츠 박사는 이런 말을 남겼다.

"서번트 신드롬의 진정한 의의는, 그것을 제대로 설명하지 못하는 우리의 무능력함이다."

그는 또한 서번트 신드롬은 뇌기능에 대한 우리의 무지의 표시이며, 그렇기 때문에 서번트 신드롬이 우리 자신의 능력에 대한 도전 의지를 재촉한다고 덧붙였다. 꽤 정확한 표현이라고 말할 수 있다. 서번트 신드롬은 지금도 '우리 자신의 능력에 대한 진정한 도전' 으로 남아 있기 때문이다.

그러나 우리는 이 주목할 만한 현상을 더 잘 이해할 수 있을 만큼 나날이 진보하고 있다. 지난 수십 년 동안의 서번트 신드롬 연구가 과거 100년의 결과보다 훨씬 더 괄목할 만하다는 사실이 이를 증명한다.

서번트 신드롬은 여전히 그것이 갖고 있는 실체보다 훨씬 더 중요한 무엇을 포함하고 있음이 분명하다. 그것은 서번트의 잠재력을 키워주는 일뿐만 아니라 그를 지켜보는 과정에서 우리가 줄 수 있는 사랑, 희망, 결정, 믿음, 수용, 용인 등 모든 것을 포괄한다. 그런 까닭에 서번트에 관한 이야기로부터 배울 수 있는 인간적인 교훈들은 과학적인 교훈들보다 많고 크며 의미가 깊은 것이다.

서번트를 완전히 이해하고 설명할 수 있게 될 때까지, 우리는 우리 자신을 완전히 이해했다고 말할 수 없다. 재능과 장애가 동시에 존재하는 현상이 완전히 파악되지 않는 한 어떤 설명도 뇌기능을 완전하게 설명한다고 볼 수 없기 때문이다.

그들의 잠재력에 관한 과학적인 증거를 찾아내는 일은 계속되어야 하며, 지금도 얼마든지 가능하다. 많은 서번트들이 이런 연구가 가능하도록 충분한 자료를 제공하고 있기 때문이다. 그러한 연구가 완성되는 날, 우리는 비로소 인간의 무한한 가능성에 대해 다시 생각할 수 있게 될 것이다.

역자 이양희

미시건 주립대학 심리학과 졸업.
현재 전문 번역가로 활동 중이다.
역서로, 『맵핑 더 마인드』, 『빛나는 경영자』 등이 있다.

서번트 신드롬
위대한 백치천재들 이야기

초판 인쇄일 2006년 4월 10일

초판 발행일 2006년 4월 15일

저자 데럴드 트레퍼트

역자 이양희

발행인 이승용 | **발행처** (주)홍익출판사

출판등록번호 제1-568호 | **출판등록** 1987년 12월 1일

주소 서울 마포구 서교동 401-20 (121-840)

대표전화 323-0421 | **팩스** 337-0569

e-mail editor@hongikbooks.com

홈페이지 www.hongikbooks.com